"十二五"国家重点图书出版规划项目

兰州大学"985工程"敦煌学哲学社会科学创新基地资助

《敦煌讲座》书系编委会

荣新江　柴剑虹　郝春文　张涌泉　郑炳林

敦煌讲座书系

赵声良 著

敦煌石窟艺术总论

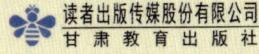
读者出版传媒股份有限公司
甘肃教育出版社

图书在版编目（CIP）数据

敦煌石窟艺术总论 / 赵声良著. -- 兰州：甘肃教育出版社，2010.12（2021.6重印）
（敦煌讲座书系）
ISBN 978-7-5423-2390-3

Ⅰ. ①敦… Ⅱ. ①赵… Ⅲ. ①敦煌石窟－美术考古－研究 Ⅳ. ①K879.214

中国版本图书馆CIP数据核字(2010)第252343号

敦煌石窟艺术总论
赵声良 著

策　　划	王光辉　薛英昭
项目负责	秦才郎加　王露莹
责任编辑	孙宝岩
封面设计	徐晋林
版式设计	赵　鹏

出　版　甘肃教育出版社
社　址　兰州市读者大道568号　730030
网　址　www.gseph.cn　　E-mail　gseph@duzhe.cn
电　话　0931-8436483（编辑部）　0931-8773056（发行部）
传　真　0931-8773056
淘宝官方旗舰店　http://shop111038270.taobao.com

发　行　甘肃教育出版社　　印　刷　兰州新华印刷厂
开　本　787毫米×1092毫米　1/16　印　张　24.5　插页　4　字　数　330千
版　次　2013年11月第1版
印　次　2021年6月第2次印刷
印　数　2 001~3 000册
书　号　ISBN 978-7-5423-2390-3　　定　价　78.00元

图书若有破损、缺页可随时与印厂联系：0931-2607208
本书所有内容经作者同意授权，并许可使用
未经同意，不得以任何形式复制转载

总　序

位于河西走廊西端的敦煌，曾经是游牧民族驰骋的舞台，也是中原王朝的边镇和经营西域的基地，更是东西文化交往的丝路重镇，蕴涵着多元文化。公元4世纪开始开凿的敦煌莫高窟，迄今仍保留大量的洞窟、塑像、壁画，而在莫高窟第17窟藏经洞发现的大量写本和绘画等，数以万计，内容丰富多彩。

敦煌石窟的美术作品和藏经洞的各种语言文字的文献，构成了百年来敦煌学研究的基本资料，加上周边石窟、简牍、墓葬出土文物，敦煌学研究的内涵并非仅仅限于敦煌。敦煌学研究的范围，涉及宗教、思想、历史、考古、语言、文学、美术、科技等等许多学科，利用敦煌保存的材料，学者们对于这些学科的研究构成了现代学术的一个新兴的分支学科——"敦煌学"。

20世纪二三十年代，中国学界有的学者把敦煌学看做是一部伤心史，陈寅恪先生虽然不太赞同这种说法，但也指出当时中国研究敦煌学者不过三数人而已，且"罕具通识"。历史的车轮转到21世纪初，中国敦煌学已经有了长足的进步，成果涉及多个领域，可谓蔚为大观。

然而，敦煌学越是深入发展，也有着题目越来越小、视野越来越窄的倾向。敦煌学的成果越来越多，有自己的刊物和专题会议，与学界其他领域的沟通因此受到一定程度的影响，外界面对如此庞大的敦煌学研究成果，即使想略知一二，也不知从何下手。这样的倾向其实严重影响着敦煌学的发展和进步。

在21世纪，敦煌学的发展不仅仅要追求新材料，还要向其他学科学习，进一步更新方法，思考新问题。

我们发起编纂《敦煌讲座》书系，就是希望利用集体的力量，来撰写一套敦煌学各个分支领域的通论性著作，体现百年来国内外敦煌学各个学科的研究成果，代表中国敦煌学研究的整体水平。这套书的作者队伍以中青年敦煌学研究者为主，希望新人写新书，把相关领域的敦煌学研究水平系统地呈现出来。每本著作既是作者对某一领域研究的代表作，又是能够让敦煌学领域外的人阅读、参考的读物，可以引导读者进入敦煌学的相关领域。

日本学者在20世纪80年代曾出版过9本一套的《讲座敦煌》丛书，主要以不同类别的文献为基础，对敦煌学的材料做了通论性的阐述。现在30年过去了，各国收藏的敦煌文献资料基本上刊布于世，敦煌石窟的图像资料也比较容易见到了。因此，我们编纂的《敦煌讲座》书系，力图区别于传统的敦煌文献研究，希望以跨学科的研究方法，从文献到历史，从文献到艺术，从文献到各个领域，把敦煌文献与历史、艺术等学科中的某个专题结合，把敦煌学的基础知识用新的方法、新的脉络串联起来，用新的视角来阐述敦煌学的各个方面。

敦煌学博大精深，在某些方面我们做得还远远不够，《敦煌讲座》书系可以说是我们努力的一个阶段性成果，我们期待今后敦煌学的新人谱写更加美好的篇章。

《敦煌讲座》书系编委会
（荣新江执笔）
2013年9月30日

目 录

前言 ······ 1

第一章　叙论 ······ 1

　第一节　佛教石窟——从印度到中国 ······ 3
　第二节　敦煌石窟概况 ······ 22
　第三节　前人对敦煌石窟的研究 ······ 28
　第四节　与敦煌艺术相关的几个问题 ······ 41

第二章　敦煌石窟艺术发展史概说 ······ 49

　第一节　十六国北朝石窟艺术 ······ 53
　第二节　隋代石窟艺术 ······ 62
　第三节　唐代前期石窟艺术 ······ 73
　第四节　唐代后期石窟艺术 ······ 84
　第五节　五代宋西夏元艺术 ······ 96

第三章　敦煌石窟的形制 ······ 109

　第一节　中心柱窟 ······ 113

第二节　覆斗顶窟 ……………………………………… 121
第三节　大像窟、涅槃窟 ……………………………… 129
第四节　禅窟 ……………………………………………… 135
第五节　其他实用窟形 …………………………………… 143

第四章　敦煌彩塑艺术 ………………………………… 145
第一节　早期彩塑的外来风格 ………………………… 148
第二节　中原风格的影响 ……………………………… 154
第三节　隋代彩塑——风格的转变期 ………………… 158
第四节　敦煌彩塑的极盛时期 ………………………… 161

第五章　故事画艺术 …………………………………… 171
第一节　"一图一景"与"异时同图" ………………… 175
第二节　长卷式构图 …………………………………… 181
第三节　对称式构图 …………………………………… 189
第四节　连环画的成熟 ………………………………… 193
第五节　全景式画面的构成 …………………………… 197
第六节　屏风画的构图 ………………………………… 201

第六章　经变画艺术 …………………………………… 207
第一节　叙事性经变画 ………………………………… 211
第二节　净土图式经变画 ……………………………… 218
第三节　经变画中的生活场景 ………………………… 227
第四节　净土世界的空间 ……………………………… 233
第五节　山水的境界 …………………………………… 239

第七章　人物画艺术 …………………………………… 243
第一节　早期壁画中的"西域式"人物画 …………… 245
第二节　早期壁画中的"中原式"人物画 …………… 255

第三节　中原式与西域式画法的融合 ……………………… 262
　　第四节　写实精神与初唐人物画 …………………………… 266
　　第五节　吴道子的笔法 ……………………………………… 273
　　第六节　雍容华贵的唐人风韵 ……………………………… 278

第八章　山水画艺术 …………………………………………… 283
　　第一节　中国传统山水审美意识 …………………………… 285
　　第二节　北朝至隋代的山水画 ……………………………… 288
　　第三节　唐代前期的山水画 ………………………………… 295
　　第四节　唐代后期的山水画 ………………………………… 304
　　第五节　屏风画中的山水 …………………………………… 308
　　第六节　五台山图 …………………………………………… 311
　　第七节　西夏的水墨山水画 ………………………………… 314

第九章　装饰艺术 ……………………………………………… 321
　　第一节　早期石窟的装饰艺术 ……………………………… 323
　　第二节　隋代石窟的装饰艺术 ……………………………… 333
　　第三节　唐代石窟的装饰艺术 ……………………………… 338
　　第四节　晚期石窟的装饰艺术 ……………………………… 343

第十章　敦煌艺术的继承与创新 ……………………………… 347
　　第一节　常书鸿的理想 ……………………………………… 349
　　第二节　张大千的成就 ……………………………………… 355
　　第三节　与敦煌结缘的画家们 ……………………………… 360

参考文献 ………………………………………………………… 369

后　　记 ………………………………………………………… 381

前　言

敦煌石窟保存了4—14世纪的700多个洞窟，其中有彩塑2000多身、壁画45000多平方米。如此数量众多、规模宏大、时代延续久远而自成体系的文化遗产，在世界上也是少有的。从艺术史方面看，敦煌石窟反映了1000多年间中国艺术的发展及其演变，尤其是在唐代和唐以前艺术遗存十分稀少的情况下，敦煌石窟保存的系统而丰富的建筑、雕塑、壁画，成为我们认识和研究这一阶段艺术史不可多得的资料。

敦煌石窟是一处内涵博大的宗教文化遗迹。对于这一文化遗产的研究可以从考古学、图像学、历史学等诸多方面来进行。长期以来，很多学者主要着眼于石窟的内容考证、时代判断以及对相关的宗教问题、历史文化问题等的研究——这些当然是石窟研究的重要问题，但相对来说，对艺术本身的研究还非常不足，以至于有的人以图像学和考古学来代替艺术研究。这一点不仅仅是在敦煌艺术研究领域，在先秦至唐代艺术史的研究中，也普遍存在以考古学代替艺术史学的倾向。一件艺术作品的主题当然是艺术家首先要考虑的，但是，同一主题不同的艺术家、不同的时代，可以有完全不同的作品被创作出来。正如敦煌石窟中各时期都有释迦牟尼佛像，但却表现出千差万别的风格；同一个维摩诘在唐代不同洞窟的壁画中却表现出不同的精神风貌。这些艺术品的风格及表现技法的差异与佛经无关，而与时代审美意识、画家个性以及时代精神有着密切关系。这些就是艺术史研究必须讨论的问题。

　　作为对敦煌艺术进行总述的著作，本书尝试通过两条线索来认识和分析敦煌石窟艺术，并试图以此构建一个认识和研究敦煌艺术的基本框架或思路。一条是沿时代发展进行纵向的认识，大致理出一条艺术史发展的线索；另一条是从横向来看敦煌艺术在建筑、雕塑、绘画几个方面的成就。

　　本书在绪论中对艺术发展源流的讨论，主要想提示佛教艺术源于印度，经中亚传入中国，因此，包括敦煌石窟在内的中国各地石窟必然会带有印度、中亚等地艺术的痕迹。这是认识敦煌艺术的前提之一。此外，对敦煌石窟的基本营造和制作、壁画的变色与褪色诸问题的了解，也是正确认识敦煌艺术的基本前提。本书第二章是对敦煌石窟艺术发展史的概述。这方面虽然已有不少成果可以参考，特别是前辈学者段文杰先生曾对各时期的敦煌艺术作过精辟的总结，但要对各时期作细致的梳理，仍有不少工作要做，而且也不能囿于前人的结论。比如过去的研究往往把十六国北朝时期看作是敦煌艺术发展的草创期，把隋唐作为盛期，而把五代以后看作是衰落期。笔者认为在敦煌石窟初建的时代，艺术家们并不是从那时才开始学习佛教艺术，他们也许对佛教的内容不熟悉，但作为艺术家他们已有一套成熟的技法来塑造佛像、绘制壁画。早期与后来的不同，仅仅是风格问题，不是成熟与不成熟的问题。而五代以后，也不应该算作敦煌艺术的衰落。艺术成就虽然有高有低，但每个时期仍然有不少创新之处，表现出时代风格。

　　石窟艺术是建筑、雕塑、壁画三者结合的产物。本书对敦煌艺术所作的横向梳理即是从上述几个方面进行的。本书第三章从建筑的角度对石窟形制作了分析。石窟最初是外来的建筑形式，但古代的工匠不能到印度去了解石窟的真实状态，只能依据佛教的理念和本地的地质条件营建出敦煌式的石窟。因此，其中虽然可以找到印度、中亚等方面的影响，但根本的特点还是敦煌的；包括按中国式的建筑理念营造的覆斗顶窟，在内地也并不普遍。

第四章阐述敦煌彩塑艺术对于探讨中国雕塑史具有不可取代的作用。从北朝到唐宋时代，敦煌石窟保存下来的大量彩塑作品，给我们展示了佛教雕塑从最初受印度、犍陀罗艺术影响到受中原传来的新风格的浸润，而形成中国式佛教艺术的过程。

壁画是敦煌石窟中最丰富的内容。若从主题内容来分，通常把敦煌壁画分为七类；但若从绘画艺术的角度来看，也可以分成人物画、山水画、装饰画等。当然，敦煌壁画并不是像一幅幅的卷轴画那样单纯，如故事画、经变画等内容就很难简单归类于人物画或者山水画。因此对故事画和经变画须单独进行分析。第五章故事画艺术，主要分析故事画这一特殊的画种。根据佛经中的故事情节，画家以空间的扩展来表现时间的延续，其中的构图形式最能体现画家的特点和时代风格。第六章经变画艺术，把敦煌壁画中的经变总结为两个类型：一是叙事性经变，一是净土图式经变。后者牵涉到中国绘画中的空间表现问题，代表着经变画这一中国式佛教艺术所取得的重要成就。当然故事画和经变画中，对人物、山水的表现也是其艺术成就的重要方面，但这两方面都有了专论，就不再细谈。第七章人物画。人物画可以说是敦煌壁画最引人注目的方面。中国古代绘画自宋代以后，逐渐形成了以山水、花鸟为主的格局，人物画的发展变得相对缓慢；而在敦煌壁画中，则可看到人物画曾经取得的辉煌。虽然敦煌远在西北一隅，但通过敦煌壁画中的人物画，我们可以探讨画史上记载的阎立本、吴道子等诸多画家的风格。第八章山水画。本来在敦煌壁画中山水只是处于陪衬的地位，始终是故事画、经变画等主题画面中的背景。但是由于传世山水画几乎没有唐代和唐以前的作品，敦煌壁画中的大量山水画迹就成为我们了解南北朝隋唐时代山水画发展轨迹的史迹。第九章装饰艺术。装饰的意义，不仅仅是图案的表现，还包括对洞窟整体的装饰思想和具体内容的装饰特征。装饰艺术最能反映时代的审美特点。

最后一个问题也就是第十章所要讨论的，是对敦煌艺术如何继承与创新的问题。任何一个时代的艺术都是在学习前人艺术的基础上加上艺术家个人才能的发挥而创造出来的。今天，越来越多的艺术家钟情于敦煌石窟艺术，但能够继承这一博大的艺术而在艺术创作中取得显著成就的却很少。这说明艺术创新绝不是一件简单的事。

以上是本书的总体思路。敦煌艺术博大精深，这一本小书仅仅是粗线条地理出一些思路，希望读者能通过本书的线索而进入敦煌艺术的殿堂；对于敦煌艺术包含着的更为广泛而宏大的内容，则仍需要进行长期的研究和探讨。书中的不足之处在所难免，敬请读者批评指正。

第一章
叙 论

敦煌石窟保存了4—14世纪1000多年间没有断绝的佛教艺术，是古代文化艺术的重要瑰宝。尤其是各时代的彩塑与壁画艺术，对于认识中国4—14世纪的美术史具有不可多得的参考价值。而敦煌作为中国西部地区的一个小城市，能够产生这样宏伟的艺术，绝不是一件孤立的事情。汉代以来儒家文化在敦煌的积淀，丝绸之路繁荣带来的东西文化交流，佛教信仰在中国的兴盛，以长安为中心的中国文化的辐射等，都是造就敦煌石窟艺术千年辉煌的因素。因此，今天我们要认识和探讨敦煌艺术，就应该了解佛教艺术由印度传来的历史，了解敦煌石窟营造的历史及相关问题。

第一节

佛教石窟——从印度到中国

石窟这一独特的艺术是随着佛教从印度传入中国的。佛教注重修行，古代印度的佛教徒在远离城市的山中凿建石窟，用来修行和礼拜。建于城市中的寺院与远离城市的石窟，是佛教进行宗教活动的两个方面，相辅相成。随着佛教的东传，石窟这种独特的文化载体也作为佛教理念的一个重要部分传入中国，并在各地兴建起来。尽管中国的地理环境、气候特点与印度有很大的差异，但在佛教传入中国之后，石窟的营建活动便开始了，并持续了一千多年，留下了大量的石窟文化遗迹，成为中国传统文化艺术的重要遗产。要认识和研究石窟艺术，就必须了解石窟艺术的源头——印度的佛教文化。

一、印度早期佛教艺术

印度早期的佛教艺术，主要体现在佛塔上。原始佛教是反对偶像崇拜的，但为了表现对佛的礼拜，就以塔来代表佛，佛塔是收藏佛的遗骨（舍利）的地方，也就是佛的象征。据说印度在阿育王时代造了八万四千座佛塔。历史上是否真的有过这么多塔，现在不得而知，但阿育王崇信佛教，并发起过大规模的造塔活动却是事实，至今印度还有一些地方保存着阿育王时代的碑铭，记录着阿育王的战功以及他对佛教的崇拜。

关于佛塔的意义,牵涉到古代印度人的世界观和生命观,前人已有很多研究,此不赘述①。从艺术形式上来看,佛塔有很多种类型,规模也有大有小。规模较大的,往往跟寺院连在一起,便于僧俗礼拜。山奇大塔和巴尔胡特大塔、阿玛拉瓦提大塔都是属于这种大规模的塔。塔为覆钵形,直径由数米到数十米不等。塔周围有围栏,并设塔门,最大的塔在四方各有一门,规模小者也有一道塔门,从塔门到塔身往往要雕刻很多佛教故事和相关的菩萨、天人等形象。时代稍晚的佛塔上,已出现了佛像。人们在塔周围观瞻礼拜,举行佛事活动。从现存的几座大塔遗存,可以看到原始佛教艺术的一些特点:

1. 巴尔胡特大塔(Bharhut)

巴尔胡特佛塔原址在今印度中央邦萨特纳(Satna)县以南约 15 公里的巴尔胡特村。佛塔约建于公元前 150 年至公元前 100 年的巽伽王朝。塔的覆钵体早已崩坏,只剩下断墙残垣。1873 年英国考古学家康宁汉(Alexander Cunningham)发现了这个佛塔遗址,后来挖出了塔门及围栏的雕刻,并移至加尔各答印度博物馆复原保存。现在能看到的是恢复后的一个塔门及围栏(图 1-1)。围栏上满是浮雕的佛经故事、装饰图案及药叉等形象。还有一些雕刻流散出去,散见于各地博物馆。从巴尔胡特雕刻来看,这一时期还没有出现佛陀的形象,凡是佛传或故事中需要出现佛陀的地方,都以佛塔、菩提树或者佛座来表示。有一些佛教故事的表现

图 1-1 巴尔胡特大塔塔门(复原)

---

① 关于佛塔的研究,参见小杉一雄《佛塔の研究》,《中国佛教美术史の研究》,东京:新树社,1980 年;宫治昭《窣堵波的象征及其装饰原理》,《涅槃和弥勒的图像学》(李萍、张清涛译),北京:文物出版社,2009 年。

方法，往往在后来的佛教艺术中得到继承和发展，如鹿王本生等故事浮雕、太阳神苏利耶等。

巴尔胡特的雕刻是现存佛教艺术中较为古朴的，人物形象较刻板，人物与周围环境的比例不协调，显得很突兀。在佛塔围栏的石柱上，刻出了很多男女药叉的形象，大多身体浑圆，体格有力而略显僵直。

图 1-2 山奇大塔

2. 山奇大塔（Sanchi，亦译作"桑志"、"桑奇"）

山奇位于印度中央邦的波帕尔市附近。山奇佛塔现存的主要有三座。1 号塔是最大的一座塔，大约建于公元前 2 世纪至公元前 1 世纪，最初的塔较小，后来在塔外又包了一层，把塔加大，并修了雕刻华丽的塔门（图 1-2）。现存塔身的直径达 36.6 米，中央覆钵顶高 16.5 米，地面栏墙高度为 3.2 米，四座塔门的高度为 10.7 米；塔门横梁宽 6 米；塔顶部相轮最大的直径为 1.7 米。在 1 号塔东北角的一座小塔是 3 号塔，塔身直径为 15 米，塔身总高为 10.8 米，只有一座塔门。2 号塔离得较远，在大塔西边约 320 米，塔身的造型较简朴，只有一个小型圆冢和环绕一周的围栏，四边有塔门。现存塔身直径为 14.3 米，高为 8.8 米。2 号塔曾出土石舍利函，上面刻有阿育王时代 10 个高僧的名字，所以，推测时代为公元前 2 世纪末。三座佛塔中都曾发现舍利和其他遗物。3 号塔的舍利，据说是佛弟子舍利弗和目犍连的，推测是阿育王时代被分到山奇的，这样，便有了山奇创建的这些重要的佛塔。经考古学家的研究，这三座塔分别象征着佛、法、僧"三宝"。

山奇大塔的雕刻，主要表现在四座塔门上，不论是其两侧的石柱还是横梁上都布满了密密麻麻的雕刻①。雕刻的主要内容是关于佛传故事或礼佛的场面。雕刻中华丽的楼台及雄伟的列柱,显示出古代印度发达的建筑艺术。各式各样的人物似乎在展示着古代印度社会的各阶层。与人群雕刻在一起的还有大象、牛、马、鹿等动物以及芒果、菩提、香蕉、莲花等植物。

3. 阿玛拉瓦提(Amaravati)

阿玛拉瓦提位于印度克里希纳河下游南岸,今安得拉邦贡土尔(Guntur)县城附近。早在孔雀王朝时代,这里的佛教就相当发达,在2—3世纪,这里属于印度安达罗朝时代,大乘佛教大师龙树曾在这里创立了中观学派。在阿玛拉瓦提以及附近的纳加尔朱纳康达(Nagarjunakonda)发现的大型佛塔遗迹,被认为是在龙树的指导下建立的。阿玛拉瓦提雕刻也成为最具有印度本土风格的艺术。阿玛拉瓦提雕刻艺术是与马图拉、犍陀罗鼎足而三的印度艺术流派。

阿玛拉瓦提大塔始建于公元前2世纪,在公元2世纪时,曾大规模扩建和增修。大塔的直径约50米,上面是半球形的覆钵,高达30米,在基坛的东西南北四门各自延伸出一个长方形的露台,每座方形的露台上耸立着五根并排的石柱,作为入口。这是南印度佛塔不同于其他地方佛塔之处。阿玛拉瓦提大塔在1797年以前一直保存完好。但其后就被人不断拆毁,1816年彻底坍塌。经考古学家的抢救,才使部分雕刻幸免于难。1845年至20世纪初,在大塔的原址上发掘出了500余件浮雕,大部分收藏于印度的马德拉斯政府博物馆和英国博物馆。1951年在当地建立了阿玛拉瓦提考古博物馆,收藏着二次大战以后发掘的雕刻。阿玛拉瓦提大塔的浮雕大部分内容是有关礼拜佛塔、菩提树、法轮的内容,还有很多佛传故事,后来也出现了佛像。

---

① 关于山奇大塔,近年出版的林保尧《印度圣迹山奇大塔——门道篇》(台湾:觉风佛教艺术文化基金会,2009年)是一本很好的入门书,值得参考。

二、印度的石窟

在古代印度，人们相信通过修行而获得智慧和力量。在佛教产生之前，不同的宗教信徒都有在山中或结草为庵，或开凿石窟从事修行的方式。佛教的发展无疑极大地促进了石窟的开凿。早期石窟主要有两种，一种是毗诃罗窟（Vihara），也就是僧房窟；一种是主要用于礼拜的支提窟（Caitya），也称塔庙窟、塔堂窟。僧房窟是供僧人们日常生活和修行用的。通常主室有一个很大的厅，在大厅的正面和两侧面各开出一些小室，僧人们在这些小室中坐禅修行和起居生活，中厅是举行佛事活动的场所。支提窟通常平面为马蹄形，窟室的后部呈半圆形，中央设佛塔，礼拜者绕塔巡礼。僧房窟与支提窟并不是截然分开的，往往有一个支提窟，必然要有相应的僧房窟，而僧房窟所在之处，还应该有水源，以便于生活。

在古印度，有开窟修行传统的不仅仅是佛教，耆那教、印度教等宗教都有开凿石窟进行修行和礼拜的习惯。而现存最古老的石窟，多为非佛教的。如开凿于公元前3世纪的巴拉巴（Barabar）石窟和乌达耶吉里（Udayagiri）石窟均为耆那教石窟。佛教的早期石窟有贡塔帕里（Guntupalle，前2世纪）、巴雅（Bhaja，前2世纪至前1世纪）、纳西克（Nasik，前1世纪）等石窟。从中已可看出早期的僧房窟（如纳西克第19窟）和支提窟（如巴雅第12窟）。只是石窟规模较小，如纳西克石窟的僧房窟，中央的大厅较小，正面和两侧各有2个小室。早期支提窟中的列柱和佛塔造得十分朴素，没有太多的装饰，仅仅把表面磨得十分光滑。比起其他宗教的石窟，佛教石窟十分注重佛塔，因为佛塔象征着佛，所以，支提窟（塔庙）有着重要的意义。不论是佛教石窟还是其他宗教的石窟，其建筑的样式，如门、窗、柱、窟顶等形式都是模仿当时人们生活中的房屋建筑形式来雕凿的。而一些大型石窟群的构造也与人们生活中的房屋建筑院落群有密切关系。公元1世纪至5世纪时期，石窟的开凿达到了一个高潮，像阿旃陀石窟（Ajanta）、埃罗拉石窟（Ellora）这些著名的石窟已形成一定规模，而石窟的形制也已经完备。另外，由于慈祥庄严的佛像对信众来说更具有亲和力，所以，虽然有了象征着佛的佛塔，但人们往往在佛塔上还会雕刻出佛像。如埃罗拉石窟第10窟是一个支提窟，其中心佛塔的前面雕刻有精致的佛像，周围的列柱上也有精美的雕刻。

阿旃陀石窟可以说是印度古代佛教艺术的集中体现，较全面地反映了印度佛教艺术在石窟建筑、雕刻和绘画方面的成就。阿旃陀石窟位于印度马哈拉斯特拉（Maharashtra）邦的奥兰伽巴德（Aurangabad）市，瓦戈拉河在这里形成一个马蹄形的弯曲，石窟开凿在瓦戈拉河畔的峭壁上（图1-3）。阿旃陀石窟现存共有29个洞窟，按由东到西的顺序编号。石窟开凿的时代大体分为前后两期，前期为小乘时期，大约在公元前2世纪到公元2世纪之间；后期为大乘时期，相当于后笈多时代，大致在公元450年至公元650年之间。较早的如第12窟为毗诃罗窟，窟室非常简陋，雕饰较少，完全是一种修行的环境。时代较晚的第1窟、第2窟、第16窟等则在四壁有很多壁画，窟内窟外乃至列柱都有丰富的雕刻装饰。第10窟是较早的支提窟，窟内中央后部为佛塔，塔是一个简素的覆钵塔，列柱也仅仅是一些八边形柱子，装饰雕刻较少。而在第19窟、第26窟中，在佛塔前面雕刻出了佛及菩萨的形象，列

图1-3　阿旃陀石窟外景

柱以及门楣都有华丽无比的雕刻。这些都反映了佛教石窟的雕凿由原始佛教重视修行、崇尚朴素而发展到佛教全面兴盛时重视礼拜、注重形象的雕刻彩绘，进而变为佛国宫殿的历程。

埃罗拉石窟开凿在离奥兰伽巴德市区29公里的山崖上（图1-4），这里距阿旃陀石窟100公里左右。

图1-4 埃罗拉石窟外景

石窟是由南到北进行编号的，包括三个区域，第1—12窟为佛教石窟，开凿时间最早（6—8世纪）；第13—29窟为印度教石窟，开凿于7—9世纪；第30—34窟为耆那教石窟，开凿于8—10世纪。佛教石窟区位于石窟群南部，由中心的凯拉萨神庙（印度教）往南大约1公里的范围内，山崖上可见一座座石窟，进入这些石窟，就会发现其规模之大，绝不亚于阿旃陀石窟。佛教石窟中有不少是僧房窟，其中第5窟规模很大，可能就是古代的讲堂，是一个纵长方形的石窟，纵深达三四十米。正壁开一佛龛，内有一佛二菩萨，龛外两侧又各有一铺菩萨像。主室除了两侧有列柱两列，中央还有纵向的平台两条。沿两侧壁开有很多小禅室。可以想见，在这样宽敞而巨大的石窟中，当年曾有多少僧人在这里学习和修行。第11窟和12窟都是像三层楼一样的大型建筑。每一层横向都有8个粗大的列柱，通常第一层较浅，第二层和第三层向内延伸，列柱往往多达4—6列。第12窟号称是印度最大的僧房窟。其第三层雕刻宏伟，正面龛内中央一坐佛，两侧各有菩萨5身，雕像都高达2米以上。龛外两侧也雕刻了佛、菩萨形象。在中央佛龛南北两侧还各有一组规模很大的七佛坐像，气势雄伟。

埃罗拉佛教石窟中，在佛像的两旁出现了完全女性的菩萨形象，大都是裸体形象，身上配饰璎珞或别的装饰物，突出丰乳、细腰、大臀，表现印度风格的女性美。而飞天的形象大多是男女成组的，表现出欢乐腾飞的样子。这样表现女性菩萨的形象，在附近的奥兰伽巴德石窟中也可见到。

三、中亚和中国西部的石窟

从印度本土到印度北部和巴基斯坦一带（即犍陀罗地区），佛教艺术发生了很大的变化，犍陀罗艺术受到了来自古希腊罗马文化的影响，在佛像雕刻上形成了自身的特点。犍陀罗地区现存没有石窟，只有大量的寺院遗迹。不过从塔克西拉等地的寺院遗址中，可看出其与印度石窟相关的构造。可见寺院与石窟的功能是一致的。巴基斯坦以北的中亚大部分地区和中国西部的一些地区，就是古代中国文献中所说的"西域"。这一地区在佛教传播中，主要受到了犍陀罗艺术的影响，又有本地的地域文化特点，与印度本土的佛教艺术有较大的差别。由于这一地区的土质不像是印度本土那样坚硬的岩石，山体大多是砂砾岩，所以这一带的石窟结构也与印度差别较大，雕刻几乎没有，大多是泥塑加彩绘。中亚一带最著名的就是巴米扬石窟。从阿富汗往东，进入中国西部，有龟兹石窟群，新疆东部的吐峪沟、柏孜克里克等石窟，再往东就进入汉民族聚居的地区了。

1. 巴米扬（Bamiyan）石窟

位于今阿富汗首都喀布尔以西100多公里的巴米扬河畔。这里曾经是佛教繁荣的地方，玄奘的《大唐西域记》中称其为梵衍那国，有很多寺院，并记载下了这里有两个大立佛。直到上个世纪末，巴米扬石窟还保存着高达55米的西大佛和高38米的东大佛（图1-5），可惜在本世纪初被当时的塔利班政权炸毁了。除了两大佛像外，巴米扬石窟的中心区还有大大小小700多个石窟，分布在东西长约1300米的崖壁上。中心区往南的弗拉底河两岸也有50多个石窟，其中有不少壁画。在东南的卡克拉克河谷还有100多个洞窟，由于年代久远，大部分石窟中的塑像和壁画都已被毁坏，只有少量的壁画被保存了下来。

巴米扬石窟是中亚保存较为丰富的石窟遗迹。19世纪上半叶，英国探险家开始调查巴米扬石窟，后来，法国、俄国、意大利等国都曾对其作过考古调查。20世纪70年代以后，日本考古学家开始对巴米扬进行全面调查，对所有洞窟进行了编号和实测，取得了较大的成果①。对于巴米扬石窟的建造时代，特别是两大佛的雕凿时代，学术界还存在不少争议，但一般认为在3—5世纪之间，比犍陀罗早期艺术要晚一点，比中国的云冈石窟则要早一些。

图1-5　巴米扬石窟西大佛

大佛信仰是巴米扬石窟的一个较大的特色。在印度本土虽然有过巨大的佛塔，但却没有出现过如此巨大的佛像，这主要还是因对佛教思想的理解不同、信仰的侧重点不同所致。佛教传到中亚一带，已经与原始佛教有了一定的差异，人们对弥勒的崇拜发展到了一个高潮，并以巨佛的形象来塑造未来佛弥勒，充分表现了对来世理想的憧憬。这一思想对中国隋唐以后的佛教无疑产生过巨大影响，这从唐代以后各地出现的大佛就可以看出。

---

① 关于巴米扬石窟的调查和研究，可参考樋口隆康《バーミヤーン京都大学中央アジア学术调查报告》第1—3卷，东京：同朋舍，1983—1984年。

2. 龟兹石窟

龟兹因为佛教兴盛、名僧辈出而闻名于当时。由于龟兹位于中西交通之丝绸之路要道，从中国到西域，不论是政治的交流还是宗教、文化以及商业的来往都会经过龟兹，伴随着龟兹佛教的发展，龟兹地区也营建了大量石窟与寺院。现存的石窟、石窟群就有克孜尔、克孜尔尕哈、森木塞姆、库木吐拉等多处。玄奘取经时曾经过的雀离大寺，就是今天的苏巴什遗址，也是龟兹地区现存较大规模的古代寺院遗址。

克孜尔石窟是龟兹石窟中规模最大的一处（图1-6），位于今新疆库车和拜城之间的木札提河北岸，南距库车县城67公里，西距拜城县城60公里。现存已编号的洞窟236个。据北京大学考古系研究，

图 1-6　克孜尔石窟外景

其开凿时代最早的为3世纪后半叶，最晚的为7世纪末，其最盛期在4世纪末到5世纪。克孜尔石窟的形制包含了龟兹石窟的各种类型，如中心柱窟、大像窟、僧房窟等等。其中，中心柱窟是最为流行的形式，平面为纵长方形，前半部分留出空间，窟顶为纵券顶，正壁开龛造像；后半部分则是围绕着正面佛像的环形通道，使中央形成一个平面为方形的柱子，在通道的背后，往往在后壁设佛坛，塑涅槃佛像。在洞窟前壁门上部，一般绘出兜率天宫中弥勒说法的场面，表现了涅槃与弥勒信仰的特点。现在塑像绝大多数都已经被毁坏，只有壁画被保存下来。龟兹石窟的中心柱窟在某些方面保持了印度支提窟的特点，如纵券形窟顶的结

构。但中心柱已看不出佛塔的形式。这是由于佛教传入中国时,佛像早已产生,佛塔虽然也同样存在,但以佛塔来代替佛像供人们礼拜已不再是必需的。进入洞窟,直接礼拜佛像,对于普通信众来说更容易被接受。龟兹石窟中的禅窟比较独特,虽然源于印度的毗诃罗窟,但这里的禅窟没有印度的那种中央大厅,仅仅是在一个较窄的过道两侧排列着一个个小禅室,仅容一人在其间打坐而已。印度的毗诃罗窟中侧面小室中是足够躺在其中休息的,但龟兹的禅窟只能用以修禅,至于生活起居则另有僧房窟。这一点也影响到了敦煌。[1]

新疆东部吐鲁番一带也有不少石窟群,规模较大的有伯孜克里克石窟、吐峪沟石窟等,其早期的石窟大体与龟兹石窟的形制一致。但在唐代以后,这里由高昌回鹘统治,形成较有特色的高昌回鹘风格。其中也有部分受到了包括敦煌石窟在内的内地石窟的影响。

四、甘肃的石窟寺

东晋时期,中国北方经过了较大的战乱,分裂为很多小国,史称"十六国"。由于北方少数民族统治者大都信奉佛教,佛教就在这期间迅速地发展起来了。甘肃一带先后经历了前凉、后凉、南凉、西凉、北凉(史称"五凉")的统治,其中北凉的时代较长。北凉王沮渠蒙逊是个狂热的佛教信徒,他曾经主持建造了凉州石窟(有人认为就是今武威市南的天梯山石窟)。与此同时,河西一带的敦煌石窟、文殊山石窟、马蹄寺石窟群等,也先后兴建起来。

1. 马蹄寺石窟群

位于张掖市南60多公里的祁连山脉之中,这里属肃南裕固族自治县马蹄区。现存石窟包括金塔寺、观音洞、千佛洞和马蹄寺等窟区。石

---

[1] 关于克孜尔石窟的研究成果,可参考《中国石窟·克孜尔石窟》第1—3卷,北京:文物出版社,1989—1997年。

窟以马蹄寺为中心，分布在其周围的崇山峻岭之中，窟龛总数有70多个。金塔寺石窟是其中时代较早的，位于大都麻河西岸的红砂岩崖壁上。现存两个洞窟，称为东窟和西窟。两窟都是中心柱窟，窟顶平面为方形，中心塔柱就在洞窟中心，塔柱还保持着方形佛塔的形式，下有台座，上部分数层，中心柱四面浮塑佛像。推测约开凿于北凉时期，被认为是凉州石窟的代表（图1-7）。窟中彩塑和壁画都经西夏、元代重修。

图1-7 金塔寺石窟西窟内景

马蹄寺千佛洞也保存有一些中心柱窟，如第2窟，窟室前部已塌毁，但中心柱大体被保存了下来，中心柱四面各开一佛龛。其结构与金塔寺一致。马蹄寺第1窟则是在中心柱前有大佛立像，两侧有较低的甬道绕到窟后部。这一结构与龟兹石窟十分相似，说明早期河西石窟最初受到了龟兹石窟的影响。

2. 天梯山石窟

位于武威市南40多公里处。被认为是沮渠蒙逊所开的凉州石窟。现存几座中心柱窟可能是开凿于北凉时代的，如第1窟、第4窟、第8窟。其中心柱为方形，与金塔寺的中心柱结构一致，但方柱上部的层次更多，时代可能会比金塔寺更早。

3. 文殊山石窟

位于甘肃省肃南裕固族自治县境、距酒泉市肃州区南15公里处的文殊山。文殊山石窟的兴建大约开始于十六国北朝，唐代以后更为兴盛，窟龛数达数百，可惜现在大多已被毁坏。现存洞窟分布在前山和后山。前山千佛洞、万佛洞二窟保存的壁画、塑像较为完整；后山有大量的石窟遗迹，特别是一些依山而建的成组的石窟以及多室禅窟等，为其他地区石窟群中所少见。后山的石窟大多毁坏严重，存有壁画的仅有千佛洞、古佛洞二窟。现存这几座石窟都是中心柱窟，其中前山万佛洞北魏壁画可见中原的影响，而后山古佛洞

图1-8 炳灵寺石窟外景

的壁画如飞天的脸型和着装风格却表现出西域壁画风格，与吐峪沟石窟壁画类似。

4. 炳灵寺石窟

位于今甘肃省永靖县西南35公里的小积石山中（图1-8）。石窟最早创建于十六国时期的西秦，历经北魏、北周、隋、唐、西夏、元、明朝，各代都有营造或重修。现存窟龛216个，保存有西秦至元、明时代的造像共近800尊，其中以唐代造像数量最多。壁画面积约1000平方米，此外还有大型摩崖石刻、石碑、墨书及石刻造像题记等等。它们分布在南北长350米、高30余米的崖面上。炳灵寺的洞窟主要集中在"下寺"，共有编号窟龛184个。第169窟内的西秦建弘元年（420）墨书题记，是目前国内发现的最早的有明确纪年的壁画题记。在供养人像的题名中出现了法显、昙摩毗等佛教史上著名高僧的题名。其中还保存了大量早期石窟壁画和塑像。西秦的彩塑体现着较多的外来影响因素，有的塑像可看出印度马图拉造像衣纹贴体的风格特点。壁画的主题有维摩诘经变、释迦多宝说法图、无量寿佛等内容。绘画特点以中国传统绘画手法为主，有的佛像、菩萨也表现出西域式晕染法的运用，但画家显然对西域式画法掌握得并不熟练。总之，西秦时期的彩塑和壁画，对于

探讨云冈石窟创建之前西北地区佛教艺术具有重要价值。北魏一些洞窟呈穹隆顶，窟内的雕像有秀骨清像的风格。唐代炳灵寺还营建了高达27米的摩崖大佛像（第171窟），此外还有大量的小型窟龛，造型十分精致。

5. 麦积山石窟

位于甘肃省天水市东南45公里处（图1-9）。大约在十六国时期，这里就已经开始了开窟等佛事活动，其后经北魏、西魏、北周、隋、唐的开凿，渐成规模；宋代没有开新的洞窟，但对大部分北朝洞窟进行了重修；元、明、清时期也有部分重修。麦积山现存编号洞窟211个，分西崖、东崖和王子洞三个部分。计有造像7200多身、壁画近1000平方米。造像大部分为北朝的泥塑作品，被誉为"东方雕塑馆"。麦积山第115窟有北魏景明三年（502）墨书造像题记。现存大部分洞窟也都是北朝时期营建的。其北魏早中期作品明显受到一定的外来影响，如从第74、78窟的塑像中可看出其受犍陀罗雕刻影响的特征。北魏晚期以后，受中国传统艺术的影响，民族化、世俗化色彩浓厚，如第121窟的菩萨与弟子像、第44窟的佛像等，充满了人间气息，是麦积山石窟最具特色的作品。第133窟、127窟、135窟等窟中又保存了一些造像碑和石雕佛像，形象生动，制作精美。麦积山石窟在北周时期由当时的秦州大都督营建了规模宏大的七佛阁。隋代在东崖营建了一佛二菩萨的

图1-9 麦积山石窟外景

摩崖造像，主尊高达15.7米，两侧的菩萨像高13米。98号龛为北魏营建、后代重修的摩崖造像。三尊像中一菩萨已残；现存一佛、一菩萨，佛像高12.2米，菩萨高7.7米。

五、中国北方的重要石窟

1. 云冈石窟

位于今大同市西约15公里的武州山南麓武州川北岸，东西绵延1公里。现存主要洞窟45个，此外还有不少小型窟龛（图1-10）。造像的总数达51000多身，为我国规模最大的古代石窟群之一。1961年被国务院公布为全国重点文物保护单位，2001年被联合国教科文组织列入世界文化遗产名录。

图1-10 云冈石窟外景

按考古学的分期，云冈石窟主要分三个时期。第一期石窟主要有5个，包括第16—20窟，是在北魏和平年间（460—465）由高僧昙曜主持开凿的，也称"昙曜五窟"。这5个洞窟规模宏大，每窟的主尊都高达十几米，最高的第19窟佛像高16.8米。有一种说法，认为这5个洞窟的佛像象征着北魏初期的5个皇帝，所以它们被表现得如此宏伟壮丽。

第二期，开凿时间为471—494年。包括现编号的第1、2、3、5、6、7、8、9、10、11、12、13窟，又称孝文时期石窟。孝文帝在北魏延兴元年（471）继位，他和祖母文明太皇太后都是大力扶持佛教的人物。因此，这一期的洞窟多为双窟，如第7—8窟、9—10窟，就是象征当时政治上的所谓"二圣"。这一时期的云冈石窟无论从规模上还是内容上都超过前期。如第6窟规模宏大，雕刻精湛，具有华丽灿烂的效果。而伴随着孝文帝政治上的改革，学习汉族文化，改用汉式衣冠成为国家行为，在佛像中，秀骨清像、褒衣博带的汉式风格也在石窟中出现。

第三期，开凿时间为494—524年。主要分布在20窟以西，还包括第4窟、14窟、15窟和11窟以西崖面上的小龛，约有200余座中小型窟龛。这一时期，由于北魏迁都洛阳，北魏皇室在洛阳开凿了龙门石窟，云冈石窟的营建进入尾声，不再出现大型洞窟，其影响力也逐渐降低。

公元398年，北魏建都平城（今山西大同市），此后逐步吞并了北方的后燕、夏、北燕、北凉，于439年统一了北方。北魏灭北凉时，曾俘掠凉州僧徒3000人到平城，这一批僧人对北魏佛教的发展起了极其重要的作用。如著名的凉州僧人玄高就深受太武帝敬重，当时的太子晃还把玄高当做老师看待。而主持开凿云冈石窟的正是来自凉州的高僧、当时任沙门统的昙曜。所以，云冈石窟的营造不可避免地带有凉州佛教艺术的因素。云冈石窟可以说是北魏前期佛教艺术的典范，代表了佛教石窟艺术在中国内地发展的第一个高潮。云冈石窟在北魏前期对中国北方石窟的营建有着深刻的影响。

2. 龙门石窟

位于河南省洛阳市南约12公里的伊水之滨。伊水两岸山峦对峙，称为伊阙。西岸称为西山（龙门山），东岸称为东山（香山）。两岸石窟南北延续约1公里。据最近龙门石窟研究所的统计，西山现有窟龛2043个，东山有302个，合计共2345个。其中大型洞窟约有30窟，其余为小型窟龛。造像总数达10万余身，并有造像题记2840余方、佛塔50余座。

龙门石窟始建于孝文帝迁洛之后（5世纪末），从龙门现存的石窟来看，在孝文帝迁都洛阳之前，似乎已经有人在这里开窟造像了。但作为皇家主持大规模地开凿石窟，则是在孝文帝迁都洛阳到孝明帝在位期间30多年的时期。由于龙门的地理环境与云冈有很大的差异，特别是时代背景变化很大，形成了龙门石窟与云冈石窟不同的风格。北魏洞窟主要在西山，著名的有古阳洞（493—503年）、宾阳中洞（505—523年）、莲花洞（521年前）以及慈香洞、魏字洞、皇甫公窟等。古阳洞，是龙门较早的大型洞窟，建造于493—503年之间。洞窟由天然洞穴凿建而成，主尊为高6米多的释迦牟尼像，两侧有2身菩萨侍立。佛像形式完全是中国式的，着双领下垂式袈裟，并在座位部分形成衣纹密集的褶襞（日本学者称之为裳悬座），是北魏后期佛像的典型样式。这个洞窟还因为大量的碑刻书法精品而著称于世，书法史上有名的"龙门二十品"绝大部分都是出自这个洞窟。如著名的《始平公造像记》（488年）、《长乐王丘穆陵亮夫人尉迟造像记》（495年）、《杨大眼造像记》（506年）等等。宾阳中洞（505—523年）也是个大型洞窟，是北魏宣武帝为其父孝文帝和其母文昭太后而建的两窟（即宾阳中洞和南洞）中的一窟，最初本打算在云冈石窟凿建，后来改在了龙门。此两窟与其后为宣武帝所建一窟（即宾阳北洞），合计为三窟。但除宾阳中洞完成外，余皆未完工。现在的宾阳南洞与北洞为隋至初唐间完成。宾阳中洞洞窟正面为佛坐像，两侧各有一菩萨、一弟子雕像，弟子像为一老年、一青年。这样的1铺5尊像的格局成了以后龙门石窟的基本形式，也影响到其他各地的石窟造像。佛像雕刻虽为汉式风格，但并未显示出特别的清瘦，而是体现出一定的体积感。洞窟周壁雕刻内容十分丰富，包括维摩诘经变、萨埵太子本生，以及皇帝和皇后礼佛浮雕（帝后礼佛浮雕已流落国外）、神王像等。窟顶装饰也十分豪华，顶为穹隆形，中央一朵大莲花，周围有8身飞天绕花旋转飞翔。

莲花洞，开凿于正光二年（521）前，因窟顶雕凿出一朵直径3.6米、厚0.35米的大莲花而得名。在大莲花的周围共刻出6身飞天，每身都有一米多长，可算是龙门石刻中的大型飞天了。

隋唐时代是龙门石窟开凿的第二个高潮，包括西山的潜溪寺洞、宾阳北洞、宾阳南洞、敬善寺洞、惠简洞、奉先寺等，以及东山的擂鼓台、看经寺洞等。其中奉先寺洞为武则天出资营建的洞窟（图1-11），于上元二年（675）完成。此窟主尊为高达17米的卢舍那佛，两旁各有胁侍弟子、菩萨、天王、力士像，为唐代雕刻艺术的重要代表作。

龙门石窟于2000年被联合国教科文组织列入世界文化遗产名录。

图1-11　龙门石窟奉先寺

3. 巩县石窟

位于洛阳东50多公里的巩县石窟，是继云冈、龙门石窟之后北魏的又一重要石窟寺。考古学家们推测，其开凿年代大约为熙平二年至永安二年（517—529）。这个时候，中原佛教艺术为大量接受南朝风格影响之后，基本形成了一定的模式，体现出了比较规范化的"中原风格"。巩县石窟现存5个洞窟，雕刻极精美，保存也比龙门完好。除第5窟外，其余四窟都是中心塔柱窟，如第1窟中心柱四面各开一个帐形龛，内刻佛像，窟顶是浮雕出的平棋图案，平棋的方格内，分别雕刻出莲花、飞天、化生等，四壁的上部雕刻千佛，中部为列龛，龛下是神王形象。南壁门两侧还保存着规模较大的"帝后礼佛图"。

除以上三处重要石窟外，中国北方尚有响堂山石窟、天龙山石窟、须弥山石窟等等；南方也有广元石窟、大足石窟、栖霞山石窟、剑川石窟等等。因与敦煌石窟关系不甚密切，不再详说。

第二节
敦煌石窟概况

敦煌石窟主要包括敦煌境内的莫高窟、西千佛洞，瓜州县的榆林窟、东千佛洞和肃北县的五个庙石窟。从敦煌市到周边的瓜州县、肃北县，这一地区在古代都属于敦煌文化圈，在佛教石窟营建的历史文化背景，以及洞窟构造、彩塑与壁画的艺术风格等方面有很多共同点，莫高窟是其中最集中的代表，而其他几处石窟都不同程度地补充和丰富了敦煌石窟的内容，成为敦煌艺术的有机组成就分。

一、莫高窟

位于甘肃省敦煌市东南25公里处宕泉河畔。宕泉河水源于南部数百公里之外的祁连山的支脉，自南向北流下。宕泉河下游两岸，东面是三危山，山石坚硬；西侧是由沙漠形成的鸣沙山，山势平缓，常有流沙。据唐代的文献和莫高窟唐代碑文记载，秦建元二年（366）一位叫乐僔的高僧在此开凿了第一个石窟，不久，另一位高僧法良在乐僔的窟旁又开凿了一个石窟。此后，石窟开凿就越来越多，到了唐代，已达1000多座。这一片石窟被称为"莫高窟"，也叫千佛洞（图1-12）。

莫高窟大部分洞窟集中在南区。1907年斯坦因在莫高窟对他认为有价值的洞窟进行了编号，共编18号。1908年伯希和最早对石窟进行了较为详细的调查,并对洞窟作了编号,共有183号。其中一些洞窟只是被当做这183个洞窟的附属洞窟作了附属编号。这样,连同附属部分,共有400多个洞窟被编了号。伯氏的编号在很长时期内成为人们了解和研究洞窟的依据。1941年张大千在敦煌进行重新编号,共编

图1-12 莫高窟外景

309号,其中又包括一些附属耳洞,合起来也有400多窟被编了号。敦煌艺术研究所成立后,开始对洞窟进行更为科学和细致的编号,并于1951年公布了新的编号,共有469个。此后,学术界主要采用敦煌研究所的新编号。20世纪60年代,在对南区洞窟进行大规模的加固工程的同时,对窟前遗址做了考古清理,又发现了一些洞窟,到1982年出版《敦煌莫高窟内容总录》时,共记录洞窟492个。北区洞窟大部分都没有壁画和彩塑,长期以来不被人重视,直到20世纪80—90年代,敦煌研究院对北区洞窟进行了有计划的清理,才搞清了北区洞窟的总体数目、洞窟的功用等问题。据彭金章先生的调查,北区共存洞窟248个(其中原已编号的有5个窟,即461—465号;新编号的有243个窟)。至此,莫高窟全部洞窟数量及其内容、功用基本清楚了。1961年莫高窟被列为中国第一批全国重点文物保护单位。1987年被联合国教科文组织列入世界文化遗产名录。

石窟从功用上来看,主要有礼拜窟、禅窟(用于坐禅修行)、僧房窟(用于僧人的生活)、瘗窟(用于埋葬死者)、廪窟(用于贮存物品)

等等。南区除了少数的禅窟外，大部分都属于礼拜窟，供人们观瞻拜佛，因此窟内一般都造有佛像，绘制壁画。另外几类洞窟都集中在北区，大都没有塑像和壁画。用于礼拜的洞窟，北魏时流行中心柱窟，即在石窟中心建有方形的塔柱，是按印度支提窟的理念来建的，但塔的形式改成了中国式的方塔。北朝晚期到隋唐以后，方形覆斗顶形窟开始普及。这类洞窟空间较大，利于大量信众进入观佛和礼拜。此外，还有供奉巨型大佛的大像窟和供奉涅槃佛像的涅槃窟。

塑像是石窟的主体，莫高窟现存各时期彩塑 2000 余身，在佛教艺术史上具有重要的意义。由于莫高窟开凿在砂砾岩上，不能雕刻，壁画就成为表现佛教内容和装饰洞窟的主要手段。莫高窟现存壁画约 45000 平方米，内容十分丰富，主要有尊像画、佛教故事画、经变画、中国传统神话题材画、佛教史迹画、供养人画像及装饰图案画等。

二、西千佛洞

位于甘肃省敦煌市西约 35 公里处党河北岸的断崖上，因地处古敦煌城西，故名西千佛洞。现存洞窟 22 窟，其中 1—19 号窟集中开凿于党河河谷北崖，后三窟则散落于顺流东下 2 公里至 2.5 公里的地方。现存洞窟包括北魏窟 1 个、北周窟 3 个、隋窟 2 个、初唐至盛唐窟 3 个、中唐窟 1 个、五代窟 1 个、沙州回鹘窟 3 个、西夏至元窟 2 个，另有二窟时代不明。洞窟形制与莫高窟同期洞窟基本相同，大致可分为中心塔柱窟、覆斗顶形窟、平顶方形窟等。现存彩塑 34 身、壁画 800 余平方米。塑像多经清代及民国时期重修新塑，亦有少量保持原貌者。壁画内容与风格基本与莫高窟同时期壁画一致。1941 年张大千曾对西千佛洞进行编号，共有 19 号。后来，敦煌研究院对西千佛洞进行了重新编号，共有 22 窟，并在《中国石窟·安西榆林窟》（1997 年文物出版社出版）一书中正式发表了新的编号。20 世纪 90 年代，敦煌研究院对西段重点窟区已进行了全面彻底的维修和加固。

三、榆林窟

也称万佛峡（图1-13），位于甘肃省瓜州县（原安西县）南部的榆林河（也叫踏实河）畔，西距莫高窟约100公里。现存洞窟42个（东崖31个、西崖11个）。1961年，榆林窟与莫高窟同时被列入国务院公布的第一批全国重点文物保护单位。

榆林窟现存石窟包括唐、五代、宋、回鹘、西夏、元等朝代的石窟。时代最早的洞窟建于唐前期，其中第6窟内有高达23米的大佛，与莫高窟第96窟北大像和第130窟南大像交相辉映。大历十一年（776），吐蕃人占领瓜州，在榆林窟也开凿了不少洞窟，但大多已被后人重修重绘。第25窟主室完整地保存了吐蕃时代的壁画原作，代表了榆林窟唐代壁画的最高水平，同时也反映了与莫高窟同期壁画的不同特色。五代、北宋时期，曹氏家族统治瓜、沙二州，置画院，设"都勾当知画院使"、"都画匠作"、"知画手"等职务。可见曹氏统治者对佛教壁画的重视。瓜、沙二州的石窟艺术也因此而得到很大发展。由于官方有组织的开凿，这一时期的石窟，从洞窟规模到绘塑技法都保持了相当的水平。第12、16、32、33、35等窟，是这一时期的代表。在洞窟形制上，此时的洞窟都有前后室，主室为方形覆斗顶窟，中心设方形佛坛，佛坛上有成组的彩塑。西夏时期榆林窟出现了一些艺术成就较高的洞窟，如第2、3、10、29窟，反映了来自中原新的绘画风格，不仅是莫高窟所没有的，而且在敦煌以外的石窟或

图1-13　榆林窟外景

寺院中都十分罕见。

四、东千佛洞

又名接引寺（图1-14），位于瓜州县城东南90余公里之处（距桥子乡东南约30公里），开凿在峡谷河床两岸断崖上。河水由南向北流，但早已干涸。东千佛洞现存洞窟最早建于西夏时期，元朝和清朝及民国时期均有营建或重修。现有洞窟23个（包括未编号的残窟14个）。西崖14个洞窟，有5个洞窟尚存塑像、壁画，编号为1、2、3、4、5；东崖9个洞窟，有4个洞窟尚存塑像、壁画，编号为6、7、8、9。洞窟形制大体可分为两大类。一类为中心柱窟，平面呈长方形，窟顶为覆斗形顶或穹隆顶，后部由正壁两侧向里凿成马蹄形甬道。这类洞窟结构与龟兹石窟的中心柱窟相似。另一类窟室平面略呈正方形，窟顶为穹隆顶或平顶、覆斗形顶。有的洞窟前原有窟檐建筑，现在多已被毁。东千佛洞现存塑像和壁画主要为西夏、元代、清代、民国风格，其中塑像多为清代、民国改妆。壁画艺术多为佛教密宗的内容，绘制精美，有较高的艺术价值。

图1-14　东千佛洞外景

五、肃北五个庙石窟

位于肃北蒙古族自治县西北约20公里处。这里党河曲折向东而流，在河北岸分布着一片石窟群，均坐北朝南，因主要有五个洞窟，俗称五个庙（庙也就是指石窟）。实际上至少曾有十多个洞窟，由于这一带气候比敦煌湿润得多，大部分洞窟已经塌毁或被积沙掩埋。现存有壁画的洞窟，西区有 4 个，东区有 2 个。从它们的内容和艺术风格上看，与敦煌石窟同属一个体系，而又有自身的一些特点。五个庙石窟最早开凿于北朝晚期，大约在归义军曹氏晚期（北宋）到西夏期间，进行过较大规模的重修、重绘。现存壁画大都是这一时期重绘的。五个庙石窟壁画继承了敦煌壁画唐代以来的传统，洞窟中以经变画为主，内容上显密杂陈，既有大乘佛教的维摩变、弥勒变等，又有密宗的千手千眼观音以及藏密的曼荼罗等。题材内容和艺术风格与莫高窟、榆林窟同期壁画相比，有较一致的地方，也有其独特之处。从现存壁画看可分为：经变画、尊像画、曼荼罗、世俗人物像及装饰图案画等内容。

第三节
前人对敦煌石窟的研究

一、外国探险队对敦煌石窟文物的掠夺与调查

1. 斯坦因在敦煌的探险活动

斯坦因（Marc Aurel Stein，1862—1943）在 20 世纪初曾四次到我国新疆甘肃一带作探险考察，掠走了大量的珍贵文物。他在第二次探险时在敦煌附近长城沿线掘得大量汉简。1907 年 3 月至 5 月间，斯坦因来到莫高窟，拍摄洞窟壁画，并利用王道士的无知，非法购得藏经洞出土敦煌写本 24 箱、绢画和丝织品等 5 箱。其旅行记为《沙漠契丹废址记》(1912)，其正式考古报告为《西域考古记》(1921)，共 5 卷。第三次探险（1913—1915）时再次到敦煌，从王道士手中获得 570 余件敦煌写本，还发掘了黑城子和吐鲁番等地的遗址，其正式考古报告为《亚洲腹地考古记》(1928)，全 4 卷。

2. 伯希和的探险考察

伯希和（Paul Pelliot，1878—1945）于 1906 年 6 月作为法国中亚探险队队长，率领探险队进入我国新疆的喀什、库车等地，当他得知敦煌藏经洞发现大量经卷的消息后，便直奔敦煌而来。1908 年 2 月 12 日，伯希和一行来到莫高窟，当时王道士不在。伯希和开始对所有洞窟进行

编号、测量、拍照和抄录各种文字题记,对大部分洞窟均作了详细的文字记录,同时拍摄了大量的照片。这是有史以来对莫高窟第一次的全面而详细的考察活动,也是第一次大规模拍照。拍摄工作由努埃特负责进行,伯希和自己则对洞窟内容和题记等文字资料进行记录。其后,伯希和与王道士进行交涉后,进入藏经洞翻检文书,最后通过非法交易,从王道士手中获取了 6000 多件敦煌文书和 100 多件绢画等文物。

3. 俄国探险队的活动

1914 年 8 月—1915 年 1 月,奥登堡(S. F. Oldenburg,1863—1934)率俄国探险队在敦煌停留数月时间,得以从容收集大量写卷、纸绢画、壁画、彩塑等文物,以及对洞窟进行记录、拍摄照片、绘制草图。从考古的意义来讲,奥登堡的工作是伯希和的继续,就是对洞窟进行了有计划的拍摄,并绘制了大量的平面图以及洞窟的全景图。奥登堡从莫高窟盗走了不少壁画,他揭取敦煌壁画的方法是连墙壁整块切割,共劫走完整的壁画 16 块、雕塑 43 件;另外获得藏经洞出土绢画 59 件,麻布画、幡画 78 件,工艺品 36 件,纸画 24 件,残片 49 块,今藏俄罗斯艾尔米塔什国家博物馆。

4. 华尔纳

1924 年初,美国人华尔纳(Langdon Warner,1881—1955)从敦煌莫高窟盗走了部分壁画和彩塑。华尔纳用一种特殊的药水粘剥壁画,根据华尔纳自己的记录,我们得知他劫走了 12 块敦煌壁画,运到美国后,有一块遭到毁坏,剩余 11 块壁画。另外有 328 窟供养菩萨塑像 1 身,还有一件北魏的影塑。这些壁画和彩塑保存在美国哈佛大学艺术考古博物馆。日本学者秋山光和曾数次到美国作过调查,证实华尔纳于 1924 年剥去 320、321、323、329、335 窟共 5 个洞窟计 11 块壁画。

二、20 世纪前半叶的敦煌石窟研究

1. 外国学者的调查研究

伯希和将所拍摄的敦煌壁画照片编为《敦煌石窟图录》6 卷，于 1920—1924 年出版。这是第一部具有一定规模的敦煌艺术图录，对敦煌石窟的研究产生过重要影响。

在英国，斯坦因于 1921 年出版了《千佛洞：中国西部边境敦煌石窟寺所获之古代佛教绘画》，主要选取了其从敦煌藏经洞所获绢画 48 幅精印而成。其后，魏礼（Arthur Waley）对斯坦因从敦煌掠走的绘画品进行编目整理，于 1931 年出版了《斯坦因敦煌所获绘画品目录》，这是斯坦因所获绢画等艺术品的完整目录。

1952 年，时任英国博物馆东方部主任的巴兹尔·格雷（Basil Gray）参观了敦煌石窟，并于 1959 年出版了大型画册《敦煌的佛教壁画》（Buddhist Cave Paintings at Tunhuang），其中还有魏礼对图片的详尽解说。

在美国，1938 年由哈佛大学出版了华尔纳著《佛教壁画：对万佛峡九世纪石窟的研究》。在此前后，美国人波林（B.Bohlin）曾发表过关于敦煌西千佛洞的调查报告。20 世纪 80 年代以后，英国的韦陀，美国的巫鸿、胡素馨等学者对敦煌艺术的图像研究引起学界的关注。

日本在 1937 年就出版了松本荣一博士根据伯希和的《敦煌石窟图录》而撰写的《敦煌画的研究·图像篇》[①]。本书内容包括对敦煌各种经变（约十多种）的考证研究，此外还涉及佛传图、本生图、卢舍那佛、灵山说法图、炽盛光佛并诸星图、水月观音图、引路菩萨图、罗汉及高僧像、密教图像各种曼荼罗以及景教等非佛教图像等等。这部著作对后来的敦煌壁画图像研究产生了重要的影响。此后，日本学者水野清一、长广敏雄、日比野丈夫、樋口隆康、秋山光和等学者都陆续发表过有关

[①] 松本荣一《敦煌画の研究·图像篇》，东京：东方文化学院东京研究所，1937 年。

敦煌石窟的研究论文。

2. 中国学者早年的调查与研究

虽然早在伯希和劫走敦煌文书并于 1909 年在北京展示的时代，中国学者就已经开始对敦煌文献进行记录、刊布和研究，但敦煌石窟艺术一直没有引起重视。1925 年，美国哈佛大学组成了由华尔纳为首的考察队，准备再次到敦煌劫取艺术品时，因担心在西北考察受阻，打算与北京大学合作。当时，北京大学派陈万里先生随同考察，于 5 月到达敦煌。由于华尔纳盗窃敦煌壁画的行径早已引起了敦煌本地人民的痛恨，在这次考察活动中，华尔纳不敢在敦煌露面，只去了瓜州的榆林窟。这样，所谓考察组仅有陈万里等人于 5 月 21 日至 23 日 3 天对莫高窟进行了考察。[①]因而，学术意义上的考察也没有多大进展。

1938 年，画家李丁陇到敦煌临摹壁画，第二年在西安举办了"敦煌石窟艺术展"，在当时引起轰动。1944 年，李丁陇第二次赴敦煌，对第一次临摹的画进行了仔细的复核和编号，又临摹了一批新作。1946 年和 1948 年李丁陇先后在兰州、南京、上海等地举办临摹壁画展，使敦煌艺术得到广泛的传播。

1941 年，张大千率家眷及学生到敦煌开始了为期近两年的临摹和调查。在到达敦煌的初期，他领着弟子们清理窟内的流沙，为洞窟作了编号，并大致分出了洞窟的时代。在敦煌文物研究所的编号没有公布之前，张大千的敦煌石窟编号被学术界普遍采用。1941 年，张大千托人带了 20 幅临摹壁画到成都开办"西行记游画展"。1942 年，画家谢稚柳也到敦煌与张大千一道进行临摹，同时，他对石窟内容还进行了详细的考察，后来写成了《敦煌艺术叙录》。1944 年，"张大千临摹敦煌壁画展"相继在成都、重庆等地展出，引起了世人的关注。

1940 年 6 月，教育部成立"西北艺术文物考察团"，由画家王子云

---

① 陈万里《西行日记》，兰州：甘肃人民出版社，2002 年。

任团长。1942年5月，考察团成员陆续到达敦煌。直到1943年5月，考察团分两个阶段在敦煌进行了近一年时间的考察，参加者有王子云、雷震、邹道龙、卢善群。他们在敦煌临摹了大量壁画，并对洞窟进行记录，拍摄了120张壁画照片，并通过科学的测绘，采用艺术与写实相结合的办法绘成了高24厘米、长达550厘米的敦煌千佛洞全景写生图。考察的成果主要有《敦煌莫高窟现存佛窟概况之调查》[1]，并以各地考察收集的资料、照片、临摹品举办过7次展览。其中，如1942年底在重庆举办"第三届全国美展"中，以部分敦煌壁画摹本和其他文物资料参展；1943年1月在重庆中央图书馆举办"敦煌艺术展览会"，引起了艺术界学术界的广泛关注。1942年，王子云向国民政府提出了"设立敦煌艺术学院"的建议。

1941年，中央研究院历史语言研究所组织了"西北史地考察团"，开始对包括敦煌石窟在内的西北文化遗迹进行考察。"西北史地考察团"由辛树帜（时为西北农学院院长）任团长，成员主要有向达、李承三、吴静禅、劳干、石璋如、周廷儒等。考察团成员先后到达敦煌、河西走廊及西安等地考察，特别是在敦煌虽然时间不长，却做了大量的调查工作。如向达对敦煌石窟及周边的阳关、玉门关遗址作了考古调查。这些调查的成果陆续发表在当时的报刊上，引起了社会的强烈关注。如向达的《论敦煌千佛洞的管理研究以及其他连带的几个问题》等文章，对敦煌石窟的管理提出了更为具体的设想。这些都促成了国民政府1944年在莫高窟成立敦煌艺术研究所。向达先生虽然没有专门作中国美术史研究，但他从考古学的角度分析研究敦煌石窟艺术，对中国美术史的研究极富有启发性，包括常书鸿在内的早期研究和临摹敦煌壁画的人都深受向达的影响。石璋如对洞窟作了全面的测绘和记录，并拍摄了大量的照片，后来出版了《莫高窟形》三卷。

---

[1]《敦煌莫高窟现存佛窟概况之调查》，《说文月刊》第3卷第6期，1942年。

此后，不断有艺术家和学者对敦煌艺术进行实地调查和临摹研究。1943年，画家关山月、赵望云到敦煌临摹壁画；1945年、1946年画家韩乐然到敦煌临摹壁画。他们在敦煌的考察、临摹学习不仅对他们自己的艺术创作产生了重大的影响，而且通过他们的展览，对敦煌艺术起到了极大的宣传作用，引起了各界人士对敦煌艺术的高度重视。

1944年，敦煌艺术研究所成立，常书鸿任所长。从此，敦煌石窟开始受到国家的保护，并开始了有计划的调查研究。在研究所成立初期，史岩和李浴的调查研究做得较为突出。史岩（1904—1994）编成了《敦煌千佛洞概述》、《敦煌石窟画像题识》；李浴（1915— ）完成了《敦煌千佛洞石窟内容》一书。可惜限于当时的条件，都未能公开出版。

三、20世纪后半叶的敦煌石窟研究

20世纪50年代以后，敦煌艺术研究所改名为敦煌文物研究所，在壁画彩塑的临摹、复制方面进一步走向正规化。60年代初，由国务院拨专款对濒危状态的莫高窟崖壁进行了全面的保护加固工程，使莫高窟全部洞窟得到有效的保护，同时南区400多个洞窟都修通了栈道，极大地方便了调查研究和游览参观。研究所还增加了考古研究人才，积极开展石窟考古研究工作。但是，随之而来的文化大革命，使刚刚发展起来的研究工作中断了。但在上世纪50年代到60年代初，仍然有不少关于敦煌石窟艺术的文章和书籍得以发表和出版；包括常书鸿、向达等学者仍在不遗余力地介绍敦煌石窟艺术。这一阶段，如周一良的《敦煌壁画与佛经》，金维诺的《敦煌壁画祇园记图考》、《祇园记图与变文》，运用佛经、变文、敦煌文献，对壁画与佛经、佛教和变文的关系作了深入探讨。金维诺先生不仅从图像学的角度考订其内容的佛经依据，而且从美术史的角度分析这些壁画的艺术特色与风格。王逊的论文一方面立足于美术史，另一方面又能从更为广阔的视野来看敦煌艺术的特点。从20世纪50年代开始，我国学者开始运用图像学方法研究石窟内容。

20世纪60年代后期到70年代，对石窟的调查研究几乎处于停顿状态。直到改革开放以后，1984年，敦煌文物研究所扩建为敦煌研究院，极大地加强了研究力量，对敦煌石窟的保护和研究突飞猛进地发展起来了。20世纪的80年代，是敦煌石窟艺术研究快速发展的时代，出版了大量的图书，并涌现了一大批论文成果。这期间，首先是由敦煌文物研究所编的《中国石窟·敦煌莫高窟》①（1—5卷）出版，与此同时，史苇湘主持编纂的《敦煌莫高窟内容总录》②和贺世哲主持编纂的《敦煌莫高窟供养人题记》③出版。这些重要著作都是凝结着众多学者在敦煌几十年艰苦努力的成果，成为学术界研究敦煌石窟的基本参考资料。五卷本《中国石窟·敦煌莫高窟》中的很多文章，实际上是在"文革"中未能发表的，都集中在这个时代发表了，是老一辈学人数十年间辛勤研究的结晶体现。20世纪90年代又出版了《中国石窟·安西榆林窟》。

20世纪80年代以后，敦煌石窟研究的成果主要体现在三个方面：(1) 壁画图像的考证研究。史苇湘、贺世哲、施萍婷、李永宁、孙修身、王惠民、殷光明等先生在对敦煌壁画中的经变画、故事画、佛教史迹画等的考证方面，取得了不少重要成果。(2) 石窟考古和分期研究。以樊锦诗、马世长、关友惠、刘玉权为代表的学者们对敦煌石窟作了严谨细致的分期排年研究，分别发表了关于敦煌北朝石窟、隋代石窟、西夏石窟的分期研究成果。不仅对敦煌石窟作出了科学分期，而且把考古学应用于佛教石窟研究，为中国石窟的考古研究提供了方法论的参考。此外，潘玉闪等先生在莫高窟窟前遗址的发掘研究，彭金章先生对莫高窟北区石窟的清理调查，都取得了十分显著的成果。(3) 石窟艺术研究。以段文杰、史苇湘等专家为代表的学者在敦煌石窟美术发展历史、

---

① 《中国石窟·敦煌莫高窟》，北京：文物出版社，1981—1987年。
② 敦煌文物研究所编《敦煌莫高窟内容总录》，北京：文物出版社，1982年。本书于1996年修订再版，更名为《敦煌石窟内容总录》。
③ 敦煌文物研究所编《敦煌莫高窟供养人题记》，北京：文物出版社，1987年。

敦煌艺术的美学特征、敦煌壁画彩塑的艺术特点以及敦煌艺术与古代历史文化的关系等方面作了深入的研究。段文杰、史苇湘等先生发表了很多富有启发性的论文，后来分别集成为《敦煌石窟艺术论集》①、《敦煌历史与莫高窟艺术研究》②等著作。此外，关友惠对隋代图案的研究，刘玉权对西夏及回鹘时期艺术的研究，万庚育、李其琼对敦煌壁画绘制技法的研究，王伯敏、赵声良对壁画中山水画的研究都取得了重要成果。

20世纪90年代，敦煌研究院推出了大型图录丛书《敦煌石窟艺术》③（共22册）。该丛书选取有代表性的石窟30多个，较全面地公布了石窟的照片，每册还配有专文，进行全面的内容解说和艺术分析。另外，作为中国美术分类全集中的《中国敦煌壁画全集》④（共11册），按时代顺序全面介绍各个时代的壁画艺术内容，并深入地分析其艺术特点，是敦煌艺术研究的重要成果。

从1997年开始出版的《敦煌石窟全集》⑤则是敦煌研究院在石窟考古和艺术文化诸领域研究的集成性著作。本丛书共有26卷，除第1卷《再现敦煌》为总述性质外，其余均为专题研究著作，包括佛教类、艺术类和社会类三个方面的专题研究。艺术类包括：《塑像卷》、《图案画卷》（上、下）、《飞天画卷》、《音乐画卷》、《舞蹈画卷》、《山水画卷》、《动物画卷》、《藏经洞珍品卷》、《建筑画卷》、《石窟建筑卷》。每一卷都是对该专题的最新研究成果。其中如《图案画卷》是首次对敦煌壁画的装饰图案按时代顺序作了系统的整理研究，辨明了各时

---

① 段文杰《敦煌石窟艺术论集》，兰州：甘肃人民出版社，1988年。本书于1994年增补再版，更名为《段文杰敦煌艺术论文集》；2007年修订再版，更名为《敦煌石窟艺术研究》。
② 史苇湘《敦煌历史与莫高窟艺术研究》，兰州：甘肃教育出版社，2002年。
③ 段文杰主编《敦煌石窟艺术》（共22册），南京：江苏美术出版社，1991—1997年。
④ 段文杰、樊锦诗主编《中国敦煌壁画全集》（共11册），辽宁美术出版社、天津人民美术出版社联合出版，1989—2006年。
⑤《敦煌石窟全集》第1—26卷，香港：商务印书馆，1997—2005年。

期装饰图案及纹样的风格特征,并分析了部分图案的源流;《石窟建筑卷》则对石窟建筑形制以及各建筑类型的演变作了完整的分析研究。当然,这套丛书限于当时的人力,在很多研究领域尚未完全展开,为今后的艺术研究留下了较大的空间。

20世纪90年代以后,敦煌研究院一些学者对某些专题深入研究,出版了个人著作,在学术界深受关注。马德的《敦煌莫高窟史研究》[①]不仅全面阐述了莫高窟营建的历史,而且对与莫高窟营建相关的问题也作了深入的探讨。赵声良的《敦煌壁画风景研究》[②]在对敦煌壁画中表现出的诸多风景因素进行全面调查的基础上,分析了各时期敦煌壁画中的风景因素,以探索其时代特征及其所反映的当时中国山水画的阶段特征。赵声良的《敦煌艺术十讲》[③]包括十个专题研究:敦煌艺术与中国传统文化、敦煌壁画与中国传统绘画、敦煌壁画风格、敦煌彩塑艺术、飞天艺术新探、故事画艺术、敦煌壁画与中国画空间构成、从敦煌艺术看大唐气象、敦煌写本书法艺术、敦煌艺术与中国现代美术。该书通过对敦煌石窟艺术的全面分析,阐述了中国传统文化是如何从不同的方面对佛教艺术进行渗透,从而把来自印度的佛教艺术改造成中国式佛教艺术的。作者还从中国美术史的角度探讨了敦煌彩塑与壁画的技法、样式与风格的源流等。

20世纪后半叶,台湾、香港的敦煌学也有很大的发展。特别是台湾,以潘重规先生为代表,在敦煌文献研究上取得了重大的成果;但在敦煌石窟艺术的研究上,则一直到上世纪80年代以后,随着两岸关系的改善,台湾学者可以自由地到敦煌作实地考察之后才逐步展开。近年来,台湾学者林保尧、李玉珉、陈清香等分别在敦煌石窟的图像学和美

---

① 马德《敦煌莫高窟史研究》,兰州:甘肃教育出版社,1996年。
② 赵声良《敦煌壁画风景研究》,北京:中华书局,2005年。
③ 赵声良《敦煌艺术十讲》,上海:上海古籍出版社,2007年。

术史研究方面取得了一系列成果。

20世纪后半叶,欧美学者对敦煌石窟艺术的研究总的来说比较零星。法国在伯希和研究的基础上,在敦煌文献方面取得很多令人瞩目的成果;但在敦煌艺术方面,只有少数学者进行研究,主要涉及敦煌壁画题识和敦煌壁画的瑞像图等。伯希和去世后,法国学者陆续整理其带回的敦煌和中亚资料,其中《伯希和敦煌石窟笔记》(共6册),于1980—1992年间出版①。《伯希和敦煌石窟笔记》是1908年伯希和在敦煌莫高窟所作的笔记,包括他对洞窟进行编号的情况以及对壁画主要内容和题记所作的调查记录。虽然那个时代伯希和对洞窟中的大部分内容还没有完全弄懂,但是作为一个考古学家,他的客观记录为后来的研究提供了十分珍贵的资料。特别是经过100多年,敦煌的部分壁画已经损毁或褪色,更显示出《伯希和敦煌石窟笔记》的重要意义。此外,吉美博物馆的雅克·吉埃对敦煌绢画的内容与表现形式作过研究。在英国,由韦陀主编的《西域美术——英国博物馆藏斯坦因搜集品》②共3册,刊布了斯坦因所收集的中亚和敦煌艺术品的大部分图录,其中还包括韦陀的论文和图片说明。《西域美术》可以说集中体现了英国学者在敦煌艺术方面的研究成果。美国方面,则只是到上世纪80年代以后,有部分学者开始参与敦煌艺术的研究。如巫鸿的有关变文与变相的研究;美术史专家冉云华、李铸晋等也写过有关敦煌壁画的论文;阿部贤次则对莫高窟第254窟作过专门研究。

相比之下,20世纪后半叶国外对敦煌石窟的研究,日本学者取得的成果较大。上世纪50年代日本的《佛教艺术》杂志就作过"敦煌佛教美术特辑",其中水野清一的《敦煌石窟笔记》、樋口隆康的《敦煌石窟的系谱》分别对敦煌艺术及发展历程作了宏观的探讨。此外,冈崎敬和

---

① 《伯希和敦煌石窟笔记》(耿升、唐健宾译),兰州:甘肃人民出版社,1993年出版。
② 《西域美术——英国博物馆藏斯坦因搜集品》,东京:讲谈社,1982年。

日比野丈夫也分别对敦煌塑像和壁画作了深入研究①。20世纪70年代以后，日本从普林斯顿大学获得了罗寄梅于1944年在敦煌拍摄的2000多张照片资料。这是继伯希和公布敦煌石窟图片之后最为丰富的石窟资料。在还不能自由地到敦煌实地考察的时代，就成了研究敦煌石窟的基本资料，并促成了一些学者的重要研究。如秋山光和发表了《敦煌壁画研究的新资料——James Lo 摄影图片和福格、艾尔米塔什两美术馆所藏断片的研究》②、《唐代绘画的编年资料》③。20世纪80年代初，日本平凡社与中国文物出版社合作出版《中国石窟·敦煌莫高窟》，发表了中日双方学者的论文，其中包括了日本学者长广敏雄、秋山光和、中村兴二、冈崎敬等学者的论文。20世纪80年代到90年代初，日本分别与英、法合作，出版了《西域美术——英国博物馆藏斯坦因搜集品》和《西域美术——吉美博物馆藏伯希和收集品》（全2卷）④。其中《西域美术——吉美博物馆藏伯希和收集品》中，秋山光和的论文及详细的图版说明，参照了敦煌研究方面的最新资料，富有参考价值。这一时期，秋山光和、日比野丈夫、东山健吾、百桥明穗、田中公明等学者都分别从图像学和艺术史的角度对敦煌石窟艺术进行过深入的研究。东山健吾氏《敦煌三大石窟》（讲谈社，1996）是继作者出版《敦煌之路》（1995）以后，较为翔实地介绍敦煌艺术的著作。该书把莫高窟、榆林窟和西千佛洞联系起来进行综合性的论述，从美术史的角度叙述了敦煌艺术发展的脉络，具有敦煌石窟美术史研究的性质。此外，如宫治昭从印度与敦煌美术比较的角度对敦煌艺术所作的探讨，八木春生、胜木言

---

① 以上均见《佛教艺术》第34号（敦煌佛教美术特辑），1958年5月。
② 秋山光和《敦煌壁画研究的新资料——James Lo 摄影图片和福格、艾尔米塔什两美术馆所藏断片的研究》，《佛教艺术》第100号，1975年。
③ 秋山光和《唐代绘画的编年资料》，《东京大学文学部文化交流研究设施研究纪要》第1号，1975年。
④ 《西域美术——吉美博物馆藏伯希和收集品》第1—2卷，东京：讲谈社，1994—1995年。

一郎、久野美树等学者对敦煌艺术及相关专题的研究,都是富有启发意义的。

四、小结

1900年,藏经洞被发现,敦煌石窟始引起社会的重视,对敦煌石窟的考察与研究也就开始了。法国人伯希和和俄国的奥登堡探险队虽然对敦煌石窟作了详细的记录,拍摄了照片,还作了一定的测绘工作,为进一步研究打下了基础,但遗憾的是这些调查成果并没有被及时公之于世。《伯希和敦煌石窟笔记》直到20世纪90年代才全部出版,而俄国探险队的相关调查成果也是在上世纪90年代才由上海古籍出版社出版的。20世纪40年代,张大千对莫高窟作了详细的记录;石璋如在莫高窟对全部洞窟进行了详细的测绘。而《张大千先生遗著莫高窟记》到了1985年才面世,石璋如的《莫高窟形》直到1996年才得以出版。在很长的时期内,后来的研究者不得不重复做着前人已做过的基础性调查工作。20世纪80年代以前,由于各种原因,中国内地与港台及国外的学术交流都非常困难。所以敦煌石窟的研究,走过了十分曲折的道路。无论如何,100多年来,由于中外学者们的不断努力,对敦煌石窟及其艺术的认识和研究得以不断深入。学者们从不同的角度,分析研究敦煌艺术各时期的特征与其丰富的内涵,取得了丰硕的成果。经过百年来的研究与推广,敦煌艺术在社会上的影响力也在不断地增长。但是,对敦煌艺术作真正意义上的美术史研究的还非常少。一方面,由于敦煌石窟艺术牵涉到历史、宗教等多方面的问题,一些重大历史问题和宗教史问题比较能引起学者们的重视;另一方面,对石窟的时代考证,对石窟壁画与彩塑内容的探讨等也是研究石窟最需要解决的。因此,一个世纪以来,学者们从考古学、图像学、历史学、佛教学等方面做了深入的工作。这些无疑为我们今天的研究打下了基础。而从艺术研究的角度来看,较多的图书和文章尚停留在对敦煌艺术的一般性介绍和分析上,既缺乏从宏观方面对敦煌艺术作系统的、美术史的研究，也少有从微观方面对敦煌艺术某一领域的深入研究。相比敦煌学的其他领域，如敦煌历史研究、敦煌文学研究等方面，对敦煌艺术的研究还需要有更多的专家参与，需要更深层次的研究。

第四节
与敦煌艺术相关的几个问题

一、敦煌石窟艺术的基本内涵

敦煌石窟包括敦煌莫高窟、西千佛洞、瓜州榆林窟、东千佛洞、肃北五个庙石窟，属于古代敦煌文化圈内的佛教石窟。从艺术的角度看，佛教石窟包括三个方面的艺术：（1）建筑艺术。石窟本身是一种建筑，石窟采用什么样的形制，与传统文化和时代风格有关，因而从石窟的形制上，我们可以看到中国传统建筑艺术对佛教石窟的影响。如北朝的中心柱窟中的人字披顶，北朝到唐代流行的覆斗顶窟等等，就是吸取了中国传统建筑中的人字形屋顶、中国的斗帐形式等等而在石窟中的反映；而佛教石窟本身作为一种建筑形式，其设计、制作与装饰等，也丰富了中国建筑史的内容。（2）雕塑艺术。自魏晋南北朝以来，佛教在中国逐渐流行，经隋、唐、宋、元乃至近代，佛教寺院、石窟的营建不断，其中大量的佛教雕塑艺术已成为中国雕塑史的重要组成部分。而敦煌石窟的雕塑多为北朝至唐代的雕塑，各时期不同风格的彩塑艺术，反映了中国雕塑吸收外来文化，创造具有中国风格艺术的重要历程。从材质上看，敦煌彩塑为泥塑加彩绘制成，有别于石雕和木雕的艺术，在雕塑史上独树一帜。（3）壁画艺术。在佛教石窟中，壁画与彩塑配合，共同构成一个完整的佛教世界。敦煌壁画按主题内容可分为七类：①尊像画；②佛经故事画；③经变画；④中国传统神仙；⑤佛教史迹画；⑥供养人画像；⑦装饰图案画。从艺术方面则涵盖了人物画、山水画、建筑画、装饰画等等。敦煌壁画系统地反映了4—14世纪佛教绘画的发展演变历程。特别是唐代和唐代以前的绘画作品，由于传世本绘画几乎没有，而内地的寺院及石窟相关壁画遗存也十分罕见，敦煌壁画便成为研究这一阶段中国绘画史的重要依据。

二、敦煌石窟的制作

敦煌石窟群内各处石窟的地质结构大体相同，都是开凿于酒泉系砾岩上的。石窟的营建分以下几道工序：①按设计的意图挖凿出石窟的雏形。②用拌有草或其他纤维物质的黏土将壁面抹平，并打磨光滑。这道工序通常又被分为两个层次，为了增强紧靠岩壁的泥层的附着力，敷在岩壁底层的泥层土质可以粗糙一些，往往在泥中要拌上一些草或纤维质；然后在表层敷上土质较细的泥层，并加以磨光以便绘画。③在龛内制作彩塑，并在墙壁上绘制壁画。

敦煌一带少有能够用来雕刻的石材，因此，洞窟内的佛像均为泥塑，加以彩绘就成了彩塑。彩塑的制作工序是：①首先以木条作为骨架，然后在木架上梆上草绳、布条之类用以附着泥土的东西。②在缠有草绳等的木架上敷泥，做成雏形。③对形象进行仔细雕琢，完成各个细部造型。④对泥塑表面加以彩绘，完成彩塑。大型的塑像采用石胎泥塑的办法，即在开凿石窟时在崖面上凿成雏形，然后以黏土敷于表面，加工成形，最后上彩完成。

在石窟开凿完毕之后，要用泥土把墙壁抹平，做成适宜绘画的墙壁。对于壁画的制作来说，这便是所谓的地仗层。地仗层完成后，壁画分以下几道工序进行：①在洞窟的墙壁上设计安排全窟的内容。②起稿。按设计的内容在墙壁上绘出草图。③敷色。起稿完成后，就要敷色，包括绘制底色和对人物形象进行晕染。北朝时期的壁画人物肤色的晕染采用了特殊的叠染技法，古代画论中称之为"天竺遗法"或"凹凸法"。这种技法源于印度，但从其在中亚和新疆西部壁画中的应用来看，与印度的画法已有一定的区别。④勾"定型线"。在敷色完成之后，还要通过线描把人体各部分明确地表现出来。这道线被称为"定型线"。

由于时代风格的不同，敦煌壁画绘制的工序也会有所不同。如早期壁画多以土红色绘制底色，不过隋唐时代，有一些洞窟并没有绘底色，似乎省略了这一道工序。早期壁画多采用西域式晕染法，晕染的层次比较丰富，用色也很厚重，晕染完了，往往把起稿的线条也就遮盖了。因此，必须在最后再勾一次线，以突出人物形象。这道线被称为"定型线"或"提神线"。隋唐以后，中国的画家们逐渐找到了适合于自己的画法，即以线描造型为主，按线描的结构来进行适当的晕染。这样既能表现出人体明暗关系，又能最大限度地体现出中国传统"笔法"的精神。这种画法要求在起稿时就要把线描画得很好，且晕染的颜色较淡，不会压住线条，这样也就不需要最后一道"定型线"了。

三、敦煌壁画变色与褪色的问题

据敦煌研究院保护研究所专家的调查分析，敦煌壁画所用颜料中，红色有土红、朱砂、铅丹、密陀僧；绿色有氯铜矿、石绿；白色主要为滑石、硬石膏、石膏、白垩、高岭石和云母。现在我们看到的黑色，大部分可能是含铅的颜料变色的结果。当然，古代壁画中也同样应用黑色颜料。所以，现存壁画的颜色存在较为复杂的情况，这些都有待于进一步研究。由于一部分颜料中包含了容易变色的成分，在一定湿度条件或紫外光照射下，就会发生变色，其中如某些红色和白色颜料，经过千百年的时间，现在已变成了黑色。

敦煌壁画大部分都有1000年以上的历史，一般来说，时代越早，变色的情况越重。但从用色的情况看，凡是用色较丰富、层次较多的壁画，变色就比较严重。北朝时期的壁画多采用西域式晕染法，用色厚重，因此变色比较严重。隋代壁画有两种风格，一种是用色重的，变色比较严重；一种是用色淡的，相对来说，变色就少。一些壁画由于用色较单纯，混合色用得少，或者为了突出线描造型而用色较淡，变色相对较少，从而使我们得见相当部分（相对）未变色的壁画。唐代壁画也有不少是变色很厉害的，但由于唐代洞窟保存较多，可以找到一些变色轻，或者变色不明显的洞窟。这样，通过对比研究，就可大致了解当时壁画的原貌。

　　敦煌石窟有不少是前代营建之后，后代又进行了重修、重绘的。重修时，往往在原壁上再敷泥进行重绘。这样的壁画被称为"重层壁画"。有的洞窟重层达三层之多，也就是说，有三个时代的壁画存在。由于后代重修的表层壁画在一定程度上保护了底层壁画，使之变色速度减慢，因此，当表层的壁画脱落之后，露出的底层壁画往往还保持着较新的状态。最典型的是初唐贞观十六年（642）营建的莫高窟第220窟，此窟于宋代重修，重绘壁画覆盖了全窟；但在20世纪40年代，表层壁画被剥开，露出了底层的初唐壁画，使我们得见初唐绘画的真实面貌。第263窟原建于北魏，也是在宋代重修；在20世纪初，部分表层壁画被剥开，露出了北魏壁画的原貌。由于表层壁画的覆盖，使早期壁画受到一定的保护，变色氧化的程度较轻，因此，这些底层的壁画就成了我们今天认识石窟早期壁画的标本。

　　长期在敦煌从事临摹研究工作的专家曾对一些壁画进行过复原临摹。他们往往参考那些重层壁画露出的底层原作，并根据长期的调查和研究，进行审慎的复原。因此，他们的临摹品对我们认识古代壁画的原貌很有帮助。如段文杰先生参照北魏第263窟北壁供养菩萨（图1-15）的复原临摹（图1-16）。这部分壁画本来是被宋代重绘壁画覆盖了的，后来表层壁画被揭开，露出了底层的北魏壁画。最初揭开表层壁画时，底层原作的色彩变色程度较轻，可能还非常清楚，但是现在有相当部分也变黑了；不过比起其他北魏洞窟的壁画（如第272窟壁画），则又能看清其绘画的笔法及晕染的特点。另外如唐代第148窟东壁的药师经变中乐舞（图1-17）。此窟的壁画由于当时所用颜料的问题，大部分都已变黑。万庚育先生一辈子在敦煌石窟从事临摹工作，并对壁画晕染问题作过专门研究。她参考了大量的唐代未变色的壁画，通过比较研究对其进行了复原（图1-18），从中我们可以了解唐代壁画本来的风采。

还有的洞窟是由于人为因素造成变色的。如第156窟壁画是由于曾有人在窟中生火，受烟熏造成了变色。

光线的照射也是颜料变色的重要因素。洞窟中经常受到光线照射的位置，往往壁画变色严重；而洞窟后

图1-15　供养菩萨　莫高窟第263窟北壁　北魏

图1-16　供养菩萨（段文杰复原临摹）
莫高窟第263窟北壁

图1-17　药师经变中乐舞　莫高窟第148窟东壁　盛唐

图 1-18　药师经变中乐舞（万庚育复原临摹）　莫高窟第 148 窟东壁

部受光相对较少的位置，壁画则保存得相对较好，或者虽有变色，却不太严重。因此，不少洞窟中不同位置的壁画，颜色也往往不同。

　　褪色的问题，过去很少有人研究。因为我们无法知道褪掉的颜色原来到底是什么样的。在敦煌壁画中，褪色是很普遍的。由于莫高窟地处沙漠戈壁，时时受到风沙的影响，风化会使壁画颜料脱落、变淡。光线照射也是壁画褪色的主要原因。同一个洞窟，我们发现在光照较强的位置，壁画颜色往往就变淡；而在光线很难照射到的位置，壁画相对来说保存的状况要好一些。而那些露在洞窟外长期受阳光直接照射的壁画，颜色就变得很淡，甚至消失了。通过现代科技的测定可知，光线对壁画颜料的变色会产生重要的影响；当然，颜料本身也存在衰变的问题，在画家所用的颜料中，也可能存在某些易于挥发的颜料，画在墙壁上一段时间后会逐渐变淡乃至消失。如莫高窟第 130 窟是一个大像窟，洞窟的甬道两壁绘有晋昌郡都督乐庭瓖一家的供养像。这两壁的壁画绘于唐开元天宝年间，后来被宋代重绘壁画覆盖了。20 世纪 40 年代，表层壁画被揭开，露出了原作，使人看到非常艳丽的盛唐壁画。但是，这两铺壁画因为在洞口两侧，长期受到阳光的直接照射，现在已经变得十分模糊了（图 1-19）。幸好段文杰先生在 20 世纪 40 年代曾对其做过复原临摹，才使我们得以窥其原貌（图1-20）。第130窟甬道的壁画在表层壁画揭开后才经过了六七十年，就褪色这么严重，很多洞窟经过了千年以上的时光，其褪色的情况也就可想而知了。

图1-19　都督夫人礼佛图
莫高窟第130窟甬道南壁　盛唐

图1-20　都督夫人礼佛图（段文杰复原临摹）
莫高窟第130窟甬道南壁

壁画的变化除了以上原因外，还有很多因素。如今天在文物保护中被称为壁画"病害"的颜料层起甲、地仗层酥碱、盐化、地仗层空鼓、脱落、颜料层霉变、污染，以及过往洞窟居住人生活起居对壁画的破坏和香火对壁画的烟熏等。上述各种各样的"病害"以及其他人为因素都在改变着壁画的本来面貌，使我们今天所见的壁画已不是最初建造时的样子了。因此，当我们研究古代壁画时，如果不考虑它千百年来的变化情况，就会产生错误的认识，得出错误的结论。

以上三个方面是认识、欣赏乃至研究敦煌艺术需要了解的知识。如果就敦煌艺术的研究来说，则还须具备中国美术史的专业知识以及中国历史、中外文化交流史等方面的知识；此外，对艺术品的分析鉴赏能力也是十分重要的。

第二章
敦煌石窟艺术发展史概说

敦煌石窟经历了十六国（北凉）、北魏、西魏、北周、隋、唐（分为初唐、盛唐、中唐、晚唐）、五代、宋、回鹘、西夏、元共11个时代，历时1000多年。世界上没有哪一处文化遗迹延续了这样长的时期，并且每个时期都有相当数量的作品被保存下来。可以说，敦煌石窟的发展史就是一部完整有序的佛教石窟艺术发展史。

从石窟艺术发展史的角度来看，我们把敦煌石窟大体分为三个发展阶段。

一、中外艺术融汇交流的时期

这一时期经历了北凉、北魏、西魏、北周，也就是通常所说的北朝时期。这一时期在政治上经历了较多的变化。朝代的更替，地方统治者的变化，常常免不了会影响到艺术的发展。如北魏末至西魏初，北魏宗室东阳王元荣出任瓜州刺史，很快就为敦煌石窟带来了新的艺术风格；而北周时代新的理念，又使敦煌石窟重新恢复了来自西域的风格。西域风格、中原风格就在这时代的变迁中逐步融合，从而形成了既不完全是西域式的，也与中原式有别的特色。

二、与中原艺术同步的繁荣发展时期

隋唐时代，由于中国较长时期的统一，隋唐帝国的空前繁荣，以及丝绸之路的畅通，使敦煌与中原的交流非常便利，敦煌作为丝绸之路上的重镇，迎来了经济和文化艺术方面兴旺发达的时代。这一时期，敦煌石窟不论是在彩塑方面还是壁画方面都取得了辉煌的成就，留下了大量的经典名作。以长安洛阳为中心的中原地区涌现出的那些著名画家，如展子虔、阎立本、李思训、吴道子、张萱、周昉等等，他们的绘画风格都可以在敦煌壁画中找到。这表明当时的敦煌艺术与中原艺术的关系已十分密切。安史之乱后，尽管敦煌一度被吐蕃人统治，但其与中原在佛教和艺术方面的交流，并未断绝。由于长安、洛阳一带隋唐时期营建的大大小小的寺院今天已大多不存，使得阎立本、李思训、吴道子等画家的重要作品无一流传下来，而仅有极少数临摹本传世，因此，这一时期敦煌的艺术就成为研究隋唐美术史的重要依据。敦煌壁画包含了精美的人物画、建筑画、山水画以及装饰图案画，反映了隋唐时代中国艺术的高度成就。鉴于这一时期的石窟是现存洞窟数量最多的，占现存全部石窟总数一半以上，而且内容丰富、风格多样，因此，本章将敦煌石窟发展的第二阶段进一步细分为三个时段来叙述，即隋朝、唐朝前期、唐朝后期。

三、样式主义和新时代因素并存时期

唐王朝覆灭以后，中国又形成了分裂的局面；然而敦煌一地的统治者始终在努力与中原王朝取得联系，以维系敦煌的安定。此后，直至宋代，在周边有强大的少数民族政权的情况下，敦煌一地竟奇迹般地保持了100年左右的稳定局面，从而使敦煌石窟得以不断地营建。或许，对于当地人民来说，佛教信仰正是保证地方和平的重要支柱；而孤悬西北一隅的敦煌，能长期保持汉民族文化的持续发展，也反映了汉文化强烈的向心力。当然，由于与中原的交流时断时续，此时的敦煌已经不能像隋唐时那样随时受到中原艺术的熏染。尽管地方统治者依照中原的模式在敦煌成立了画院以保证石窟艺术的发展，但画家们能做的就是努力与唐代艺术保持一致了。

正如欧洲文艺复兴之后长期出现的"样式主义"一样，五代到宋朝的敦煌艺术大部分可看做是一种"样式主义"。当然其中也出现了不少具有特色的创新。

西夏推翻了曹氏家族的统治，带来了新的艺术风格，如榆林窟第29窟、第2窟、第3窟都出现了前所未有的新气象。元朝灭西夏后，在敦煌也新建了一些石窟，如莫高窟第3窟、第465窟。窟内可见风格新颖而技艺精湛的作品。只是由于洞窟数量较少，不能与唐代数百窟的情况相比。

以上是从艺术发展史的角度对敦煌石窟进行的大致分期，以期理出敦煌艺术发展的大致脉络；至于更深入、系统的分析研究，仍有待于将来。

第一节

十六国北朝石窟艺术

十六国北朝时期是莫高窟营建的第一个阶段,按考古学的石窟分期研究,现存石窟主要分为四期:(1)十六国的北凉(401—439);(2)北魏(465—500);(3)西魏,北魏皇室东阳王元荣家族统治敦煌时期(约525—545);(4)北周(545—581)[①]。其中的年代与实际朝代有些差别,主要是以敦煌石窟的实际情况来定的。如北魏王朝成立于386年,439年已大体统一了中国北方,但石窟的开凿则是到北魏中期敦煌的形势稳定以后才开始的。因此,敦煌的历史往往与中原的发展变化有所不同;在艺术风格方面,其发展在时间上也同样与内地有所差别。

一、北凉的石窟艺术

北凉时代是莫高窟营建的最初时期,现存洞窟按编号有第267、268、269、270、271、272、275等7个号,实际上只有3个窟。第267—271窟是一个多室禅窟,因主窟编号是第268,通常算作第268窟。北凉三窟从洞窟形制上看包括多室禅窟、方形佛殿窟、纵长方形佛

[①] 樊锦诗、马世长、关友惠《敦煌莫高窟北朝洞窟的分期》,《中国石窟·敦煌莫高窟》第1卷,北京:文物出版社,1982年。

殿窟三个类型，反映了初创期在洞窟建筑方面并没有一定的规范，只是根据佛教礼拜与修行的需要而建。第268窟这样的禅窟在敦煌以东地区极少见到，仅有文殊山石窟后山的一例；而在新疆地区则可见到很多例证，如吐鲁番的吐峪沟石窟、库车的苏巴什遗址等等，表明这样的石窟形制源自西域。第272窟平面为方形，正面开龛，类似后来的覆斗顶窟，但窟顶却不是标准的覆斗顶，而具有穹隆顶的特征；而且正面所开的佛龛是一个圆形穹隆顶的深龛，这样的佛龛在敦煌仅此一例。在龛顶绘出圆形的华盖，周边有三角形的垂角纹以及希腊式神柱，联系第268窟西壁佛龛两侧绘出的龛柱也为希腊式神柱，反映了西域窟龛形制、风格对其强烈影响。第275窟的形制也比较特别，其平面为纵长方形，正面不开龛，只在正壁塑有高达3米的交脚菩萨像；两侧壁开列龛（南北壁分别存3龛）。此窟的窟顶为盝形顶，在四披还浮塑出中国式建筑常用的椽子形式；而在南北壁的列龛中，既有外来的圆拱龛，也有阙形龛。以中国式的阙形来造佛龛，这是敦煌早期洞窟独有的现象；在敦煌以外，除了酒泉附近的文殊山石窟出现一例外，再没有见到。在北朝时期，酒泉与敦煌为同一文化圈，可以说阙形龛是当时敦煌的艺术家们以中国传统文化来改造佛教艺术的创新之作。

　　北凉三窟所存的彩塑有倚坐佛、交脚佛、交脚菩萨、思维菩萨。交脚菩萨通常被认为是弥勒菩萨。早期弥勒信仰盛行，人们希望弥勒降世，带来美好的世界。交脚菩萨与思维菩萨在两晋南北朝时期在中国北方十分流行，传世的作品有用金、铜制作的，也有石雕的和泥塑的。在云冈石窟等地北魏造像中，也可见大型的交脚菩萨像。在艺术表现上，第275窟的主尊交脚菩萨以及南北壁列龛中的交脚菩萨与思维菩萨都具有典型的犍陀罗风格。

　　第268窟作为禅窟是为修行而开凿的，最初可能没有壁画，但至少在北凉时期已绘制了壁画；只是现存壁画比较复杂，有不少被隋代壁画覆盖。窟顶平棋图案及西壁的供养菩萨、供养人、飞天大致可以看出是北凉原作。第272窟、275窟保存了大体完整的壁画。从内容上说，北凉壁画大体有四类：（1）故事画；（2）尊像画；（3）供养人像；（4）图案纹样。对佛、菩萨的具体描绘，从第272窟龛内南北侧的胁侍菩萨及西壁两侧的供养菩萨等形象中可以看出，北凉壁画人物造型采用西域式晕染法（即凹凸法），辅以铁线描，表现人物面部和肢体的立体感；现在面部轮廓及眼眶晕染部分均已变为黑褐色。故事画出现于第275窟，北壁为本生故事，南壁为佛传故事。故事画都是选取故事中某一典型情节加以描绘，如毗楞竭梨王本生，画面表现毗楞竭梨王坐在中央，前面有一人（婆罗门）在他的身上钉钉子，右侧一人（国王的亲属）掩面痛哭，表现国王为求佛法而不惜让人在自己身上钉千钉的事迹（图2-1）。这样一图表现一个故事的手法，也是源于西域的影响。北凉三窟中都可看到供养人的形象，但基本上都很模糊，难以看清面貌和服饰。装饰图案中，叠涩式平棋图案、天宫栏墙图案、莲花纹、火焰纹、三角形垂角纹样以及变化丰富的忍冬纹都是来自西域的装饰艺术。

北凉时代在敦煌营建的石窟虽然只有三窟，但其艺术却显得非常丰富，从洞窟形制到彩塑、壁画方面都体现着强烈的西域风格，反映了外来风格对敦煌初期的佛教艺术的高度影响。这里所说的"西域风格"当然是指来自敦煌以西的艺术风格。从当时的佛教发展来看，龟兹（今新疆库车一带，现存有克孜尔石窟等石窟群）是当时佛教盛行的地方，包括鸠摩罗什等佛学大师都来自龟兹，因此，敦

图2-1 毗楞竭梨王本生 莫高窟第275窟北壁 北凉

煌艺术受到龟兹艺术的影响也是必然的。从敦煌壁画人物画法到装饰图案的特征,都可以看出龟兹壁画的风格特征。

二、北魏的石窟艺术

北魏洞窟现存10个,包括第251窟、254窟、257窟、259窟、260窟、263窟、265窟、273窟、441窟、487窟。有人字披顶的中心柱窟成为这个时代最流行的洞窟形制,中心柱正面开一大龛,塑交脚佛或倚坐佛像,其余三面分上下两层开龛;有的洞窟还在南北壁开阙形龛,内塑弥勒菩萨(图2-2)。北魏洞窟的壁画布局大体为:顶部画出人字披图案和平棋图案;四壁上部为绕窟一周的天宫伎乐,中部绘千佛,其中还画出说法图和佛教故事画,下部绘金刚力士(或称药叉)。

中心柱窟的形式是对印度式支提窟(或称塔庙窟)的改造,即把洞窟中心的佛塔改为方形的塔柱。从云冈石窟北魏洞窟中(如第1、2窟)中心柱的表现来看,明显有着中国式方形佛塔的痕迹。而在云冈石窟第39窟,其中心塔柱更接近真实的佛塔。正如印度流行的覆钵式佛塔到了中国被改造成了楼阁式建筑形式,支提窟在中国被改造成中心柱窟也似乎是一种必然。把洞窟中心原来的佛塔改成方

图2-2 莫高窟第254窟内景 北魏

柱形式,但表现的仍然是佛塔;同时把洞窟的顶部前沿部分改为人字披顶,因为人字披是中国式木结构房屋建筑最具特色的形式。除了在人字披上以浮塑的办法做出椽子之外,还要在梁的两头做出斗拱。这样,洞

窟形制虽源于印度，但其中充满了中国传统建筑的因素，表明这一时期洞窟形制正在走向中国化。

北魏的彩塑依然有着浓厚的西域因素。如表现佛像身上细密的袈裟衣纹，明显地体现着印度笈多时代佛像艺术的特征；但从佛、菩萨像的表情特征来看，已是中国式的人物面貌，与中原艺术如云冈石窟的雕刻佛像有很多相似之处。北魏洞窟中还有较多的影塑，是用模型做出小型塑像，贴于墙壁，并加以彩绘而造成的，通常在中心柱四周的上部。影塑的内容有千佛、飞天、供养菩萨等。由于敦煌石窟开凿于砂岩，岩石不能雕刻，因此，以泥塑来代替雕刻。

北魏的壁画内容变得十分丰富，往往在洞窟南北壁人字披下部画出大型的说法图，以佛为中心，两侧有佛弟子、菩萨、天王及飞天等形象，人物众多，气势宏大。故事画是北魏洞窟中艺术成就最高的。第254窟的萨埵本生、尸毗王本生、降魔变等，第257窟的九色鹿本生、沙弥守戒自杀故事等成为这个时代的经典作品。第254窟的萨埵本生、尸毗王本生等故事皆采用单幅画的形式，在一幅画面中描绘出一个故事的多个情节，画面紧凑，内容曲折，突出主要人物性格特点，具有强烈的感染力。而第257窟的九色鹿本生等故事画则采用长卷式连环画的形式，按故事发展的时间顺序，表现出一个一个情节，叙事性强。这是应用了中国式画卷的表现办法来表现佛教故事。这种长卷式故事画出现之后，直到隋代都是故事画的主要表现方式，说明是深受人们喜爱的形式。北魏壁画中的人物表现，依然采用的是西域式画法，以厚重的色彩晕染出人物肌体的立体感；但由于颜料的变化，使很多画面人物肌肤都变成了黑色。只有少数洞窟中由于后代重修时覆盖了早期壁画，方使我们今天在表层壁画脱落后，得见北魏壁画的真貌（如第263窟）。

北魏的装饰画比较精致，主要表现在窟顶的平棋图案、人字披图案和龛楣图案等方面。其装饰纹样有莲花纹、忍冬纹、火焰纹、几何纹等等。

三、西魏的石窟艺术

西魏洞窟现存 11 个,包括第 246 窟、247 窟、248 窟、249 窟、285 窟、286 窟、288 窟、431 窟、432 窟、435 窟、437 窟。其中第 285 窟保存的大统四年(538)、大统五年(539)的题记,是敦煌石窟中时代最早的纪年题记。这个洞窟也成为早期洞窟时代划分的标尺。

西魏的洞窟形制主要有中心塔柱窟、禅窟和覆斗顶窟。但西魏的中心柱窟与北魏稍有不同,其中心柱的南北侧及后部不再是上下两层开龛,而是四面均为单龛;同时,其人字披的形式也简化了,不再浮塑椽子的形式,而是以壁画代替。另一方面,新的覆斗顶形窟出现了,第 249 窟、第 285 窟就是代表。覆斗顶窟平面为方形,洞窟正面开龛,窟顶呈倒斗形,窟内有较大的空间,具有殿堂的性质。因此,覆斗顶窟也被称为殿堂窟。覆斗顶窟是敦煌石窟中延续时间最长的窟形。第 285 窟比较特别,在南北两侧还各有 4 个小禅室,兼有多室禅窟的性质。

西魏时期的彩塑主要有:倚坐佛、禅定佛、苦修佛、交脚菩萨、胁侍菩萨等。主尊多为倚坐佛。佛像的两侧皆有胁侍菩萨像。这一时期的佛像面目清秀,身体瘦削,有的菩萨像还有较多的衣饰飘带,这是内地传来的新的艺术风格。

西魏壁画除了沿袭北魏的尊像画、佛经故事画等题材外,最突出的就是出现了中国传统神话题材。如第 249 窟窟顶绘有东王公、西王母、风神、雨师、雷公、霹电、飞廉、羽人、开明、禺强等神怪形象(图 2-3);第 285 窟的窟顶绘

图 2-3　西王母　莫高窟第 249 窟窟顶南披　西魏

有伏羲、女娲、雷公、羽人等形象。这些都是汉代以来深受欢迎的绘画雕塑题材，现存的汉代画像砖、画像石及一些墓葬壁画中仍可见到类似的画面。在佛教石窟中画出中国传统神话形象，表明了当时的人们对佛教艺术的一种理解，同时也标志着佛教与中国文化的相互融合。伴随着新题材的出现，西魏壁画出现了全新的艺术风格。其特征表现为人物身材修长，相貌清瘦，眉目疏朗，即所谓"秀骨清像"；菩萨也改变了早期那种上身半裸的形式，而穿着较多的衣服和饰物，即所谓"褒衣博带"。在第285窟南壁的五百强盗成佛故事画中，人物形象与服饰乃至房屋建筑完全是中国式的，而且在画面中还画出大量的山水树木，反映了当时新兴的山水画艺术也影响到了佛教壁画。在绘画技法上，西域式画法继续被采用，而中原式画法也大量出现。注重线描勾勒，用色较轻，人物只在面部以浅红色晕染，被称为中原式晕染，以区别于西域式晕染。西魏时期的很多洞窟都是既有西域式画法，又有中原式画法。

总之，西魏石窟艺术体现出生机勃勃的气息，艺术家开始用中国式的审美观念、绘画技法来表现佛教壁画；但西域传来的艺术风格也依然存在。这是一个色彩纷呈、充满活力的时代。

四、北周石窟艺术

北周洞窟现存16个窟，包括第250窟、290窟、291窟、294窟、296窟、297窟、298窟、299窟、301窟、428窟、430窟、438窟、439窟、440窟、442窟、461窟。从政治上看，北周接替西魏时没有经过战乱，敦煌持续处于安定和平的时代，丝绸之路畅通无阻。在这样的政治形势下，莫高窟开窟较多，并且出现了个别规模较大的洞窟。如第428窟宽10米，进深达13米，是北朝时期最大的洞窟（图2-4）。北周的洞窟形制主要有中心柱窟和覆斗顶窟。中心柱窟虽然沿袭着北魏以来的形式，但在很多方面体现出这个时代的创新。如第428窟中心柱四面以菩提树为装饰，结合四面的佛龛，分别表现佛在树下说法的景象，以

图 2-4　莫高窟第 428 窟内景　北周

这样的形式装饰中心柱的仅此一例；第 290 窟则把佛传故事画在人字披的两披，从而改变了人字披顶向来绘制椽子的格局。覆斗顶窟在北周时期出现较多，洞窟正面开龛造像，覆斗顶的四披多以长卷式画面表现故事画。

北周时期的塑像出现了一佛二弟子二菩萨的组合形式。二弟子像也分别被刻画为一老一少二比丘，以表现最年长的迦叶和最年少的阿难形象。这样的组合在此后千百年间佛教艺术中成为经典结构。北周造像头部方圆，五官清秀而较集中，上身较大，下身较短小；对佛弟子及菩萨的不同表情与性格特征表现得较细腻。

北周壁画题材与西魏一致，故事画大量涌现，有很多新的内容，如须达拿本生、微妙比丘尼因缘、善事太子本生、福田经变、须阇提本生、睒子本生等，基本上都是以长卷式连环画的手法表现的。如第 290 窟的佛传故事画，从窟顶东披到西披分别以三段相连接的长卷画面表现，共画出 87 个场面，详细描绘了释迦牟尼从诞生为悉达太子到最后出家成佛的故事。这样的故事画不仅在敦煌，在世界上也是少见的，表明长卷式绘画极强的表现力。此外，如第 296 窟窟顶的微妙比丘尼故事、第 299 窟窟顶的睒子本生故事都各有特色，取得了较高的艺术成就。北周壁画表现人物时除了第 428 窟等部分洞窟仍恪守西域式画法以外，大部分洞窟对人物的晕染同时采用西域式染法和中原式染法。这是当时绘画的特点。在一些洞窟（如第 290、296 窟）的故事画中，中原式画法更突出一点，即以线描造型，色彩较少，同时兼顾山水景物的描绘。北周壁画中还保存了较多的供养人画像。如第 428 窟供养人像达 1000 多身；第290窟的供养人像中还画出车马形象，一定程度上反映了当时的社会生活状况。

　　总之，研究十六国北朝的敦煌石窟艺术，要考虑三个因素，一是敦煌艺术产生的基础是敦煌本地有着深厚的文化基础，而敦煌文化又是在两汉以来数百年间儒家文化熏陶下成长起来的。因此，任何外来的影响都不可能完全改变其本土文化的传统。其二，由于敦煌地接西域，比起内地来，敦煌更容易接受西域艺术风格的影响。因此，在敦煌早期石窟中，西域艺术风格因素要远比在内地石窟（如云冈石窟、麦积山石窟等）中的多。其三，西魏以后，特别是北魏后期，由于孝文帝改革而接受了南朝方面的影响；同时，以龙门石窟为中心的北方佛教艺术又传入敦煌，敦煌石窟艺术受到"中原风格"的强烈影响。不过敦煌的艺术家们并没有全面接受中原风格，而是在中原风格的影响下，更大胆地采用了中国式的审美精神和艺术手法来表现佛教艺术。由于敦煌本来就有着深厚的汉文化传统，因此，敦煌艺术中的某些汉文化因素并不完全是因孝文帝改革以后由中原新传入的，而是其本土固有的。

第二节

隋代石窟艺术

隋代在莫高窟营建历史上是一个极为重要的时代，具有承前启后的意义。隋文帝从小在寺院长大，对佛教有一种特殊的感情。因此，在文帝的倡导下，各地纷纷营建寺院，佛教写经事业也兴旺发达。加之丝绸之路贸易的兴盛，有雄厚的经济力量支持，在隋代短短的37年间，莫高窟兴建了洞窟近百个，并重修了不少前代洞窟，在莫高窟1000多年的营建史上所占的比重是很大的。

一、隋代的洞窟形制

中心柱窟在隋代依然存在，但在数量上已大大减少；而且隋代的中心柱窟总是有一些不同于前代的新内容。隋初的第302、303窟均为中心柱窟。两窟形式完全一样，中心柱被改造成了须弥山形（图2-5），下部为方形塔，四面开龛造像；上部则为圆形的倒山形，分六层阶梯状向下收进，每一层的边缘本来贴有影塑千佛，现已不存。这是表现佛经中所说的上广下狭的须弥山形。在须弥山与下部方形塔的连接处，浮塑出四条龙。这样的中心塔柱颇有创意，敦煌石窟中仅此二例。与之相关联的第305窟形制较为奇特：主室为覆斗顶，在洞窟中央有一座高高的佛坛，上有塑像（现存塑像为清修）；佛坛的高度与第302、303窟中心柱基座的高度相当。这个洞窟因与前二窟邻近，有可能最初与前二窟是同样的设计，只是开窟过程中改变了计划，把窟顶改为覆斗顶，而中央的佛坛却保留了下来。隋代中期以后，出现了大型的中心柱窟，改变了北魏以来的中心柱窟的格局。以第427窟为代表，主室的中心柱正面不开龛，而是贴壁塑出一佛二菩萨共三尊像；在南北壁人字披下部，也同样各塑出高大的三尊像。这样高大的三组佛像形成了十分震撼人心的宗教气氛。中心柱的南、西、北三面则各开一龛，龛内均塑一佛二弟子形象。这样的中心柱窟形式直到初唐时期仍可见到。

覆斗顶窟是隋代洞窟最流行的形式。部分覆斗顶窟沿袭北周以来的样式，仅在正面开龛造像。另有部分洞窟采用三壁三龛的形式，即在正壁及南北两侧壁各开一龛，龛内造佛像。这样形成"三佛"的布局，表现"三世佛"。而在覆斗顶窟中，正面主龛出现了双层龛的形式。所谓双层龛，就是佛龛平面呈梯阶状向内部收进一层，如"凸"字形状，看起来就多了一个层次。双层龛往往可以在龛内塑造较多的佛像，

图2-5 莫高窟第303窟内景 隋

即由原来的一佛二弟子二菩萨组合增加为一佛二弟子四菩萨的组合。

还有部分洞窟平面为方形；窟内西壁开龛；窟顶为前部人字披顶，后部平顶，或者前部平顶，后部人字披顶的形式。显然这是借用了传统中心柱窟那种人字披与平顶结合的形式，但又不设中心柱，从而使窟内

空间变得更大。

从隋代洞窟的形制来看,其对北朝以来的中心柱窟和覆斗顶窟都有所继承,同时又在不断变化。这是一个充满创造力的时代,艺术家们似乎在尝试佛窟形式的各种可能性,很多洞窟形式都是既不见于前代,也没有在后代出现。

二、隋代的彩塑艺术

隋代初期的彩塑经历了短时期北周风格的沿袭,很快出现了新的艺术风格。以第419、420、427、244等窟为代表,其彩塑技法圆熟,人物个性鲜明,并体现出一种宏大的气势。

第419、420窟是紧邻的两个洞窟,彩塑与壁画风格都有很多相似之处。第420窟为三壁三龛窟,正面双层龛内塑一佛二弟子四菩萨;南北壁的龛内均为一佛二菩萨。佛像面形略方,肌体丰满有神;弟子迦叶胸部肋骨凸现,表现出苦行僧的神态,阿难则是青年的形象。可惜由于变色影响,阿难的肌肤均已变黑。此窟的菩萨虽然身体较僵直,但在面部刻画、动态及表情方面却体现出极高的艺术造诣。如西壁内层龛南侧的菩萨,头部呈方形,目光下视,嘴唇微闭欲启;右手置于胸前,原来可能手持莲花,今已失。从身体的形态看,似静如动。西壁外层龛北侧的菩萨,脸型稍瘦,右手持净瓶下垂,左手持莲蕾在胸前,神情安详自然。南壁龛东侧的菩萨像,也同样是右手持净瓶下垂,左手持莲蕾在胸前,眼睛前视,嘴角露出微笑,一幅开朗的神态。作为胁侍菩萨像,其体态动作都大体一样,而艺术家却能在这些严格限定的范围内尽最大的可能体现出每一身塑像的个性,使之焕发出强烈的艺术魅力,反映出其高超的艺术造诣。值得注意的还有本窟菩萨像对身体肌肤的表现。如西壁龛南侧的菩萨和南壁龛的菩萨,其白色的面部如瓷器般光滑,肌肤似有弹性,仿佛真的一样。这在以黏土为材料加彩绘而作的彩塑中十分难得。

第419窟比第420窟要小,仅在正面开龛,内塑一佛二弟子二菩萨。佛着田相袈裟,结跏趺坐于佛座上。两侧的弟子中,老迦叶头部刻满皱纹,目光显得苍老,嘴微张开,露出残缺的牙,两手置于胸前,一手托钵,一手呈握拳状,似在表达什么。迦叶的身体紧贴墙壁,如高浮雕的效果,袈裟处理单纯,仅突出其面部表情与手上的动作。与之相对位于佛像南侧的阿难,身体直立,双手捧莲蕾于胸前,面容光洁,体现出青春年少的风范,眼睛直视前方,嘴唇紧闭。这两身彩塑一老一少的个性焕然在目,尤其是对其眼神的处理,十分传神。此窟的菩萨像与第420窟一致,明净单纯。不论是佛还是菩萨的身体,都有上半身大、下半身短的特点,这是这一时期彩塑的普遍特征。

第427窟彩塑,属于另一个类型。此窟为大型中心柱窟,在前室塑四天王二力士,主室中心柱正面与南北壁各塑一佛二菩萨像,在中心柱南、西、北三面又各塑一佛二弟子像,合计全窟塑像达24身,是隋代一窟之内塑像最多的(图2-6)。主室中心柱正面与南北壁的佛像体形高大,主尊都超过4米,体现出宏伟的气势。佛与菩萨的面型略呈方形,佛的袈裟贴体,衣纹自然垂下;菩萨上半身着僧祇支,下半身着长裙,造型也十分单纯,但上衣及长裙上却绘满了精致的花纹。从雕塑造型来看,佛与菩萨衣纹贴体的特征是印度笈多

图2-6 莫高窟第427窟内景 隋

艺术的风格，在北齐时代北方的佛教雕刻中十分流行。敦煌进入隋代以后，明显地接受了这一风格的影响，并大量出现于隋代中后期的石窟雕塑中。除了第427窟外，第412、292（经后代重修重绘）、244等窟的彩塑中也同样可见这样的造型风格。不同的是，敦煌彩塑是泥塑加彩绘完成的。因此，其在保持雕塑造型的单纯性的同时，在衣饰上又绘出十分细腻丰富的纹样。第427窟的菩萨裙饰有大量源自波斯的菱格纹、联珠纹。

第244窟为方形覆斗顶窟，但没有开龛，而是在正面和南北壁设佛坛。西壁佛坛上有一佛二弟子二菩萨，南北壁各有一佛二菩萨。这样的洞窟设计显然是为了突出塑像，增强佛像的震撼力。作为大型佛像组合，其庄严与恢宏的气势，不减第427窟等窟，但人物面部造型已变得圆润而柔和，改变了那种方形而质朴的特点；菩萨的体态略有动势，似乎呈现着女性的婀娜之态；佛与菩萨、弟子的衣纹也不再追求雕塑的单纯感，而是更加写实地表现衣饰的真实面貌。这个洞窟的彩塑表现出写实化倾向，预示着唐代那种摆脱了各种风格化影响而更具个性化的时代的到来。

三、隋代的壁画艺术

隋代壁画内容的丰富性和艺术风格的多样性都是空前的。壁画的主题除了早期已出现的尊像画、佛教故事画、中国传统神话题材画、供养人画、装饰图案画外，还新出现了经变画这一重要题材。

1. 佛像的表现与人物描绘

尊像画表现佛、菩萨、弟子、诸天等形象，是每个时代壁画的中心内容。除了数量最多的千佛外，尊像画通常是以说法图的形式来表现，或者配合佛龛里的塑像，在龛两侧画出众多的菩萨、天人等形象。在隋代初期，一些洞窟沿北朝以来的做法，在四壁绘制千佛，千佛的中央往往画出 1 铺说法图①。而在隋代中后期，很多洞窟中都出现连续的说法图。如第 390 窟南北壁除了中央各有 1 铺较大的说法图外，还各绘出 33 铺小型的说法图；东壁同样也绘出 33 铺说法图。第 244 窟在南、北、东三壁各有说法图 8 铺。连续画出的说法图，意在强化佛与菩萨、弟子的存在，改变那种单纯千佛铺满壁画的效果；同时，通过说法图中菩提树、华盖以及菩萨的不同衣饰等，体现出更多的环境与形象变化，造成丰富的视觉效果。除此之外，隋代还出现了一些说法图占满全壁的情况。如第 276 窟南北壁画大型说法图，人物并不多，但都画得十分高大，对菩萨、弟子的形象刻画比较从容仔细，包括对背景的树木、华盖都作了细腻的描绘。

2. 故事画艺术

故事画仍然是隋代壁画的重要题材。北朝以来，故事画以长卷式画面来表现已成为固定的模式。从内容上看，睒子本生、萨埵本生、须达拿本生等都是北周时代很流行的题材，在隋代壁画中依然大量出现。第 302、303 窟的窟顶人字披两披均绘有长卷式画面。其中，第 303 窟的为法华经变观音普门品。虽然是经变画，但采用的形式与故事画无异，也是以山水建筑为背景，以一个一个连续的场景来讲述佛经的内容。这两窟的画法与北周时代故事画形式一致。而在第 419 窟，则出现了不少新的因素。窟顶东披以四段长卷式画面表现须达拿本生和萨埵本生。画面中房屋建筑的表现较为突出，艺术家试图通过建筑及蜿蜒曲折的围墙表

---

① 敦煌壁画中经变画、故事画或说法图的单位称"铺"，而不说"幅"。通常说"一铺说法图"、"一铺经变画"等，而不说"一幅说法图"、"一幅经变画"等。"铺"的称呼唐代就有，如《历代名画记》有"西门寺，入西门南壁，杨廷光画神两铺……"（《历代名画记》卷三）莫高窟唐代第 148 窟的《大唐陇西李府君修功德记》中也有"素（塑）涅槃像一铺，如意轮菩萨、不空绢索菩萨各一铺，画报恩、天请问、普贤菩萨、文殊师利菩萨、东方药师、西方净土变等各一铺"之记载。说明唐代对佛教石窟中的塑像或壁画均称"铺"。用"铺"也是为了有别于传统的卷轴画。卷轴画的一幅，是一个独立的单位；而壁画是全窟连在一起不可分的，某一铺则指其中的某一单元的内容。

现出一种纵深感；而山水背景也不再像北周那样仅在画面下沿做装饰性点缀，而是有高有低，似乎可以区别出远景与近景，另外在山峦轮廓上还描绘出细腻的草或苔藓类植物。第427窟中心柱南、西、北三面台座外缘也利用长卷画面表现须达拿太子本生故事。虽然大部分已模糊，但从部分清晰的画面中仍可见画家对建筑空间的成功刻画，尤其是人物与房屋建筑在画面中显得十分协调。

对于佛传在故事画中的表现，如第278窟西壁佛龛两侧选取乘象入胎、逾城出家两个情节对称地画出，这样的表现最早出现于北魏第431窟中心柱南向面的佛龛两侧。但从北魏、西魏到北周时期却没有再出现这样的内容，直至隋朝又再次出现。除了主要人物外，隋朝的故事画中还增加了侍从人员，如菩萨乘象的画面中，身后有演奏乐器的二天人，大象前面也有莲座上演奏乐器的二天人；太子乘马的画面中，除了托着马足的四个小天人外，前后都有飞舞的飞天。第397窟龛内的故事画也同样对称地表现了乘象入胎与夜半逾城的场面。画面人物较多，配合飞天及飘动的云气，营造出充满动感的氛围。这一题材虽然只在少数洞窟有表现，但其表现形式经过隋代的发展，到初唐则更加流行。

3. 经变画艺术

经变画是综合地表现一部佛经主题思想的画。经变画从表现形式来说，大体可分为两类：一类是以表现佛国净土世界为中心的，如弥勒经变、药师经变；另一类是以佛经中主要人物和特定场面为中心的，如维摩诘经变、涅槃经变等。除此之外，也有采用故事画表现形式的，如福田经变和法华经变。第302窟窟顶东披福田经变、第303窟窟顶人字披东西两披的观音菩萨普门品，均为长卷式画面，一图一事，图解佛经的内容。第420窟窟顶四披的壁画大体按三段长卷式的画面，连续表现佛经的内容，但在很多地方根据画面的需要又打破了三段的界限。如西披表现譬喻品中的火宅与三车、北披表现涅槃以及灵鹫山的场面就占了较宽的画面。长卷式画面形式可以看作是经变画形成的初期借用了故事画的形式，唐代以后，法华经变就改为以佛说法场面为中心的画面了。

　　维摩诘经变是在中国出现较早的经变。在有西秦建弘元年（420）题记的炳灵寺石窟第169窟维摩诘的内容就已经出现了；在北魏不少造像碑上以及云冈石窟的部分洞窟中也可看到文殊菩萨与维摩诘对谈的画面。莫高窟在隋朝也出现了维摩诘经变。据贺世哲先生的研究，敦煌壁画中隋代的维摩诘经变共有11铺，而且均绘于隋文帝统一全国之后[①]，表明其是在隋朝大一统的形势下，由中原传入的。从敦煌壁画中的维摩诘经变表现形式来看，除了第423窟表现为在一座殿堂之中，维摩诘与文殊菩萨对谈的形式外，大部分则是在佛龛两侧分别表现维摩诘和文殊菩萨。以第420窟为例，在西壁佛龛两侧的上部，北侧描绘在殿堂中维摩诘凭几而坐，周围有侍从若干；与之相对的南侧描绘在座殿堂中，文殊菩萨与龛北侧的维摩诘相对而坐，举手似做谈论状，周围也有侍从若干。侧面描绘的殿堂建筑，成为画面中的主体，殿堂外描绘水池与莲花。这是隋代维摩诘经变较流行的形式。第276窟的维摩诘经变比较特别，画面中仅仅出现了维摩诘与文殊菩萨这两个主角。两人都采用站立的姿势，维摩诘位于佛龛的北侧，手持麈尾，面向文殊菩萨，嘴唇微启；与之相对的龛南侧是文殊菩萨站在莲台上，双手上扬，作论辩的姿态。两个人物都以线描造型，被画得很大，体现了画家对人物性格的把握。如果说第420窟等窟的维摩诘经变是以俯瞰的角度来表现宏伟的建筑及众多人物的话，第276窟的维摩诘经变则是以特写的手法，集中表现人物动态与性格。显然这种视角的变化，不仅仅是宏观与微观的差异，更取决于画家在人物表现上的高超技法；而画面中的山岩、树木背景也相应地采用近景岩石的表现方法，反映出一种全新的山水画特征。

　　与维摩诘经变的对称构图不同，弥勒经变与药师经变都是以佛说法

[①] 贺世哲《敦煌壁画中的维摩诘经变》，《敦煌石窟论稿》，兰州：甘肃民族出版社，2004年，第233页。

图 2-7 弥勒经变 莫高窟第 423 窟窟顶西披 隋

场面为中心的。弥勒经变主要表现弥勒上生经的内容，多以殿堂建筑为中心，中央一大殿，两侧往往有对称的楼阁（第 423 窟，图 2-7），或者在弥勒大殿的两侧配合画出对称构图的维摩诘经变（第 433 窟），也有画东王公、西王母相对场面的（第 419 窟）。殿堂建筑表现的是弥勒所居的兜率天宫，表现弥勒降世之前在天宫为菩萨时的情景。现在所知最早见于画史记载的弥勒经变，是隋朝画家董伯仁所绘。董伯仁与展子虔齐名，而论者认为董在"台阁"方面更胜于展，也就是说董伯仁在建筑画方面更强。《历代名画记》说："董则台阁为胜，展则车马为胜……俗所共推展善屋木，且不知董展同时齐名，展之屋木不及于董。李嗣真云：'三休轮奂，董氏造其微；六辔沃若，展生居其骏。而董有展之车马，展无董之台阁。'此论为当。"[①]隋代是一个建筑画发达的时代，除了董伯仁外，当时的画家展子虔、郑法士等，也都善画台阁。可能正是在这种背景之下，隋代的故事画、经变画中建筑画大量出现。

与弥勒经变中严谨的建筑勾画不同，药师经变中没有建筑，构图上显得松散，通常在药师佛前以一个或两个灯轮表现燃灯供养的场面；药师佛两侧画胁侍菩萨及十二神将等，画面相对较单纯。但也正是在这些或坐或立的佛、菩萨等形象的排列中，孕育着大画面经变的构图秩序。

---

① 张彦远《历代名画记》卷二，北京：人民美术出版社，1964 年，第 21 页。

如第394窟东壁的药师经变，中央为药师佛坐于莲座，胁侍菩萨立在两侧，左右两侧的十二神将胡跪向佛作供养之态。画面中十二神将各分两列斜向排列，体现出一种进深感。

从隋朝出现的经变画来看，通过人物排列、建筑与山水背景的表现，画家们在各方面探索大画面经变画的各种可能性。以殿堂建筑为中心的布局，显然较为适合表现佛教那种庄严与崇高的精神；而以中轴对称的构图形式来表现人物众多的经变，最终成为后来净土经变的流行做法。

4. 传统神话题材

在隋朝，中国传统神话题材（主要是东王公与西王母）依然出现在不少洞窟的壁画中。如第305窟绘于窟顶人字披南北二披的东王公、西王母图。南披绘西王母乘凤车，北披画东王公乘龙车，前后都有不少天人呼应，风驰电掣地向前行进。这样的表现形式令人想起西魏第249窟窟顶南北披的同样主题。只是在第249窟窟顶四披中相应的还画出持节仙人与开明、雷公、霹电、朱雀、玄武等等传统神灵形象，而在第305窟则仅出现了仙人、文鳐、鲸鲵，内容简化了许多。但是在第419、423等窟中，东王公与西王母则主要画在窟顶弥勒经变的两侧，画面更加缩小，没有了第305窟那样的气势。这一题材入唐以后便不再出现。

5. 装饰图案画

隋朝的装饰纹样一方面继承了传统的莲花纹、火焰纹、忍冬纹等形式，一方面吸取了新传入的西亚波斯风格的纹样，如狮凤纹、联珠纹、狩猎纹、兽禽纹等，反映了丝路兴盛带来的文化交流状况。隋朝在装饰艺术方面也是充满了创造精神，如在第380、423等窟壁画中，可看到风格独特的人面图案、鸟兽图案等；第427窟人字披中脊画出的卷草纹带饰，综合了莲花纹、忍冬纹以及化生题材，并以"S"形连续，形成充满活力的丰富纹样。隋代图案还十分注重色彩效果，如第292、420、427等窟的佛背光图案，画家着意以青绿色染出具有光影变化特点的效果，配合白色及金色等颜色的勾线，表现出了奇妙幻化的佛光，体现出画家丰富的创造力。

总之，隋朝石窟数量大大地超出了前代总和，在北朝石窟传统的基础上，大胆吸收不同地域、不同风格的艺术，在形式、技法和风格上进行广泛的创新，呈现出别具一格的艺术风貌。隋代时代虽较短，但隋代洞窟开启的很多艺术形式在唐代则得以发扬光大。

第三节

唐代前期石窟艺术

唐朝历史近300年，莫高窟开窟造像数量极大，为莫高窟各时期之最。敦煌的唐代石窟大体分为初唐、盛唐、中唐和晚唐四个时期。初唐时期指唐朝建立到长安四年（618—704）期间；盛唐指唐神龙元年至建中二年（705—781）期间；中唐指安史之乱后吐蕃占领敦煌期间（781—848）；晚唐则是指张议潮率众起义，推翻吐蕃在敦煌的统治，敦煌重新归复唐朝，直到唐朝灭亡的时期（848—907）。吐蕃占领敦煌，是敦煌石窟艺术的一个转折点。如果把唐代分为前后两个时期，吐蕃占领敦煌就是一个分界线。唐代前期包括初唐、盛唐，唐代后期包括中唐、晚唐。本节主要叙述唐代前期的石窟艺术。

唐代前期由于丝绸之路的繁荣，唐王朝控制了包括现在新疆全境及中亚部分地区，敦煌成为丝绸之路上的重要城市。当时，首都长安及洛阳等大都市的最新的文化信息，很快会传到敦煌；而从西域传来的宗教文化信息也可首先传入敦煌，再传入中原。唐朝是极其崇信佛教的朝代，尤其是武则天时代，朝廷不仅组织抄写佛经并颁布天下，而且下令全国各地造弥勒大像。在这样的政治、宗教环境下，敦煌以其地理优势造就了无比辉煌的佛教石窟艺术。唐朝前期是敦煌艺术发展的极盛时期，敦煌石窟（包括莫高窟、榆林窟及西千佛洞）新建洞窟达150多个,其中还出现了几座规模宏伟的大佛窟和涅槃窟。

一、唐代前期的洞窟形制

1. 覆斗顶窟

覆斗顶窟在唐代成为最流行的洞窟形制。初唐时,已逐渐形成在覆斗顶窟正面开一敞口龛,在龛外两侧西壁与南北二壁交接的地方分别建一与龛沿齐高的平台,以安置天王或力士塑像的形式。从初唐到盛唐,这一形式都是被采用最多的洞窟形式。当然也有一些不同之例,如初唐第57、322等窟承袭隋代的做法,西壁佛龛为双层龛;第209窟则不开龛,而在正壁贴墙设佛坛;第205窟则在中心设佛坛。但这些异例为数较少。

2. 中心柱窟

中心柱窟是北朝流行的窟形,到了唐代已经数量不多。初唐莫高窟第332窟可以说是承隋代余风,在洞窟结构上与隋代第427窟非常相似。其中心柱四面均不开龛,而在正面造一佛二菩萨计三尊立像,在南北壁也各造三尊像,与正面的佛像一起构成"三世佛"的格局;后壁则开龛造涅槃佛像。涅槃题材的出现,令人想到克孜尔石窟中最流行的中心柱窟——通常在后壁或塑或绘涅槃佛像,反映了涅槃与弥勒信仰。显然第332窟具有龟兹石窟的这种因素。此外,在盛唐时期莫高窟还有两例中心柱窟,即第39、44窟。其窟顶前部为人字披顶,后部为平顶;中心柱仅在正面开一龛,其余三面不开龛。因此,有的著作称之为"中心龛柱"。第39窟还在洞窟南、西、北三壁分别开龛,是中心柱与三壁三龛窟的结合。

另外,这一时期在榆林窟出现了三座大型的中心柱窟。榆林窟第17(图2-8)、28、39窟均为中心柱窟。在现存第28窟和第17窟的龛内可见初唐风格的塑像壁画,第39窟壁画则在回鹘时期被完全重绘。据调查,第39窟在洞窟规模、结构及塑像的配置等方面与第17窟完全一致，由此推测二者应是同时营建的。此三窟主室平面均为方形，洞窟的中央建中心方柱，方柱底部有高约1米左右的台座，柱的四面开龛造像，正面及两侧面为坐佛，后面则为立佛。窟顶没有莫高窟中心柱窟那种人字披和平顶，而是从中心柱顶端四边向外做出的微微倾斜的斜坡。

图 2-8　榆林窟第 17 窟内景　初唐

3. 大佛窟

大佛窟是唐前期十分引人注目的洞窟。莫高窟第 96、130 窟和榆林窟第 6 窟均造大佛像，其洞窟形制也因大佛的营建而形成自身的特点。建于 695 年的第 96 窟内有高 35.5 米的大佛像（俗称北大像），估计当时已突破了崖壁的顶部，只能在大佛外造窟檐来保护佛像。窟檐经过历代重修，现存的窟檐为九层木结构建筑，俗称九层楼。第 130 窟建于开元天宝年间，内有高 26 米的大佛（俗称南大像）。其窟顶为覆斗顶，除了东壁下部开有门外，靠近大佛头部和腹部的位置还各开有一个明窗，正好使观众可以看清大佛的头部和身体。第 130 窟前有规模较大的殿堂遗址，表明当初营建大佛之后，在窟前同时修建了佛寺殿堂，与洞窟相连，为前殿后窟的结构。榆林窟第 6 窟开凿年代不详，但从大佛的风格及大佛流行的时代看，推测为初唐所建。此窟内有高 23 米的大佛像，窟顶为穹隆顶；大佛窟的下部开门，上部接近大佛胸部的地方开明窗；大佛窟前现在仍有小型院落与洞窟相通。

4. 涅槃窟

涅槃窟仅有一例，为盛唐后期营建的第 148 窟。此窟平面为纵长方形，窟内西侧设高约 1 米的佛床，上有长 14.5 米的涅槃佛像。窟顶为券顶，窟内南北两壁各开一龛，与涅槃佛像形成"三世佛"的结构。由于涅槃佛像与通常的立佛或坐佛不同，是横卧着的，洞窟形制也因此必须相应作出一些变化，从而形成特殊的窟形。

二、唐代前期的彩塑艺术

图 2-9　彩塑　莫高窟第 328 窟西龛北侧　初唐

唐代前期的彩塑一个总的趋向，就是伴随着写实化技法的高度成熟，艺术家能够自如地表现不同人物的精神风貌，并达至传神的效果。第 322、57 等窟的佛像还留有隋朝余韵；第 328、205 窟的佛像、菩萨、弟子像均能体现出不同的神采。第 328 窟是彩塑保存相对完好的一个窟[①]（图 2-9），正面敞口龛内塑一佛二弟子二菩萨和 4 身供养菩萨（其中龛南侧 1 身供养菩萨被美国人华尔纳盗走，现藏于哈佛大学美术博物馆）。佛两侧的胁侍菩萨以坐姿来表现；除了胁侍菩萨之外，还有胡跪着的供养菩萨。这都是新出现的形式。此窟的彩塑完全改变了过往彩塑均为贴壁而塑（类似浮塑）的情况，而采用（形成）圆塑的形

---

① 第 328 窟的时代，在《敦煌莫高窟内容总录》中被定为初唐，但在《中国石窟·敦煌莫高窟》第 3 卷中却被定为盛唐。两者都未说明理由。从《中国石窟·敦煌莫高窟》第 3 卷中的图版说明来看，作者认为此窟彩塑已离开原壁，是十分成熟的圆塑。也许这是其时代被定为盛唐的理由。不过如果将其与第 45 窟等窟的盛唐彩塑相比较，还是可以看出有很大的差别。因此，笔者认为将第 328 窟的时代还是定为初唐较妥。

式。从雕塑发展的角度看，具有划时代的意义。

作为佛教雕塑，塑像是供奉和礼拜的主题，是一个洞窟的焦点。北朝到隋代的敦煌彩塑大多具有高浮雕的特点，塑像背面与墙壁连在一起，而入唐以后，彩塑发展为圆塑。采用圆塑形式塑造的塑像，可从不同的角度欣赏，更具视觉吸引力，也就更容易成为信众关注的中心、焦点。圆塑的意义在第205窟佛坛南侧的菩萨坐像上体现得十分完美。这身菩萨双臂已残，上身半裸，肌肤的色彩变成了黑褐色；但全身比例匀称，不论是前胸还是后背的肌肤都十分自然写实，而且富有神气，表明艺术家在人体塑造艺术方面具有很高的造诣。

第45窟的彩塑，表现出盛唐时期雕塑艺术的进一步发展。此时的艺术家对于人体比例及人物性格的表现已十分圆熟，而更注重对精神气质的表现。如对迦叶和阿难，不仅仅表现他们是一老一少的两位僧人，通过对其眼神、手姿等的刻画，更传达出了二位得道高僧的睿智；将菩萨表现为立姿，身形略长，更能显示出女性婀娜、柔美之态；天王刚强、勇武的神态表现，正好与菩萨的慈祥、温婉形成对比；等等。第46、66、445等窟的彩塑，与第45窟属于同一类风格，只是这些洞窟中有的塑像经后代重修。

大佛造像是唐代前期彩塑的特例。大佛思想源于弥勒崇拜，从中亚的巴米扬石窟，到中国西部的龟兹石窟、敦煌石窟，以及云冈石窟、龙门石窟等等，都可看到大佛造像。唐代前期，由于帝王的倡导，尤其有发达的经济作基础，全国各地都在营造大佛。敦煌于695年营造了35.5米高的弥勒大佛（第96窟），并于盛唐时期又营造了高达26米的大佛（第130窟），后人因其位置而分别称之为北大像、南大像。榆林窟第6窟也在初唐营造了高达23米的大佛。大佛依山而建，为石胎泥塑。其营造过程是先在岩石上凿出大佛的形状，然后敷泥塑造，最后彩绘完成。此尊大佛虽经后代重修，但从其身材比例、神态坐姿仍可窥见原作的高超水平。

巨型大佛的制作，与小型佛像制作有诸多不同，特别是在比例上，需要上半身大，下半身小，才能适合观众的视觉。这方面技术性较强，也体现着古代艺术家的智慧。三座大佛中，第130窟大佛基本保持了原作风貌，体量的巨大与面貌的俊美协调、统一，表现出唐代所追求的庄严与优雅的完美结合。

三、唐代前期的壁画艺术

唐代前期的壁画题材主要有尊像画、佛教故事画、经变画、供养人画像和装饰图案画等。由于经变画的盛行，一窟之内，往往经变画成为最吸引人的主题，相比之下，其他的题材似乎成了配角。但不论是什么题材的内容，画家都以极大的热情进行细致的描绘，并赋予丰富的创造力，使这一时期的绘画绽放出绚丽的光彩。

1. 尊像画

以说法图表现佛像，是北朝以来的传统。初唐第57、322等窟都在南北壁主要位置绘出说法图。如第57窟南壁的说法图，佛弟子和胁侍菩萨众多，举手投足，都表现出温婉、优美的神态。尤其是佛左右二身菩萨，体现出女性的矜持与娇媚之态，这是前所未有的。以人间世俗之美来表现菩萨之美，这就是唐代的精神。进入盛唐，经变画流行以后，说法图很少出现，但是在不少洞窟的佛龛两侧以及东壁门两侧，往往画出较大的菩萨像。如第45、217窟佛龛两侧的菩萨像，刻画都很细腻，富于个性，在人物造型方面体现出了时代水准。

2. 故事画

初唐的第329、209等窟表现的是佛传故事乘象入胎与逾城出家。延续隋代的做法，其在佛龛（或佛背光）两侧对称地画出两个情节，但比起隋代的画面来，人物众多，气氛热烈。当然这一题材仅见于初唐少数洞窟，此后就不再出现。第323窟比较特别，其南北两壁绘满故事画。北壁由西到东，转入南壁由东到西，分别画出西汉张骞出使西域以及一些与东晋佛图澄、三国康僧会、隋朝昙延法师等高僧相关的故事。这些故事被称为佛教感通故事，或佛教史迹故事、佛教东传故事。其在艺术表现上值得注意的是，完全放弃了早期直至隋代流行的以长卷式画面来解析故事情节的做法，而以大片山水景物为背景，利用山水间的空间来安置不同的故事情节。通壁看来，好像是大幅山水人物画，其中人物远近有别，空间层次随山水景物的变化而自然形成。这是第一次把大幅山水背景与佛教故事内容完美结合在一起，形成中国式的壁画表现方式的尝试。如果说早期的长卷式连环画，把中国传统手卷式的画法运用在壁画中多少有些生硬的话，第323窟的画面处理则摆脱了手卷画的束缚，而把中国式山水审美精神与大型壁画的特点结合在一起，形成了中国式的壁画艺术。

3. 经变画

经变画是唐代前期最重要的壁画题材，也是唐代绘画艺术史上获得成就最高的题材。有贞观十六年（642）题记的第220窟，南北壁分别画出无量寿经变与药师经变。南壁无量寿经变以净土世界的七宝水池为背景，无量寿（阿弥陀）佛端坐于中央的莲台上，两侧除了观音与势至菩萨外，还有为数众多的菩萨、天人（图2-10）。水中有天人与化生。画面前沿的平台上是舞伎与乐队，画面两侧有二层楼阁。这些似乎真实的景象，使观者恍如进到了佛国世界。这就是经变画的意义——让观众们通过壁画看到一个"真实的"佛国世界，从而使佛教的理想不再遥远。

唐代流行净土宗，

图 2-10　无量寿经变　莫高窟第220窟南壁　初唐

"净土三经"的《阿弥陀经》《无量寿佛经》《观无量寿经》都被画家们以壁画的形式表现出来。第217窟北壁和第172窟南北壁的观无量寿经变,则更以真实的宫殿建筑表现出理想的净土世界。第172窟北壁经变中,规模宏大的建筑群在水池上建成,佛、菩萨及众天人坐于中央大殿前的平台上;在中央大殿后部还可见有后殿,并有长廊与两侧的角楼及配殿相连;佛前面又有平台,舞伎与乐队在其中表演。建筑物的后部露出远方的山水景物,使画面的空间十分辽远;天空中有佛与菩萨、天人飞来飞去;另外还有不鼓不鸣的乐器。这是唐代净土经变的典型构图。在第171、320、148等很多洞窟中,表现净土世界(包括药师净土等)的壁画,大体都是按这样的构图来表现的。

弥勒净土的表现稍有不同。隋代的弥勒经变主要是弥勒上生经,多以建筑来表现弥勒菩萨所居的兜率天宫。入唐以后,弥勒经变通常是上生与下生经相结合,如第329窟以宫殿建筑表现弥勒上生经变和下生经变。而盛唐以后,则以弥勒下生经变为主,以弥勒三会,度化众生为中心,相关的表现有弥勒诞生的翅头末城景象,一种七收、树上生衣、人寿八万四千岁等场景。全图以山水为背景,中央突出弥勒三会和众人剃度出家的场面,并在山水中穿插各种情节,如耕种、婚嫁等场面。第33、445、446等窟的弥勒经变就是其代表。

维摩诘经变属于另一个类型。沿袭隋代的构图,维摩诘经变通常都以对称的手法,在窟门两侧分别画出维摩诘和文殊菩萨。第220窟即为其代表。门南侧的维摩诘画像,神思飞扬,凭几雄辩;门北侧的文殊菩萨手持如意,从容应对。在文殊菩萨的下部,还画出了帝王及大臣听法的场面。仪态威严的皇帝和表情各异的王公大臣,首次走进了佛教石窟壁画。而在维摩诘一侧,则画出"各国王子听法图",表现不同肤色、不同服饰打扮的外国人物。这些人物的出现,当然是为了表现佛经中所述维摩诘与文殊对谈时的众多世俗信众前来听法的场面,但是第220窟营建的时代,正是阎立德、阎立本兄弟在画坛上十分活跃的时代,而阎氏兄弟均画过帝王图与外国人物图，比较传为阎立本所作的《历代帝王图》，可见二者对帝王的表现，风格完全一致①，反映了阎氏兄弟的绘画风格在这个时候已传入了敦煌。

维摩诘经变是深受中国人喜爱的画作题材，从东晋以来，流行于佛教寺院、石窟之中。对维摩诘形象的描绘也反映出各时期画家的创造力。其中，莫高窟第103窟东壁的维摩诘经变中的维摩诘形象最为人所瞩目。画面主要以线描造型，色彩较少。挺拔有力的线条，表现出维摩诘这位智者炯炯有神的眼睛及全身的精神状态，不论是眼目、须发、手势及衣饰都仿佛随着他的神态而微动。正如张彦远《历代名画记》所说："虬髯云鬓，数尽飞动；毛根出肉，力健有余。"这正是吴道子画风的特征。所谓"笔才一二而象已应焉"——吴道子在表现人物的精神面貌时，往往无需太多的笔墨，关键的几笔，就能体现出人物的精神风貌。从103窟门南侧维摩诘下部的外国人物以及门北侧的文殊菩萨等形象上，我们也同样能体会到这种不以华丽色彩取胜而以线描造型为长的特点，而这正是吴道子一派的艺术特点。

涅槃经变属于叙事性经变，表现从佛最后一次说法到双树林涅槃、佛母奔丧、众弟子发丧、毗荼、八王分舍利等情节。代表作品有第332窟和第148窟壁画。第148窟从南壁、西壁到北壁相继绘出共十组画面，场面宏大。其中如大出殡的场面，完全以中国式的丧葬仪式来表现，六个力士抬着棺材向城外进发，菩萨执幡，其后跟随的世俗人物，形成长长的队伍，十分壮观。而众人分舍利的场面则被置于广阔的原野中，背景中的山峦体现出高远的特征，烘托出庄严的气氛。本窟的涅槃经变把画面中空间的推移与时间的发展联系起来，突出重点；山水不仅仅提供了故事发展的背景，而且在渲染画面的气氛上发挥了重要的作用。

---

① 赵声良《帝王图与初唐人物画》，《丝绸之路·图像与历史》，上海：东华大学出版社，2011年。

总之,唐代前期的经变画,为各个题材的经变建立了一个基本的构图模式,以后的壁画中,除少数内容外,大体都没有超出其模式。

4. 供养人画像

供养人像在唐以前都画得比较小,初唐的供养人多画于四壁的下部,人像比前朝略大。由于后代改修较多,初唐的供养人现在被保存下来的较少。从第329、334、431等窟的供养人像,可见当时的肖像画艺术特征。盛唐开始出现较大的供养人像,第130窟就是其代表。因为此窟是大佛窟,甬道也很大。甬道南北两壁画有晋昌郡都督乐庭瓌一家的供养像。两壁的主要人物形象都超过2米。北壁的乐庭瓌戴幞头,穿蓝色圆领长袍,手持长柄香炉向佛而立,后面有曲柄伞盖。身后是乐庭瓌的三个儿子,前二人着褐色圆领袍,手执笏板而立,后一人看来年纪尚幼,着白色圆领袍,双手合十。南壁为都督夫人供养像,夫人梳高髻,头上插花,穿着华丽的上衣和长裙,肩上还有薄纱帔帛。身后两个女儿跟随。三人都面形丰腴,腹部向前挺,正体现着"唐人以丰肥为美"的特点。后面侍女们手捧鲜花或香炉等供品侍立。

5. 装饰图案画

唐代以后石窟多为覆斗顶窟,窟内的装饰多集中于藻井、佛背光及边饰图案。初唐第209窟藻井以葡萄、石榴纹组合,体现出西域的装饰风格。第329窟藻井则在蓝色背景中描绘出莲花、飞天等形象,飞天的动势与层次丰富的莲花图案相映成趣,充满生机(图2-11)。盛唐以后的藻井更注重使花纹层次丰富、

图2-11 莲花飞天藻井 莫高窟第329窟窟顶 初唐

色彩厚重，第 320、79 窟是其代表。唐代洞窟内塑像普遍以圆塑的形式出现，一般都不再塑出头光，而往往在龛壁上配合塑像将头光绘出。这些圆形的头光中心被画上华丽的团花、卷草等纹样，边缘则被绘上火焰纹，这样团花的静态与火焰的动势就形成了对比。第217、225、444 窟龛内的头光堪为典型。而第 66 窟龛顶的华盖也是别出心裁，中央为圆形图案，外围则是椭圆形，椭圆形周边表现布幔与垂铃随风飘动的样子，使图案具有一种飞动之势。初唐纹样以连续的"S"形卷草纹样为主，色彩绚丽，纹样细致，变化多样。盛唐以后，团花纹样逐步流行，在条形边饰中，往往表现为一整二半连续的团花纹。色彩厚重、层次丰富是盛唐图案的特点。

第四节

唐代后期石窟艺术

唐代前后期,是以唐德宗建中二年(781)河西为吐蕃所统治而划分界线的。这以后的历史共126年。其间吐蕃统治敦煌67年(习称中唐)。吐蕃民族同样崇信佛教,这一时期莫高窟新开洞窟48个,又重修了28个洞窟和完成盛唐未完工的9个洞窟。大中二年(848),沙州张议潮率众起义,逐走吐蕃统治者并次第收复河西州郡,归复唐朝,唐朝在敦煌建立了归义军政权。自张议潮起义,到李唐最后一年(大中二年至天祐四年,即公元848—907年),敦煌为张议潮家族所统治(习称晚唐)。晚唐,莫高窟共开凿了71个新窟,续建和重修了前代的11个洞窟。

一、唐代后期的洞窟形制

唐代后期的洞窟形制,仍以覆斗顶窟为主,并大致形成两种类型。一种是在洞窟正面开龛,佛龛多为正面方形,龛顶为盝顶,并在龛内设马蹄形佛坛,佛像安置于佛坛上,如第159、231、12、156等窟;也有少数洞窟佛龛不做盝形顶,而是如唐前期流行的敞口龛那样的斜坡顶,如第154窟。另一种类型,就是在洞窟中央设佛坛,塑像置于佛坛上。中唐时期的莫高窟几乎没有在中央设佛坛的洞窟,但在榆林窟则出现了中央设佛坛的洞窟。榆林窟第 25 窟是保存较完好的中唐窟，有长长的甬道和完整的前室。主室为覆斗顶窟，中央设方形佛坛，坛上仅存一佛像。从佛坛上的遗迹来看，当时可能有 1 铺 7 身塑像。榆林窟与莫高窟不同之处在于榆林窟大部分洞窟都保存了完整的前室及前甬道。第 25 窟显然是一个规划十分严整的洞窟，其前甬道两侧各有一个方形的小耳室（现分别编号为 24 窟、42 窟）；经甬道进入前室，前室平面为方形，顶部为一面坡形，东高西低；由前室进入主室的甬道较短（图 2-12）。第 15 窟也是中唐所开，前甬道已被毁，前室尚完整，也为一面坡顶；主室平面为方形，有方形的中心佛坛，坛上现存一佛二弟子二菩萨二天王像为清修。此窟仅前室存中唐壁画，可知为中唐开凿。莫高窟在晚唐时出现了中心佛坛的窟形，如第 85、196 等窟，均为大型洞窟，主室中央设马蹄形佛坛，佛坛后有背屏与窟顶相连。第 196 窟佛坛上现存一佛二弟子一菩萨一天王，从遗迹来看，当初应为 1 铺 7 身的塑像。

　　涅槃窟在盛唐第 148 窟已经出现。中唐 158 窟也为大型涅槃窟，此窟主室进深 7.25 米，南北宽 16.50 米，高 6.43 米。西壁设高 1.55 米的佛坛，佛坛上塑释迦涅槃像 1 身，长约 16 米。此窟与第 148 窟不同之处在于窟顶为盝顶形，南北两侧不开龛，而各塑 1 身佛像。第 365 窟窟形也较特殊，此窟主室进深 1.39 米，南北宽 12.75 米，高 6.18 米。西壁有横长方形佛坛，坛上塑有 7 身结跏趺坐禅定佛塑像（清修头部）。以七佛为题材的大窟在莫高窟仅此

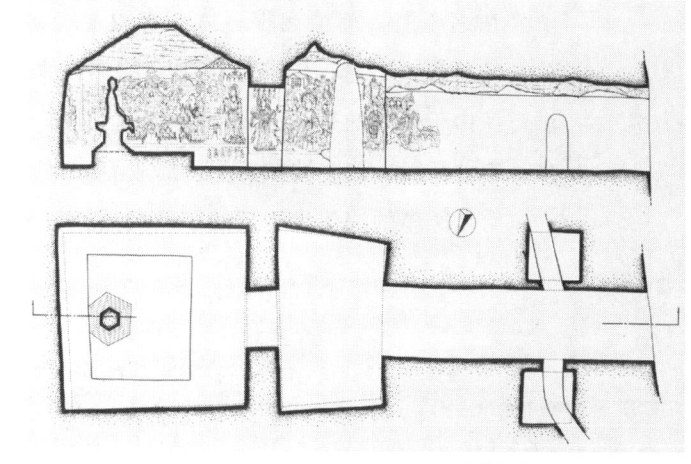

图 2-12　榆林窟第 25 窟平剖面图

一例。

特殊的窟形还有影窟。莫高窟第17窟开在第16窟甬道北侧，坐北朝南，为方形覆斗顶窟。北侧设佛床，床上塑高僧洪辩像。这是为纪念当时任河西都僧统的洪辩而建的洞窟，称为影窟。类似的影窟还有第138窟甬道北侧的第139窟（晚唐），其洞窟形制与壁画主题大体与第17窟一致，可知影窟有一定的规范。

二、唐代后期的彩塑

唐代后期的彩塑，承袭唐代前期题材与风格，正面大龛里，通常塑有以佛为中心，两侧伴以弟子、菩萨、天王、力士的群像，一般为1铺7身或9身。由于毁坏严重，或经后代重修重塑，唐代后期彩塑被成组完整保留下来的极少。第159窟龛内存6身塑像，相对保存完好。中央佛像已失，仅存两侧弟子、菩萨与天王像。弟子像写实性很强；菩萨神态雍容，衣饰华丽；天王个性张扬。总的来说，本窟彩塑世俗化倾向明显，制作十分精致。第159窟彩塑在风格上与盛唐第194窟十分接近[①]，反映了中唐彩塑努力保持着盛唐风范。

第196窟是一个大型洞窟，佛像与两侧的弟子神情庄严；北侧的菩萨坐在莲座上，神情娴雅，体态丰盈而充满女性魅力；天王则体态魁梧，气势慑人。这一组彩塑体现着盛唐以来恢宏的气度。而第17窟的洪辩像由于表现的是一位真实的僧人，制作十分写实。洪辩和尚结跏趺坐，表情恬静，袈裟披在身上，形成简练完整的体态。

第158窟的涅槃像则反映了唐代后期大型彩塑的巨大成就。这身长

[①] 莫高窟第194窟在《敦煌莫高窟内容总录》及《敦煌学大辞典》中均被定为盛唐营建，但有的学者把第194窟定为中唐营建（刘永增《敦煌石窟全集·塑像卷》，香港商务印书馆，2003年），可能也是因为其彩塑特征与中唐诸窟的风格相近的缘故。其实关系正好相反，应是盛唐营造的第194窟在彩塑风格上影响了中唐洞窟。

达16米的卧佛右枕而卧，脸型丰满，双目微闭，表情带着欣慰。身体的轮廓构成起伏的曲线，有若优美的音乐旋律。涅槃虽然表现的是佛的灭度，但涅槃思想表现的则是形体的消失和精神的升华，是佛教追求的终极目标。因而涅槃像在中亚和印度、中国都有，尤其在中国石窟与寺院中很多。但能从艺术上真正表现出涅槃精神的并不多见。第158窟涅槃像通过一种静谧而愉悦的表情，来表现释迦牟尼佛涅槃之时的精神状态，成功地诠释了涅槃要义；在艺术上则以完美的造型，给人以无限美好的享受，真正做到了"以形写神"。

三、唐代后期的壁画艺术

唐代后期的壁画题材与唐代前期略同，主要有尊像画、经变画、佛教史迹画、供养人画像、装饰图案等五类，但在洞窟中的布局和画法上稍有不同。唐代前期那种占满整壁的巨幅经变画减少，而往往在一壁之内并列2~5铺经变。在经变画的下部，出现了并列的长方形条幅结构的画面，通称为屏风画。屏风画的内容多是配合上部经变而绘的经变的具体情节。在一些佛龛内也常常以屏风画的形式表现经变内容。

1. 尊像画

唐代后期，传统的说法图形式越来越少。在佛龛的两侧画菩萨的形式，在中唐仍然可见；有的洞窟则将菩萨画在经变画的两侧，如榆林窟第25窟南北壁的经变画两侧均画菩萨像，菩萨形体高大，绘制细腻，线描造型体现出艺术家极高的功力。榆林窟第15窟则在前室南北壁分别画出天王形象，南方天王身着甲胄，挟弓持箭，目视前方，身旁有裸体的夜叉侍从；北方天王上身半裸，一手持棒，一手持鼠，旁有披虎皮的药叉侍立。这一形象有密教特征，是中唐出现的新样式。在中晚唐的不少石窟中，往往在屏风画中表现菩萨、弟子形象，如第196、107等窟。

2. 经变画

与唐前期一样，经变画是唐代后期被表现最多的题材。唐代后期洞窟内的主要壁面基本上都绘有经变画。从题材上看，除了沿袭唐代前期流行的内容（如观无量寿经变、药师经变、弥勒经变、法华经变等）外，还有不少新出现的内容；或者虽然唐代前期出现过，但到了后期才流行的，如报恩经变、天请问经变、思益梵天问经变等。唐代后期还出现了不少密教题材的经变，如八大菩萨曼荼罗（榆林窟第25窟）、如意轮观音、千手千眼观音、千手千钵文殊等等。

对于同样的题材，在表现形式等方面，唐代后期与前期相较，可以看出一些新的变化。如维摩诘经变大多绘于洞窟东壁门两侧，表现维摩诘与文殊菩萨相对而谈的情状。在吐蕃占领敦煌期间，维摩诘与文殊菩萨的下部分别画有汉族帝王与吐蕃赞普的形象，形成分庭抗礼的格局，第159窟即是代表（图2-13）。到晚唐归义军时期，吐蕃赞普的形象就不再出现了。

图2-13　吐蕃赞普礼佛图　莫高窟第159窟东壁　中唐

涅槃经变在唐代前期大体是按佛涅槃以后的故事情节表现的叙事性经变，但第158窟的涅槃经变则只表现佛涅槃时众弟子以及世俗人物悲伤的情景。南壁表现众弟子举哀，大弟子迦叶双手上举，悲痛欲绝，旁边的弟子们不得不抱住快要倒地的迦叶；而在众弟子前面，阿难跪地，右手在耳旁，仿佛还在聆听佛的教诲。西壁佛像后面画的是充满悲伤的众弟子像，在弟子身后，则是表情静穆的菩萨像。北壁则表现一汉族帝王悲伤痛哭的样子，两侧有侍女相扶，而旁边则是不同装束、不同肤色的人物，均露悲痛之色，或握剑刺胸，或用刀割耳，或持匕首刺胸。这与历史记载的中亚一些民族在失去亲人之时表现悲痛的状况相同。这是一组配合涅槃佛像画出的人物，画中人物高度超过2米，表情与动作较为夸张，具有强烈的感染力。

　　唐代后期，以净土世界为中心的构图，已成为大部分经变画的基本构成。除了榆林窟第25窟等少数洞窟外，经变画不再以1铺经变占满整壁，而是在一壁之内画出2铺以上的经变，即使是在一些小型洞窟也是这样。因而出现了一些画面较小，而结构复杂、表现精致的洞窟，如第112、154等窟。第112窟主室进深与宽度都仅2米多，却在南壁画金刚经变、观无量寿经变各1铺；北壁画报恩经变、药师经变各1铺；东壁门上部画降魔变，门两侧分别画观音经变与大势至变相。上述各铺经变皆描绘细腻，如南壁观无量寿经变中，殿堂楼阁结构谨严，众多人物或静或动，极尽生动。佛前面的一组乐队，两侧各有3身乐伎专心演奏，中央的舞伎双手举琵琶于头后部（所谓"反弹琵琶"），右腿提起，仿佛正应音乐的节拍而起舞。这个小小画面中的舞伎也成为敦煌壁画中的一个典型形象。同窟北壁的报恩经变以山水为背景，画出鹿母夫人的故事，峻峭的山岩以石绿和水墨染出，岩石画法与水墨晕染都是唐前期未出现过的，反映了唐代后期水墨画山水技法已传入敦煌。

　　从第112、154、159等窟的经变画中可以看出，唐代后期在表现净土世界方面尽力模仿唐前期的风格，不论是在建筑结构还是在人物造型方面都有样式化的倾向；在恢宏、博大方面不如唐代前期，但在精致、小巧方面则更胜一筹。屏风画是这个时期经变画的一种补充形式。如唐代前期观无量寿经变、药师经变等,往往在净土图的两侧以条幅的形式画出十六观、未生怨、九横死、十二大愿等相关内容。在唐代后期,这些内容则都以屏风画的形式画在净土图的下部。屏风的形式更便于表现人物与景物的关系,很多屏风画表现得富有情趣。如第360窟东壁维摩诘经变下部的屏风画,表现方便品中维摩诘到酒肆教化众生的场面。画面上部表现一些人聚集在一起喝酒,旁边有一人跳舞助兴;下部则有两组人物,表现维摩诘与众人对谈的场景。全画面在山水背景中表现,仿佛一幅情趣盎然的山水画。又如第238窟龛内屏风画,表现报恩经变中善事太子被刺瞎双目后,牛王为善事太子舐去毒刺的场面。山坡下,牧人赶着几头牛走过,一牛低头将躺在地上的善事太子眼睛内的毒刺舐出。画面背景为蜿蜒的山水,是绘画感很强的青绿山水画。

中唐以后,在洞窟内南北两壁中的一壁之内画两幅以上的经变画已成一种模式。晚唐时期,一些中型和大型洞窟在窟顶四披各画1铺经变画,如第85、156等窟壁画场面宏大,可看出画家们在力追盛唐气象。而晚唐流行的劳度叉斗圣变,则更体现出了这种努力表现一种宏大场面的倾向。劳度叉斗圣变与其他的经变不同,通常的经变是根据佛经内容绘制的。劳度叉斗圣变的内容虽然与《贤愚经》的一些内容相关,但具体的情节却与唐代流行的变文《降魔变文》完全对应。变文本来源于讲经文的底本,是把佛经内容加以演绎而讲说的,比起佛经来,增加了很多想象补充的成分。敦煌藏经洞出土的《降魔变文》有多种抄本,其中藏于法国的P.4524卷为一面依次画出佛弟子舍利弗与外道劳度叉斗法的场面,背面则在与图相应的地方抄写变文(或唱词)。显然这是当时俗讲僧人们宣讲时所用的,僧人将图面对听众,而自己从卷子背面正好看到文字提示。莫高窟晚唐第9、196等窟中都以通壁绘制舍利弗与外道劳度叉斗法的内容,敦煌壁画中称之为劳度叉斗圣变。"降魔变"通常是指佛传故事中释迦牟尼成佛之时降服魔王一事,自北魏以来壁画中多有描绘,且在佛教史上已成固有的称呼;而"劳度叉斗圣变"一词,最早见于宋郭若虚《图画见闻志》。

第196窟西壁的劳度叉斗圣变长达9.5米，表现的是佛弟子舍利弗与劳度叉相对峙的场面。左侧舍利弗坐于高高的莲台上，身后有两株菩提树形如背屏，旁有佛弟子及诸天人。右侧是外道劳度叉坐在一个方形台上，头顶是由台的四角支起的杆子所撑起的篷子，众外道站于一侧。中央画出斗法的一些细节，如劳度叉化出一座山，舍利弗化金刚将山击碎；劳度叉化出水牛，舍利弗化狮子阚食；劳度叉化一宝池，舍利弗则化大象吸干池水；劳度叉化一毒龙，舍利弗化金翅鸟啄之；劳度叉化一黄头鬼，舍利弗化毗沙门天王捉鬼；最后，劳度叉化出大树，舍利弗化大风，将树连根拔起。画家将凌厉的风势表现于整个画面，劳度叉宝座之上的篷子在大风中摇摇欲坠，外道们不得不拿着梯子努力支撑；而众魔女们也被吹得衣襟飞舞，花容失色。画面下部还表现外道们皈依后，剃度、洗浴等场面。总之，整个巨幅画面，以对称式构图分布故事情节，以大风劲吹的情节使画面形成统一的整体。画面表现佛家与外道斗法，严肃中又不乏轻松与诙谐。这样的经变画也与表现净土世界为中心的经变画完全不同。

3. 佛教史迹画

佛教史迹画在唐代后期往往以单独的瑞像形式来表现。如第231、237等窟的佛龛盝形顶四披画出的一幅幅瑞像图。第237窟龛顶画出瑞像共41幅。每一幅中仅画出一像，大多表现佛教传说中佛的化现，如于阗坎城瑞像、海眼寺瑞像等等。

晚唐第9窟的甬道顶部画出了以于阗牛头山为中心而表现众多瑞像的画面。画面中心为牛头山的释迦瑞像，山的下部如一个牛头的样子。两侧分别画高僧安世高、刘萨诃的故事及阿育王弘法、那烂陀大寺等内容。上部画出三个与水相关的故事：毗沙门天王与舍利弗决海、释迦度商主、迦叶救如来溺水。画面对故事情节的安排尽量与景物的布局相协调，在以青绿重色表现大海及水池，以赭色与石绿配合表现山峦等方面都较为成功。第340窟的甬道顶部也画出了同样的题材,采用同样的构图,基本上是模仿第9窟甬道的画法;但在人物形象的表现、色彩的晕染等方面稍逊一筹。总之,第9窟甬道顶的佛教史迹画以山水为背景,各个故事分布其中,这是经变画创作中已十分成熟的手法,用于佛教史迹画,当然毫不奇怪;但把这些本来互不关联的瑞像故事组合在一个画面中,也不能不说是一种创造。而且这样的形式在晚唐出现之后,一直影响到五代、北宋的200年间。

4. 供养人像

中唐时期保存的供养人画像较少,在第231窟东壁门上部可见有男女供养人各1身,均坐于毯上,持香炉供养;身后分别有男女侍从各1身捧花而立。从中央的榜题文字可知此二人为敦煌郡处士阴嘉政的父亲阴伯伦和母亲索氏。从题记中可知此二人已故,是由后人建窟后将先人画于窟中供奉。这2身供养人像与别的供养人像不同,除了位置特别外,还都为坐姿;而通常佛窟中的供养人像均为站立的。这个类型的供养人像在中唐第231窟是最早之例,晚唐时期则有更多出现,如第9、12、144等窟。

在第9、85、156、196等窟中,甬道两侧画供养人像已成固定的格局。供养人像十分高大,大体与真人等身,并有详细的题记文字,注明供养人的头衔。这些供养人题记无疑是研究历史的重要资料。而从绘画艺术来看,这样大型的人像也是十分珍贵的古代肖像画资料。可惜由于甬道往往容易受光,或被进出的游人擦拭,大部分供养人像都变得模糊不清了。

第156窟的南北壁及东壁分别画出河西节度使张议潮与夫人宋氏的出行图(图2-14),首创出行图之例。张议潮于848年率沙州民众起义,推翻了吐蕃人的统治,并相继收复河西十一郡,归附唐朝;朝廷在沙州设归义军建制,封张议潮为节度使。张氏后人营建了第156窟,除了在甬道两侧画出张议潮的供养像外,还在窟内的南壁到东壁画出规模宏大

图 2-14　张议潮出行图（局部）　莫高窟第 156 窟南壁　晚唐

的张议潮出行图，与南壁相对的北壁，则画出宋国夫人出行图。

出行图表现的是按当时有关制度，一位节度使出行时的仪仗队伍。封建社会时代有"卤簿"制度，规定了不同级别的官员在正式出行时的仪仗形式，如旌、节以及各种形式的仪卫及随行人员等。因而，出行图十分真实地反映了当时的相关制度及实物形象，对于历史典章制度的研究来说，尤其重要。张议潮是敦煌一地的最高长官。壁画中的出行图详细描绘了张议潮统军出行时严整的仪仗形式。前部有鼓角及文职武职人员开道，有专人奉旌、节前行。张议潮骑马而行，后面的随从卫队，题记上称为"子弟军"。画面由南壁延续到东壁南侧，全长 8 米多，是中国历史上最早出现的表现真实历史人物的仪仗画面。与张议潮出行图相对的北壁是宋国夫人出行图。"宋国夫人"即张议潮夫人宋氏。与张议潮出行图不同的是，由于对于有关夫人的仪仗，典章制度似无明确规定，因而宋国夫人出行图的画面表现得较活跃，开头就画出了有杂耍、顶杆游戏场景的画面以及音乐舞蹈场面，还画出张家女儿的肩舆（轿子）及拉着行李、辎重的车辆等；画面中央表现宋国夫人骑马而行；画面后部同样表现卫队。

五代以后，曹氏家族统治敦煌期间，在营建的第100窟中，完全依照张议潮及夫人出行图分别画出了曹议金和夫人的出行图。五代期间榆林窟第12窟也画出了慕容归盈及夫人的出行图。敦煌壁画中共出现了这三组出行图，但后二组完全是模仿张议潮及夫人出行图而作的。

5. 装饰图案画

唐代后期的装饰图案画多集中在窟顶藻井和佛的背光；此外，龛沿与佛龛其他部位、不同经变画之间也往往用边饰隔开。虽然藻井装饰在唐代前期已经发展得十分丰富，但在唐代后期，仍有一些新的因素，如茶花图案的出现。第159、201等窟的藻井图案都是以茶花纹为中心的。茶花纹在盛唐已出现，但流行于中唐以后。上述藻井图案中的茶花纹有些许写实性，却又花瓣简略，色彩清淡，代表了唐代后期的风格。

唐代后期的装饰图案除了把几何纹、方胜纹、联珠纹与传统的卷草纹、团花纹组合之外，越来越多地把鸟、动物等组合进来，充满了生机。如第360、9窟的藻井中心为灵鸟图案；第359、231、85等窟的藻井中心为狮子图案；第361、85窟的边饰图案中把凤鸟与卷草花纹组合在一起；第159窟佛龛顶的棋格图案中，在圆形的莲花中画出衔珠的大雁，且每两个棋格图案中，大雁为相对画出，也称"对鸟"图案。同样的对鸟图案也见于第158窟佛的枕头花纹。这种图案最初来自西域，从龟兹壁画中也可看到类似的图案。

佛背光或头光装饰，除了传统的莲花、团花、火焰纹等纹样外，出现了一种新的纹样，称为"水波折纹"。这种纹样以流畅的曲线组合而成，用不同的颜色相间染出，但往往青绿色较多，因而有水波的感觉。同时出现在背光中的还有一种"折带纹"，仿佛是一根根弯曲的带子；由于是在绿色背景中以土红线画出，就形成一种奇妙的光影效果。

中唐以后图案的画法有所变化，大部分图案采取一种被称为"剔填法"的技法，即在勾完线上色时，为了避免颜色压住线条，有意不把颜色填满，这样往往留出了一丝白色。而盛唐以前的图案，通常在填色完毕后,是要画最后一道线(提神线)的。"剔填法"相对来说节约了时间,线与色都是一次完成,但对线描的要求更高了。因而,这一时期的图案显得十分活泼、明快。

第五节

五代宋西夏元艺术

天祐三年（906），张议潮之孙、归义军节度使张承奉自称"白衣天子"，建"西汉金山国"。不久，西汉金山国覆灭。后梁乾化四年（914），曹议金重建归义军政权，争取中原王朝的授封，曹议金及其子元德、元深、元忠先后任节度使。此时的归义军政权辖区缩小为瓜、沙二州六镇。曹氏归义军政权的统治时期为914—1036年，大体处于五代、北宋时期。曹氏面对周围强大的少数民族政权，采取了和亲等灵活的外交政策，使敦煌、瓜州地区保持了100多年安定局面，一度出现"风调雨顺，岁熟时康，道塞清平，歌谣满路"的升平景象。曹氏家族的统治者，十分崇尚佛教，开凿了一批规模巨大的洞窟，并且还仿照中原朝廷建置了画院、伎术院等[①]，形成了院派特色，聚集了一批能工巧匠，使敦煌成为河西走廊地区的佛教中心。

公元1030年前后，沙州回鹘强大起来，或曾一度控制了归义军政权，史称"沙州回鹘"。此时，敦煌石窟中出现了具有回鹘风格的壁画。据正史记载，天圣八年（1030），瓜州王曹贤顺投降了西夏。景祐三年

---

① 参见姜伯勤《敦煌的"画行"与"画院"》，《1983年全国敦煌学术讨论会文集·石窟艺术编》（下），兰州：甘肃人民出版社，1987年。

(1036)、西夏大庆元年,西夏开国皇帝、景宗李元昊率兵,取瓜、沙、肃三州,此后西夏遂尽得河西之地。西夏立国近200年(1036—1227),在莫高窟、榆林窟营建了一些洞窟。

1227年,蒙古成吉思汗灭西夏,同年3月破沙州。至元十七年(1280)置沙州路总管府,河西走廊完全为蒙元所统治。自元太祖二十二年(1227)占据沙州至明洪武五年(1372)冯胜西征、沙州归明,元朝在莫高窟和榆林窟分别营建了一些洞窟。

敦煌一带归明朝后不久,明军就在吐鲁番的进逼下全部东撤,在肃州以西修筑了嘉峪关。1446年,甘肃镇将任礼强徙沙州二百余户,居于甘州。沙州遂空。公元1516年,敦煌为吐鲁番占领。嘉靖三年(1524),明朝关闭嘉峪关,放弃了敦煌。清朝建立后,于雍正三年(1725),重新设置敦煌县,并从关内移民屯田,敦煌经济开始复苏。这样,从明朝初年放弃敦煌到清初收复敦煌的200年间,敦煌处于无人管理状态。因此,敦煌石窟艺术的历史到元代为止;此后的敦煌不再有艺术上的创造。

当然,清代后期曾对敦煌石窟进行过重修重绘。特别是1900年以后,王道士利用藏经洞出土的文物进行非法交易,获得不少银两,对莫高窟进行了所谓的"补修"。其一方面对洞窟中大量残损的彩塑进行了修补或重新妆銮;另一方面,由于当时莫高窟高层洞窟栈道被毁坏,王道士就令人打通了上层洞窟之间的隔墙,使每个洞窟相通,这样一来无疑破坏了大量壁画。民国年间,敦煌的佛教信众还对莫高窟第96窟大佛殿进行过重建,由五层改成了九层。清代、民国的重修,虽然也新补塑了不少佛像,并使不少洞窟的塑像和壁画改变了模样,但是此时的佛教发展已完全不像北朝到唐宋时代那样乃是地方文化的主流,加之敦煌一地清朝到民国期间在文化方面已属十分落后的地区,在佛教塑像与壁画方面也很难找到具有一定水准的专业匠师,因而这一时期重修的壁画与塑像都缺乏艺术水准。从艺术发展史的角度来看,这些超低水准的绘、塑是很难被作为时代艺术的代表来看待的。因此,本书还是坚持传统的看法,认为敦煌石窟艺术的体系到元代为止。

一、曹氏归义军时期的艺术

在曹氏归义军时期,莫高窟开凿了41个洞窟,其中有明确造窟纪年题记的有第98、100、256、25、61、469、53、5、55、454、449等窟和天王堂;另外还重修了248个前代的洞窟。曹氏归义军时期是榆林窟重要的营建阶段。这一时期,榆林窟开凿洞窟11个,重修前代洞窟15个。曹氏归义军时期新建和重修洞窟占榆林窟总数的一半左右。

1. 曹氏归义军时期的洞窟形制与塑像

曹氏归义军时期的洞窟形制大多沿袭晚唐的中心佛坛覆斗顶殿堂窟格式。此时,莫高窟出现了较多的大型洞窟,多为曹氏家族营建的家窟。如第98、100、61(图2-15)、55等窟。其规模超过了前代,均为覆斗顶窟,中心设佛坛。窟顶四角还各开有一个浅龛,其中皆绘有天王形象,合起来为四大天王。与莫高窟相比,榆林窟的洞窟规模没有这么大,大体为中型洞窟,主室五六米见方。榆林窟的洞窟主室也为覆斗顶形,有的沿正壁与两侧壁设佛坛,形成马蹄形(如第12窟);有不少是在中央设佛坛,但却没有背屏(如第32、33等窟);还有一些在洞窟的正壁中央画出佛背光图案,正好与佛坛上的佛像相配合(如第14、15窟)。

曹氏归义军时期,莫高窟的崖壁已基本上开满了洞窟,曹氏家族开的大型洞窟都在下层;由于在开凿新窟时,往往破坏了不少旧有洞窟,如今天在第61窟外仍可看到

图2-15 莫高窟第61窟内景 五代

其对隋代第 62、63 窟的破坏，因此，曹氏家族又大量修复前代的洞窟，以此作为功德。修建窟檐，可以说是其成果之一。莫高窟现存曹氏归义军时期所修的窟檐有四座，分别为第 427、437、444、431 窟的窟檐。第 427 窟保存有"乾德八年"（实为宋开宝三年，即 970 年）

图 2-16　莫高窟第 431 窟窟檐　宋

题记；面阔三间，柱作八角形，斗拱为六铺作，向外挑出三层华拱；屋檐平直，屋角不起翘，属唐代遗风。第 437 窟的窟檐题记已失，但窟内供养人题名中有曹元忠字样，可以断定也是曹氏时代的。第 444 窟窟檐有开宝九年（976）题记。第 431 窟有太平兴国五年（980）题记（图 2-16）。以上四个窟檐建筑结构、样式大体一致，是珍贵的宋代木结构建筑遗迹，具有重要的建筑史价值。

曹氏归义军时期虽然营建并重修了数量可观的石窟，但其中所存的彩塑却寥寥无几。或许是由于这一时期的洞窟均开凿于崖壁下部，容易进入，因而易遭破坏。曹氏前期的五代时期的彩塑，几乎没有被保存下来。第 261 窟佛坛上存一佛、四菩萨、二天王，可作为五代彩塑的一个代表。总的来说其仍在模仿唐风，但天王的神态及衣饰的简化表现，依然体现出了艺术家的创新。榆林窟第 31 窟佛坛上存有 1 身菩萨像，头部已残，不过从其身体部分的塑造来看，仍体现着唐以来菩萨造像的特征。第 55 窟建于曹氏归义军晚期，时代已进入宋朝，此窟为大型洞窟，在中央佛坛上塑大型佛像，现存正面有一坐佛、一弟子、一天王；南侧为一坐佛、二胁侍菩萨、一天王；北侧为一坐佛、一胁侍菩萨。从彩塑佛像的组合来看，推测为弥勒三会的内容。佛像均倚坐于方形佛床，衣纹贴体，神情庄严，表现出与唐代彩塑不同的气质；而弟子与菩萨形象则表现出身体直立而修长、衣纹简约而贴体的特征。这些特征与宋代麦积山石窟等内地佛教雕刻有很多相通之处，表明曹氏归义军时期，敦煌与内地的文化交流并未完全断绝，新的艺术风格依然在莫高窟出现。

2. 曹氏归义军时期的壁画艺术

曹氏政权把营建洞窟作为一件十分重要的活动在做，还专门成立了画院，进行有组织的洞窟营建和壁画绘制活动。这一时期的壁画在内容上仍以经变画常涉内容为主要题材，唐代以来流行的各类经变画内容，大部分仍是被描绘的对象。其所涉及的经变有19种之多，表现手法基本承袭了晚唐风范，但描绘的具体内容有所增加，当时流行的俗讲、变文的内容也大量进入了经变画中。部分特殊的经变画，位置也基本上固定，如维摩诘经变画在东壁门两侧；劳度叉斗圣变画在西壁；南北两壁往往各有3~5铺经变画。以净土世界为中心的经变，也都有固定的模式，如观无量寿经变、药师经变，均以宫殿楼阁为中心；弥勒经变、法华经变大体以山水为背景；华严经变则在说法会的前面画出由莲花构成的华藏世界；楞伽经变、金刚经变都以特别形式的山峦为背景。这样固定的形式，当然免不了形式化的倾向。实际上，在曹氏政权的100多年间，由于敦煌与中原的文化交流极少，基本靠本地画院的画师延续着彩绘壁画的传统，缺乏外来艺术的刺激，从而形成了相对保守的院体画风，使经变画渐渐失去了唐代以来的生气。

这时，在一些大型洞窟的窟顶四角做出浅龛，画四大天王的形象于其中，具有护法镇窟的意义。如第61、98、100等窟，都是当时的大型洞窟，其中绘制的天王大都为坐姿，身着甲胄，手执剑、弓箭或杵等法器，表情或庄严，或愤怒，气势懔然（图2-17）。头冠和铠甲往往以沥粉堆金的办法表现，以增加其真实感。作为经变画的补充，这一时期洞窟四壁经变画的下部往往排列着屏风画，有的是在屏风画中展示上部经变中的细节，也有的是独立的相连续的故事。如五代第98窟屏风画，描绘了30多个《贤愚经》中的故事。又如第61窟的佛传故事画，连屏

33扇，共131个画面。很多场面生活气息很浓厚，如表现释迦远祖众集置王时代农民在田地里耕种，以及城内国王在分配收获的粮食的场景；表现太子比武的画面中，详细描绘了射坛、射铁猪、射飞鸟等项目以及马术、剑术等多种技艺的比赛；表现太子宫中生活，描绘了宫廷中的宫女、伎乐、侍从等多种人物；等等，细腻、生动而真实。

图2-17　北方天王　莫高窟第100窟窟顶西北　五代

　　第61窟的大型五台山图，是这个时代颇有创意的作品。此图高3米多，长度超过13米，主要描绘五台山的地理形势及重要寺院。从地理的角度看，是一幅立体的地图；从佛教史的角度看，可算是佛教史迹画；从山水画的角度看，又是一幅巨幅山水人物图。五台山传说为文殊菩萨的道场，自北魏以来成为佛教胜境，唐代以后佛事更盛。龙朔年间（661—663），沙门会颐创制《五台山图小帐》，并在中原流传开来。吐蕃曾遣使向唐朝求五台山图，而日本僧人圆仁从中国返回日本时，也曾带回五台山图。所以，在唐代五台山图就已广泛流传。莫高窟在中唐时期第159窟等窟已出现了五台山图，但仅为小型屏风画。第61窟本是为供奉文殊菩萨而营建，故也称文殊堂。五台山图就是配合文殊菩萨信仰而绘制。此图以中台为中心，北侧画东台与北台，南侧画南台与西台，其间画出大大小小的寺院、兰若、草庵等。其中的寺院、名胜均与唐代文献所记相符，如相关文献所记的十大寺院，都可从图中找到。画面下部南侧画出由太原通往五台山的道路，中部则画出五台县城，北部则画出由河北道镇州通往五台山的道路。内容丰富规模巨大的五台山图在敦煌壁画中仅此一幅。唐代虽然已有一些屏风画表现五台山图，但都是仅画出一座山峰，象征五台山；而第61窟的五台山图则全面描绘了五台山的重要寺院、文殊化现等相关传说以及通向五台山的道路，反映了这个时代敦煌画家们的艺术创作水平。

曹氏时期的洞窟大都是曹家直接出资营造的，或为当时的官府要员所建，因此，洞窟中的供养人画像就具有重要意义。同时，供养人画像也往往是一窟之中表现最为精致的画面。如第98窟的供养人反映出当政者错综复杂的政治外交关系。甬道南壁画出的是曹议金及曹氏家族人物；北壁则画出张议潮、索勋的形象，这是曹氏掌权之前的归义军节度使，表明曹氏政权的传承性和合法性。而窟内东壁南侧画出的是于阗国王李圣天的供养像，东壁北侧画出的则是回鹘夫人供养像。于阗国王后面跟随的王后，为曹议金之女曹氏。从壁画中即可看出曹家的姻亲关系。回鹘夫人是当时的回鹘可汗之女，嫁与曹议金为夫人；曹氏又嫁女于于阗国王。这样从壁画中就可看出曹氏的外交关系。而这些供养人像也反映了曹氏时代肖像画艺术的水平。其人物神情庄严，衣饰华丽，服饰上的花纹也经仔细刻画，表现出不同的层次；国王头戴的冕旒、王后的凤冠等以沥粉堆金的手法表现，具有很强的立体感。总之，此时的壁画在供养人像上所花的工夫远远超过了对经变画等内容的描绘。第61、108、55以及榆林窟第16、19窟的曹氏家族供养人像也都具有较高的艺术水平。

第100窟的南北壁分别画出曹议金与回鹘公主出行图；榆林窟第12窟也画出了慕容归盈夫妇出行图。均模仿晚唐张议潮出行图的形式，但在绘制技法水平方面稍逊一筹。

二、回鹘、西夏时期的艺术

目前，有关回鹘的问题在学术界仍然有争议，尤其是对于回鹘曾经作为一个政权统治过敦煌一段时间，似乎还没有强有力的证据。不过，在敦煌石窟中确实可以看到一些明显具有回鹘风格的壁画。因此，回鹘风格艺术的存在应该是没有疑问的。据有关专家研究，莫高窟有一个洞窟为回鹘新开洞窟，另外有 15 个洞窟中存在回鹘重修的壁画；榆林窟有 2 个洞窟可见回鹘风格壁画；西千佛洞则有 5 个洞窟有回鹘壁画。

莫高窟第 330 窟被认定为回鹘时期新建，为覆斗顶窟。正面开一龛，龛内塑像为清代重修。从洞窟形制上看，回鹘洞窟沿袭了唐以来流行的形式。

大部分回鹘壁画是对前代洞窟进行的重绘。有的仅对甬道或部分壁画进行重绘，有少数洞窟则是全窟进行改绘。莫高窟第 409 窟出现了回鹘王与王后的供养像（图 2-18）。其画风与吐鲁番地区回鹘壁画相似，说明回鹘风格在石窟艺术中的影响。第 97 窟南、北、东壁画十六罗汉图；龛内两侧画童子飞天，童子秃发，少数民族装束。榆林窟第 39 窟本是唐代所开凿的洞窟，但壁画完全为回鹘重绘。甬道有大量的回鹘人供养像；主室东壁门两侧绘佛传中"儒童布发"的内容；洞窟南、西、北壁画大型罗汉像。

回鹘壁画在题材上新出现了十六罗汉图、行脚僧图、儒童布发故事和回鹘族男女供养人画像等。这些题材在此前壁画中极为少见，而多见于吐鲁番地区回鹘风格洞窟。显然上述题材、内容是随着回鹘风格的影响而传入的。另外，从装饰纹样中的编织纹、波状云头纹、卷草边饰等，也可看出吐鲁番高昌回鹘艺术的影响。

西夏统治敦煌达 200 年，在敦煌莫高窟与榆林窟都有洞窟营建。在莫高窟，推测为西夏重修的洞窟有 60 个，新开凿的洞窟有 1 个；在榆林窟，能确认的西夏洞窟有第 2、3、10、29

图 2-18　回鹘国王供养像
莫高窟第 409 窟东壁　回鹘

窟。榆林窟的西夏洞窟均为覆斗顶窟，中心设曼荼罗式佛坛。如第29窟，中心为圆形佛坛，佛坛上塑像已失。第29窟被称为"秘密堂"，说明是密教的洞窟。榆林窟西夏洞窟中现存的塑像均为清代重修，难以看出西夏的风格。莫高窟的西夏彩塑，可以确认的只有第263窟龛内1铺7身、265窟龛内1铺5身像等少量余存。从这些塑像来看，其身体比例匀称，体形较为瘦长，面形较圆，衣饰保持唐代风格，而表情稍显呆板。

西夏时期的壁画主要有经变画、说法图、供养菩萨像和装饰图案等。此时的经变画均以殿堂楼阁为背景，但其中的建筑画表现得更为形式化。画家似乎要从近景的角度展示殿堂建筑，但在表现手法的处理上则显得比较单一。如第400窟北壁的药师经变，中央大殿基本上作仰角处理，对大殿前面的平台和旁边的回廊则作了简化；人物也同样作简化处理，除了主要佛像与菩萨外，其余的菩萨像均被画成同样大小，平列在平台上。因而虽是经变画，却有一种图案化的倾向。对建筑作近景表现，实际上是宋代以后中国绘画的一个倾向。西夏壁画中出现这样的倾向，应是受内地新画风影响所致；但其在技法则远远没有得到中原绘画的实质。不过，从西夏晚期榆林窟第3、29窟中的经变画中，也可看到较高水平的建筑画。第3窟南北两壁均为以建筑为中心的经变画，其不再采用唐代那种俯视的角度构图，而是大体以平视的角度，表现殿堂、楼阁、回廊等；而把人物安置于建筑之中，显然是强调一种真实感（图2-19）。文殊山万佛洞石窟中也有西夏

图2-19　西方净土变　榆林窟第3窟南壁　西夏

画经变,其中的建筑与榆林窟第3窟相似,详细描绘了巍峨的殿堂与长廊、平台等;人物均在建筑之中。这样的建筑界画,显然是宋代以后中原建筑画的新技法,与唐代流行的鸟瞰式的画法迥然不同。

榆林窟第3窟文殊变和普贤变以大型水墨山水为背景,显示出前所未有的风格。从山水画风格上看,其融合了北宋和南宋的绘画技法,显示出中原山水画在佛教石窟中的成功运用。榆林窟第29窟的文殊变、普贤变,以及第2窟的水月观音、第3窟的千手千眼观音等画面,反映了西夏绘画在尊像画方面的新成就;而第29窟的供养人像,表现西夏武官等形象,不仅具有极高的历史价值,而且在人物肖像画方面也堪称这个时代的典范。

西夏时期的装饰图案画也丰富多彩。莫高窟西夏壁画中流行在藻井中心以沥粉堆金的手法表现龙或凤的图案,使其显得金碧辉煌,第16、130、234窟为其代表。榆林窟第3窟藻井以五方佛曼荼罗为中心,圆形的坛城周围衬以方形的图案,联泉纹、工字纹与卷草纹相配合,将藻井装饰得丰富华丽。尤其是外层的卷草纹中还把动物禽鸟(如孔雀、飞马、大象等)组合在其中,匠心独具。榆林窟第10窟的藻井是装饰图案最集中的一窟。藻井中心为九佛组成的八叶莲台曼荼罗,藻井四披,卷草纹、回纹、交叠龟背纹、联泉纹等等组成的层层图案无比丰富。特别是回纹图案中包含着"天"字、"国"字字形,卷草纹中有飞禽神兽的形象,意味无穷。

莫高窟和榆林窟两地的西夏壁画不论是题材内容还是表现手法都有很大的差异。这些差异是否有时代的因素,难以断定,有待于今后研究。

三、元代的石窟艺术

蒙元时期,中断的"丝绸之路"复通,西藏也正式归于中央政权。西宁王速来蛮和其妃屈术等又在敦煌修建皇庆寺,弘扬佛教。在这一时期的艺术中，可看到中原新型的绘画风格以及藏传佛教的艺术风格。元代的莫高窟新开洞窟8个，重修洞窟19个。榆林窟有元代洞窟1个，重绘壁画则有不少。元代窟形主要为覆斗顶窟，往往在窟中心设密教式佛坛，如第465窟等；也有的采用在洞窟正面开龛造像的传统形式，如第3窟。不管哪种形式，从洞窟建筑方面来看并无创新。元代洞窟中现存的塑像都是清代重修的，很难找到属于元朝的彩塑。

元代壁画明显地分为两个类型，一个类型是汉风绘画，以莫高窟第3、97等窟为代表；一个是藏密绘画，以莫高窟第465窟、榆林窟第4窟为代表。

莫高窟第3窟是一个小型洞窟，除了南北壁全壁绘制千手千眼观音经变外，还在东壁门两侧、西壁龛两侧及龛内屏风画中画出观音菩萨像。千手千眼观音虽属密教造像，但此窟并未采用藏密的形式，而是采用中原的绘画形式。壁画以线描造型，用色简淡。从其人物躯体到衣纹装饰，分别可以看出铁线描、折芦描、游丝描、丁头鼠尾描等画法，体现出画家在线描方面高超的技法。观音及旁边的婆薮仙、吉祥天女等形象写实而富有生活气息。此窟壁画不仅是敦煌壁画中，也是中国元代绘画史上人物画的杰作。此外，第61窟甬道壁画炽盛光佛气势宏大，炽盛光佛与九曜星神个性分明。第97窟罗汉像将写实与夸张结合起来，表现出既有神性，又有普通僧人性格的罗汉形象。

第465窟壁画均为密教主题，

图2-20　大幻金刚　莫高窟第465窟南壁　元

表现大威德金刚等曼荼罗。壁画采用藏密的手法，人物比例准确，线描劲健，色彩对比强烈而富有神秘感（图2-20）。榆林窟第4窟风格也与之相似。有学者认为其受到印度波罗王朝艺术的影响，并采用了经西藏传来的密教艺术手法。

元代还在不少洞窟留下了身着蒙古服饰的供养人像。如莫高窟第332窟甬道南北壁，分别画男女供养人像。女供养人头戴顾姑冠，这是蒙古族贵族的标志。榆林窟第6窟上部明窗也有几组元代供养人像。男女供养人坐床榻之上，男戴宝冠，女戴顾姑冠。这些供养人像为我们认识元代蒙古族人物提供了重要资料。元代的装饰图案大体延续西夏以来的卷草纹、联泉纹等，没有新的样式。

四、小节

五代以后，是敦煌艺术发展的最后阶段。虽然曹氏归义军时期敦煌与中原的交流较少，缺少外来的影响使敦煌艺术走向样式化的道路，但由于曹氏政权把开凿石窟作为一件大事来抓，并设立画院，培养了一批批从事开窟、绘画的工匠，因而使这一时期的石窟艺术能保持一定的水准，并仍然出现一些创新的成果。如一些大型洞窟和木结构窟檐的营建，壁画中第61窟的五台山图以及第98、61等窟的大型供养人画像等，都是中国艺术史上的重要作品。西夏对西北方的统一，促进了敦煌艺术的发展，榆林窟第2、3、29等窟都有新的艺术因素出现，并体现出较高的艺术水平。尤其是源自中原的新画风，给敦煌石窟带来了新的气息。元代是又一次从分裂走向统一的时代，对敦煌艺术来说也是吸收融汇各地艺术的契机。尽管元代的洞窟很少，但其表现出了较高的艺术水平和较新的风格特征，为敦煌石窟艺术发展史画上了完满的句号。

第三章
敦煌石窟的形制

石窟建筑是佛教信仰的活动场所。石窟本来与寺院有着同等的用途，所以也称石窟寺。但在寺院已经存在的情况下，仍然建立石窟，说明石窟还有一些与寺院不同的功能。在印度，僧人有开凿石窟的传统。石窟远离城市，更适合于僧人们的修行。在佛教传入中国后，印度石窟开凿的习惯必然会影响到不少僧人。与在城市里改造旧有房屋为寺院的形式截然不同，按印度传来的规范凿建石窟，可以增强信众们对佛教的崇敬感。在龟兹地区，可能在西汉时期就已经出现了石窟；从甘肃西部的河西走廊到华北一带，也在十六国以后到北朝期间广泛地进行开凿石窟的活动。

石窟的形制，虽说传自印度，但从敦煌早期的石窟看，主要还是受龟兹一带石窟的影响。通过逐步改造外来的形式，不断增加中国传统建筑的成分，中国式的石窟艺术最终得以形成。

考古学家阎文儒先生可能是最早对石窟形制作系统研究的。他在《莫高窟的石窟构造及其塑像》一文中按时代顺序对莫高窟的石窟构造形式和彩塑的风格特征作了全面分析[1]，并以印度的支提窟和毗诃罗窟来比拟莫高窟早期洞窟的两种类型；同时，也指出莫高窟的洞窟形式都与印度有所区别，其中包含了中国传统建筑的因素。阎文儒先生的研究无疑具有开创意义。几年以后，日本学者樋口隆康发表的《敦煌石窟的系谱》[2]就基本上是沿着阎文儒先生的思路前进的。樋口隆康把敦煌石窟大体归于两个类型，一个是"中心方柱窟"，一个是"覆斗天井窟"。同时分析了从印度到中亚，一直到中国的石窟演变，并指出了中原文化的反向影响。此后，"中

---

[1] 阎文儒《莫高窟的石窟构造及其塑像》，《文物参考资料》第2卷第4期，1952年。
[2] 樋口隆康《敦煌石窟の系谱》，《佛教艺术》第34期，1958年5月。

心柱窟""覆斗顶窟"这样的名称逐步被普遍接受。曾在敦煌工作过的萧默发表《敦煌莫高窟的洞窟形制》①,把敦煌莫高窟的洞窟形制大体分为六类:(1)中心塔柱式;(2)毗诃罗式;(3)覆斗式;(4)涅槃式;(5)大佛窟;(6)背屏式。此外,对一些特例,则将其归入"其他"。萧默的研究,基本涵盖了敦煌石窟的洞窟类型。只是其中"背屏式"这个概念,本来是覆斗顶式的延伸,因为晚唐五代以后大型洞窟基本上是这个类型,将其单独作为一种形制,也有其合理性。上世纪 90 年代以后,由于莫高窟北区石窟考古发掘成果的发表②,拓展了人们的视野,单从敦煌石窟的形制方面来看,就增加了不少新的内容。《敦煌学大辞典》将石窟分为九类,分别为:(1)中心柱窟;(2)覆斗顶形窟;(3)殿堂窟;(4)大像窟;(5)涅槃窟;(6)禅窟;(7)僧房窟;(8)影窟;(9)瘗窟③。这九类中,前面六类实际上是按萧默的分法,后三类则是因北区考古成果而产生的新类型。应该说九类石窟形制,是对敦煌石窟形制较全面的概括。当然其中也不无商榷之处,比如殿堂窟是指萧默所称的"背屏窟";而覆斗顶窟也同样可以称之为"殿堂窟",因为同样具有殿堂的特点。当然,不论怎样分类都存在着例外,因为有些洞窟可能兼有几种类型。如第 285窟,既可以说是禅窟,也可以说是覆斗顶窟。

从石窟的功用来看,敦煌石窟可分为两大类:一类是礼拜窟,

---

① 萧默《敦煌莫高窟的洞窟形制》,《中国石窟·敦煌莫高窟》第 2 卷,北京:文物出版社,1984 年。此文亦被收入萧默《敦煌建筑研究》,北京:文物出版社,1989 年。
② 彭金章、王建军《敦煌莫高窟北区》(1—3 卷),北京:文物出版社,2000—2004 年。
③ 《敦煌学大辞典》,上海:上海辞书出版社,1998 年,第 22 页。

一类是实用窟。礼拜窟中包括中心塔柱窟、覆斗顶窟（包括正面开龛的、三壁三龛的、有中心佛坛的、中心佛坛兼背屏的）、大像窟、涅槃窟。实用窟是指非礼拜性质而用于生活各方面的洞窟，包括禅窟（用于僧人坐禅修行）、僧房窟（用于日常生活）、瘗窟（用于埋葬死者等）、廪窟（用于储藏物资）。

从莫高窟的情况看，礼拜窟都集中在南区，而其他实用窟都集中在北区。其中禅窟比较特别，分单室禅窟和多室禅窟。单室禅窟仅北区有遗存，多室禅窟则在南区和北区都有发现。按理禅窟既用于修行，可以不用塑像和绘壁的；但从禅修的需要出发（如"观像"等），又需要壁画和彩塑。因而，禅窟中有的有壁画与塑像，有的却没有。北区的禅窟基本上没有壁画留存，有可能最初就没有彩绘。南区三个多室禅窟，其中两个都绘制了壁画，包括第268窟和285窟，这两窟同时兼有礼拜窟的功能。尤其是第285窟，恐怕礼拜的功用要大于禅修的功用。石窟在长期的发展中，有些功用可能还会产生变化。上述形制的分类只是对不同石窟作一个大体的区分，便于进一步研究；到了具体的洞窟，还要根据实际情况而作分析。本章对敦煌石窟形制的分析也不可能面面俱到，而是着重探讨一些重要石窟形制的源流。

第一节
中心柱窟

中心柱窟（也称"中心塔柱窟""塔庙窟"）是中国北朝时期流行的石窟形制，也是学术界的热门话题。前人对敦煌及各地的中心柱窟作过不少研究。如马世长先生对克孜尔石窟中心柱窟作过系统而严密的研究①；张宝玺、董玉祥及暨远志对河西中心柱窟也作过深入的研究与介绍②；萧默从建筑结构的角度对敦煌中心柱窟作过深入的分析研究③；赵青兰对敦煌中心柱窟作过分期研究④；李崇峰对中国和印度中心柱窟作过比较研究⑤，等等。在莫高窟，中心柱窟也是北朝时期最流行的洞窟形制，北朝40个洞窟中，中心柱窟就有16个，特别是北魏时期的洞窟基

---

① 马世长《克孜尔石窟中心柱窟研究》，《中国佛教学术论典》第85册，佛光山文教基金会，2003年。

② 张宝玺《河西北朝中心柱窟》，《1987年敦煌石窟研究国际讨论会文集·石窟考古编》，沈阳：辽宁美术出版社，1990年。董玉祥《河西走廊马蹄寺、文殊山、昌马诸石窟群》，《河西石窟》，北京：文物出版社，1987年。董玉祥《梵宫艺苑》，兰州：甘肃教育出版社，1999年。暨远志《五—六世纪河西石窟与河西佛教》，《中国佛教学术论典》第84册，佛光山文教基金会，2003年。

③ 萧默《敦煌建筑研究》，北京：文物出版社，1989年。

④ 赵青兰《莫高窟中心塔柱窟的分期研究》，《敦煌研究文集·敦煌石窟考古篇》，兰州：甘肃民族出版社，2000年。

⑤ 李崇峰《中印度佛教石窟寺比较研究》，北京：北京大学出版社，2003年。

本上都是中心柱窟①；但北朝以后中心柱窟就逐渐减少了。除敦煌以外，河西地区石窟中，北朝时期的也大多为中心柱窟。

以北魏的中心塔柱窟莫高窟第254窟为例（图3-1），其具有如下特点：主室平面呈纵长方形，洞窟的中央靠后部有一座象征着佛塔的方柱，上部与窟顶相连。方柱的四面开龛造像，一般在正面开一大龛，其余三面分上下层各开一龛。西魏以后，逐渐形成中心柱四面均开一龛的形式，不再分层。中心柱占据了洞窟后部的主要空间，环绕中心柱形成一个走廊，以供人们环绕塔柱右旋观瞻和礼拜。洞窟前半部分较为开阔，顶部为中国式的人字披顶②；后半部分为平顶，比前半部分略低。中心柱窟门上部往往有明窗，有的学者认为莫高窟大部分洞窟在营建之初就没有前室③，那么，在门上开明窗用以采光就成为了可能。第254窟还在南北两壁上部开凿列龛各五。同样开有列龛的还有莫高窟第259窟，其南北壁上下均有列龛，如北壁上层开四龛，下层开三龛，南壁大部残毁。有的学者

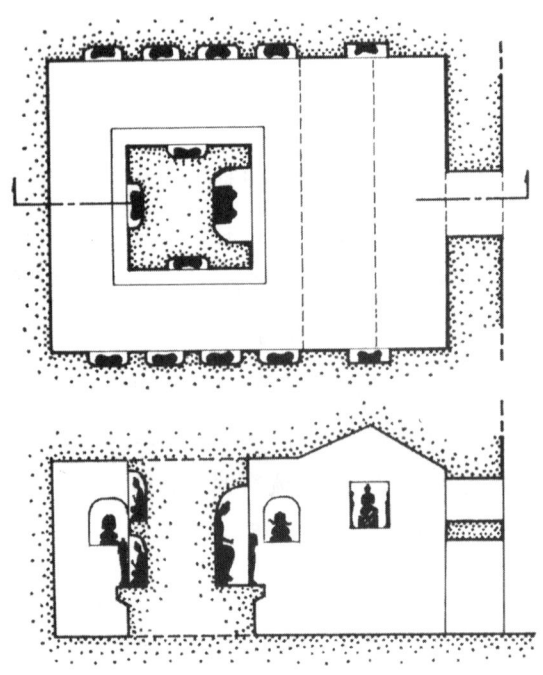

图3-1 莫高窟第254窟平剖面图

---

① 统计数字依据《敦煌石窟内容总录》（文物出版社1996年版）。有学者把第259窟作为中心柱窟，笔者以为第259窟虽然有中心柱的因素，但毕竟没有出现柱，不能算中心柱窟。

② 敦煌石窟人字披或覆斗顶的四个斜向坡面称为"披"。古建筑中一般把屋顶的斜面称为"坡"，但在敦煌石窟的研究中，为了与古代木结构建筑形式相区别，就把窟顶形成的斜坡统称为"披"。人字披不称"人字坡"。长期以来，这样的名词已经成为学术界约定俗成的称呼。

③ 萧默《敦煌建筑研究》第32—35页，北京：文物出版社，1989年。

认为第259窟因后部凸出半个中心塔柱形,是中心柱窟的"一种不成熟和不完备的形式"[①]。其余的中心柱窟在南北壁未开龛或仅在洞窟靠前的部分开一龛(如第263窟)。

中心塔柱的结构:下部为塔基,通常高约1米左右,较高者如第431窟,高约1.7米。塔基与上部塔身之间有一段略向外凸出的平台,高10厘米至20厘米不等。塔身除正面外,其余三面被分为两层,也有略为凸出的横向台作为分隔。下层佛龛均为圆拱龛;上层佛龛,北魏时期多为阙形龛,后来也多为圆拱龛。圆拱龛中还有一种双树龛,就是在龛外以绘或塑的形式做出双树。大多数双树龛中塑有苦修的佛像,表示龛内为树下修行的释迦。

北魏晚期到西魏、北周时期的中心柱窟,大体上沿袭北魏以来的形制,但出现了一些变化。首先是中心柱背面及两侧面的佛龛不再是上下两龛,而均改为单龛。其次对于人字披顶的建造也逐步简化,木制斗拱不再出现;椽子形式也不再以浮塑的形式做出,而改用绘画的形式表现;有的洞窟则完全不表现椽子,而在人字披顶画出长卷式连环画。从洞窟结构来看,中心柱前部人字披下的空间变小。

中心柱窟到了隋唐时代,出现了很多变化。隋代莫高窟第302、303窟,中心柱的下部为方形塔,四面各开一佛龛。上部则是一个倒锥形,分为七层,每一层边沿原贴有影塑千佛,已失。最下一层有四龙环绕。这是表现佛教的须弥山形式。须弥山的形象在龟兹石窟的壁画中可以看到,云冈石窟第10窟也有浮雕的须弥山形,大体是上部大,中部束腰,有龙缠绕的形式。在敦煌石窟出现以中心柱表现须弥山的形式较为特别。莫高窟第305窟中心则是一方台,台上塑佛像;而窟顶则为覆斗顶形。这个洞窟较奇怪,如果一开始就将方台设计为佛坛,恐怕不应该这

[①] 樊锦诗等《莫高窟北朝洞窟的分期》,《中国石窟·敦煌莫高窟》第1卷,北京:文物出版社,1982年。

样高。有可能是按第 302 窟的样式也计划做成须弥山形，因为现不知存佛坛的高度，与第 302 窟中心柱方形台座高度相当，而在营建过程中因什么原因而临时改为覆斗顶形，但保留了已经凿成的方台作为佛坛，因而佛坛较高。后来的中心柱窟中不再出现如第 302 窟那样的须弥山形。第 302、303 窟乃至第 305 窟，都是特例。

莫高窟第 427 窟是隋代改造中心柱窟的另一种形式，洞窟规模较大，中心柱的正面不开龛，而是造出一佛二菩萨共三尊立像，与洞窟南北壁的佛像形成三佛结构。按贺世哲先生的研究，三佛表现的可能是"三世佛"。这一主题在隋代很多洞窟中都出现过，如莫高窟第 244、292 窟，以及初唐的莫高窟第 332 窟等。中心柱的另外三面分别开龛造像。这样的大型中心柱窟形式，在莫高窟第 292、332 窟均有出现。与第 427 窟同样，其都是在中心柱正面塑大型佛像，与洞窟南北壁东侧的大型佛像构成三佛结构。但第 332 窟的中心柱四面都不开龛，与第 427 窟有别。唐代的中心柱窟还有莫高窟第 9、44、14 等窟，均在中心柱的正面开龛造像，其余三面不开龛，仅绘壁画。

榆林窟唐代有 3 个洞窟为中心柱窟，分别为第 28、17、39 窟。第 17 窟与第 28 窟均留存有部分唐代壁画与彩塑。第 39 窟壁画全部为回鹘时期重绘，唐代壁画没有留存。但第 39 窟的形制、大小以及中心柱窟四面龛的塑像配置与第 17 窟基本上一致，可知是同时开凿的。第 28 窟残损严重，但从残存的塑像与壁画上看，仍可见初唐风格。

第 17 窟与第 39 窟的形制结构非常完整，二者主室的结构完全一致，平面为方形，中心柱有近一米高的台座，台座以上四面开龛。正面及两侧面龛内为跏坐佛，背面龛内为立佛。窟顶为由中心柱向四壁倾斜的斜坡形。这些都是莫高窟中心柱窟所未见的特征，表明榆林窟中心柱窟有自身的独特性。但是榆林窟中心柱窟也仅有此三例。

总的来说，唐代以后随着覆斗顶窟形的流行，中心柱窟就大大地减少了。

中心柱窟形制的源流可以追溯到印度的支提窟。支提（Caitya）在印度最初表示佛塔，支提窟就是塔庙窟，或译作"塔堂窟"。就是在洞窟的后部有一座塔，人们在窟内绕塔礼拜。早期的支提窟往往有着朴素的佛塔，洞窟中也较少装饰。如安德拉邦的贡塔岇里支提窟，主室的平面为直径5.45米的圆形，顶为半球形，还有仿木结构的架梁。窟室的正中央有一座平面圆形的佛塔。主室前还有一个小前室，前室与主室之间有一个较短的通道相连。后来支提窟形成了较为固定的形式，即后半部为半圆形，中央有佛塔，前半部为长方形；顶部为券顶，并有仿木结构的架梁；同时沿周壁有列柱。在早期的巴雅石窟（公元前2世纪）、纳西克石窟中就可以看到这样的支提窟。阿旃陀第10窟也是一个只有简朴的佛塔和列柱的支提窟（图3-2）。佛像产生之后，支提窟发生重大变化，就是在塔的正面雕刻出佛、菩萨、飞天以及供养人的形象。塔本身的形式也不再是塔座加一个半球形覆钵的简素形式，而是从塔柱到塔身，以至塔刹都被加以装饰，在造型上加以变化，显得精致无比。阿旃陀第19、26窟，埃洛拉第10窟是其代表。

从印度支提窟的一般形式来看，它包含着几个要素：（1）平面。后部为半圆形连接前部的纵长方形。（2）布局。后部中心为佛塔，塔下部、圆柱形上部为半球状覆钵形；沿洞窟四周有列柱。（3）窟顶。一般为拱券形，顶上往往有仿木结构的架梁。（4）外观。门上有明窗，窗门有尖拱形门楣装饰。

龟兹地区流行的洞窟

图3-2　阿旃陀石窟第10窟内景

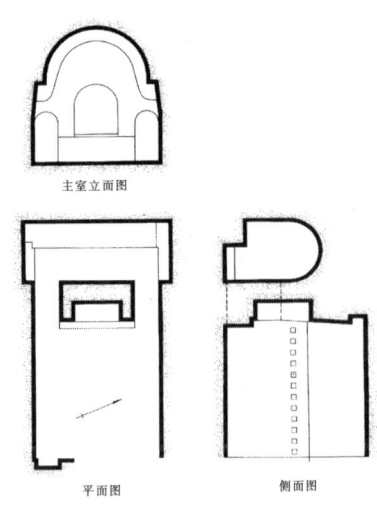

图 3-3 克孜尔第 8 窟平剖面图

形式也称"中心柱窟",平面为纵长方形或者方形,在主室后壁左右两侧的下部,向后凿出与主室侧壁方向一致的通道,左右甬道的内端相连,形成与主室后壁平行的后甬道。甬道顶多为券顶,左、右、后甬道形成可供绕行的通道。有的洞窟将后甬道加高,形成了后室。克孜尔的中心柱窟一般在后壁正中开有佛龛,龛内最初有涅槃佛像,现在大多不存。佛龛两侧开有较低的通道,通到后壁,由于通道的环绕,使洞窟的平面看起来像是围绕着一个方形柱(图3-3)。然而从这个"柱"的形象,我们已看不出"塔"的特点了。这与印度的支提窟建筑思想有着较大的差距。不过研究者认为,其在满足信徒右绕礼拜方面,与印度传来的支提窟或者中国内地的中心柱窟并没有什么不同,所以把克孜尔石窟中的这类洞窟称为中心柱窟是合理的①。龟兹的中心柱窟可能在洞窟的券形顶这一点上还保持着印度支提窟的特点,包括从其券顶两侧下部的挑梁形式等特征,仍可看出印度建筑形式的影响。

　　河西地区的石窟中,马蹄寺千佛洞第 1 窟有着明显的龟兹石窟样式特征,即正面为大佛像,两侧有稍低的通道,一直延伸到后壁,两侧的通道为券形顶。但马蹄寺第 2 窟则是中心方柱的形式,与天梯山石窟早期洞窟一致。天梯山石窟第 1 窟中心柱有高 1.1 米的台基,塔身部分分三层,第一层和第二层各开一龛,最上层各开两龛,佛龛均为圆拱龛。中心柱上部与窟顶相接处呈斜坡形。值得注意的是,中心柱每一层都呈上宽下窄的形式,以强调每层的塔檐。而洞窟四壁与中心柱相对应也呈一级一级上部凸出的形式。天梯山第 4、18 窟的结构与之相近。

---

① 参见马世长《克孜尔中心柱窟研究》,《中国佛教学术论典》第 85 册,佛光山文教基金会,2003 年。

天梯山石窟的中心柱窟，被认为是时代较早的洞窟。宿白先生认为其是凉州石窟第一期①。对于河西地区中心柱窟的开凿时代，学术界存在着不同的看法。但是，对于天梯山第1、4窟和金塔寺石窟东窟、西窟是其中最早的这一点，观点似乎比较一致。综观河西地区的中心柱窟，与龟兹式的中心柱窟有着较大的差异。其更可能是营建者直接按照印度式支提窟的理念，采用中国式的方塔形式来重新营建的。从中心柱的布局来看，最初分层较多，往往有三层以上。每一层也有3身或5身的造像。其后逐渐地分出主次关系，塔柱上的佛像有了大小之别，强调第一层佛龛。后来形成了每一面只开一龛的形式。中心柱一般位于窟室的中央，其下部是一个宽于塔身的方形基座，窟顶则沿中心柱顶端四边向外形成斜坡形，或为券形顶。云冈石窟第1、2、3、4、6、11、39窟均为中心柱窟（图3-4）。从其结构上看，显然继承了河西石窟中心柱窟的形式，但制作更为精致，尤其是在模仿楼阁式塔的形式方面。如第1、2窟都表现得较为真实；第39窟中心柱为五层佛塔，差不多是照搬了一座完整的楼阁式佛塔。

敦煌石窟北朝的中心柱形式，从塔基的结构及塔身分层的形式来看，显然是从河西中心柱窟发展而来的，只不过使之更规范化了。另外，敦煌石窟的中心柱窟中出现了人字披这一汉式建筑的形式，这是敦煌石窟中心

图3-4　云冈石窟第2窟中心柱　北魏

---

① 宿白《凉州石窟遗址与"凉州模式"》，《考古学报》1986年第4期。

柱窟特有的形式。内地的石窟,包括云冈石窟、巩县石窟、响堂山石窟等都出现过中心柱窟,但其中却没有出现人字披顶。这是颇令人玩味的现象,反映着敦煌一地佛教艺术的独特性。隋唐时代莫高窟中心柱窟的形制特征,不见于外地的石窟,仍旧沿着敦煌北朝中心柱窟的样式发展,同样反映了敦煌文化传统的独特性。

第二节

覆斗顶窟

覆斗顶窟（或称"覆斗顶形窟"），因其窟顶从四壁向中央形成一个斜坡，在窟顶正中则构成一个较小的四方形，整个窟顶像一个倒扣下来的斗而得名。覆斗顶的中央为藻井，藻井内往往有三层套叠的方格，每一层旋转45度角，并向内缩小，三层叠进，也称叠涩式藻井。敦煌石窟中的覆斗顶窟主要有两类：一类是在洞窟正面或正面与两侧面开龛，在龛内造佛像的洞窟；一类是在中央设佛坛，在佛坛上塑佛像的洞窟。后者又可分为佛坛后部有背屏和无背屏的两种。第一类洞窟主要流行于北朝到唐朝时期；第二类洞窟主要流行于唐后期到五代、宋朝时期。

敦煌莫高窟时代最早的第272窟（北凉），已经有覆斗顶窟的特征了；但此窟的窟顶四披边沿与四壁没有明确的棱角分界线，以弧形转角，留有穹隆顶的余意。西魏时期第249窟，可以算是典型的覆斗顶窟。其洞窟平面是进深稍长的方形，后壁中央开有大型佛龛，龛下的基座较低矮，龛形是北朝诸窟中通行的圆券龛（图3-5）；窟顶为覆斗形顶，四面披的面积较大，整个窟顶从空间上更接近"覆斗"的形式了。西魏第285窟是覆斗顶与禅窟相结合的洞窟，窟顶的形式为覆斗顶，窟顶中央藻井图案以及四披壁画的布局、构图形式与第249窟十分接近。但是，第285窟在藻井周围画出垂幔及流苏铺向四披的形式，在四壁的

图 3-5 莫高窟第 249 窟内景 西魏

上部与窟顶相接的地方也画出帷幔的形式,这些都是第249窟没有的。这表明当时已有把藻井当做华盖来表现的倾向;同时,整个窟顶表现出"帐"的形式特征。

覆斗顶窟在北周和隋代数量大大增加,逐步成为当时洞窟的主要形制。至隋朝初期为止,在覆斗顶窟中正壁开龛造像成为固定的形式。隋代中期以后,出现了三壁三龛窟,即在覆斗顶窟中正壁和左右两侧壁各开一龛。这种形式最早出现于巩县石窟北魏晚期的石窟中,在响堂山石窟北齐洞窟中也有出现。隋代敦煌石窟中出现三壁三龛窟,显然有北齐方面的影响。隋代流行塑造"三世佛",即在窟内正壁与左右两侧壁表现的佛像分别象征着过去、现在和未来三世佛。有的洞窟虽然没有开三龛,但在正壁和左右两侧壁各塑造1铺佛像,共同构成3铺造像组合(如第244窟),其要表达的意义也是一样的。比较第244窟和第420窟,两者均为覆斗顶窟,但第244窟未开龛,在正壁与南北两侧壁前设佛坛,三壁佛坛相连呈马蹄形。正面塑一佛二弟子二菩萨像,南北壁前则各塑一佛二菩萨像,三壁合起来可知其为过去、现在、未来三世佛。而第420窟则是在正壁与南北两侧壁分别开佛龛(图3-6),正面双层龛内,塑一佛二弟子四菩萨像,两侧龛内各塑一佛二菩萨。塑像也同样表现的是三世佛。从视觉效果看,三壁三龛窟的窟内空间较大,塑像与壁画浑然一体;而不开龛的洞窟,塑像凸显,给人以强烈的震撼效果。二者分别营造出了不同的宗教氛围,而后者更能发挥隋代大型彩塑的艺术效果。洞窟的建筑布局,本来是为表现佛教思想服务的。隋代的艺术家在考虑不同的洞窟结构时，充满了创造性。同样的覆斗顶窟形中，或正面一龛，或三壁三龛，或完全不开龛，这些差异，往往都是结合彩塑的塑造特点以及壁画的内容布局来统一设计的。入唐以后，三壁三龛窟就很少出现了。

隋唐之际，覆斗顶窟中的佛龛出现了双层龛。所谓双层龛，是指在佛龛开口处向两侧扩展后继续向外延伸，使龛扩大加深，而且有一定的层次感。这是为了适应龛内造像的增加而出现的。隋代佛像在主龛内通常为5尊或7尊像，有一佛二弟子二菩萨，或者一佛二弟子四菩萨。7尊像的情况，往往就利用双层龛，在外层龛再塑二菩萨（如第420窟）。进入唐代，7尊像的结构多为一佛二弟子二菩萨二天王，外层龛通常塑天王。

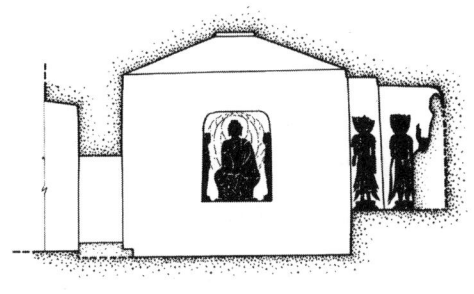
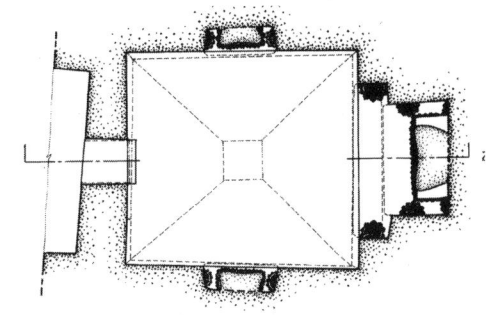

图3-6　莫高窟第420窟平剖面图

唐代前期，覆斗顶窟成为洞窟的主要形式。但是双层龛在唐代很快消失，而代之以较深的敞口龛。这是因为有的洞窟出现了多至9尊像的形式（如第331窟为一佛二弟子四菩萨二天王，第328窟为一佛二弟子六菩萨），或11尊像的形式（天王之外再加二金刚）。这时，龛内的空间不够，就在龛外再做出与龛齐平的台，天王、力士像往往会塑在龛外两侧的方台上。

唐代后期覆斗顶窟发生变化，出现两个新的类型。一是正面佛龛由略带拱形的敞口龛改为方形盝顶龛。这在中唐期出现较多。龛内设马蹄形佛坛，佛像列于佛坛上，建筑显得十分精致。另一种是在覆斗顶窟的中央设佛坛。这种形式在盛唐已经出现（如第205窟），但并不流行。

到晚唐以后，中心设佛坛的形式出现较多，而且佛坛后面通常有背屏直通窟顶。佛、弟子、菩萨等塑像列于佛坛上。这样佛像就被造得很大，很宏伟（如第196窟）。这种带背屏的覆斗顶窟从晚唐、五代直到宋代都一直很流行。尤其是五代、北宋时期的一些大型洞窟，多采用这样的形式，并在窟顶的四个角做浅龛，在其中绘制四大天王形象。

在覆斗顶窟的中央设带有背屏的佛坛形式，对传统的覆斗顶窟来说是一个重大的变化。有的学者把这一类覆斗顶窟专门归为一类，称为背屏式窟①，或称中心佛坛窟、殿堂窟②。殿堂，在寺院来说，是供奉佛像的大殿，在石窟来说也同样。与中心柱窟相比较，覆斗顶窟平面为方形，洞窟空间较大，最接近寺院的殿堂特征。因此，把覆斗顶窟称为"殿堂窟"是没有问题的。至于覆斗顶窟中是在正面开龛，还是在中央设坛，只不过是殿堂内的不同布局而已。因此，从洞窟形制上考虑，本书把覆斗顶窟分为两类，一类是正面或三面开龛的覆斗顶窟，一类是中央设佛坛的覆斗顶窟。有佛坛的覆斗顶窟又可分为有背屏的和没有背屏的两种。

覆斗顶窟在正面不开龛之例，最早有北周时期的第461窟。此窟正面以壁画的形式绘出佛龛及龛内二佛并坐像。隋朝第244窟，正壁与南北两壁贴壁设佛坛，其上造高大的佛像。中央设佛坛的覆斗顶窟在莫高窟最早出现在初唐第205窟。这个洞窟经过盛唐、中唐重修，现存佛坛上的佛、弟子、菩萨像，其成像年代一说为初唐（《敦煌石窟内容总录》），一说为盛唐（《中国石窟·敦煌莫高窟》）。那么，最迟在盛唐时期，已经有在覆斗顶窟中央设佛坛之例。但在莫高窟盛唐窟中也仅有此例。榆林窟中唐第25窟的洞窟中央设方形佛坛。此窟壁画有较多的盛唐风格，可能是中唐初期所作。榆林窟中唐开凿的还有第15窟，在主室中央也设佛坛。

---

① 萧默《敦煌建筑研究》，北京：文物出版社，1989年，第54页。
② 季羡林主编《敦煌学大辞典》，上海：上海辞书出版社，1998年，第23页。

在莫高窟，有中心佛坛的洞窟大量出现，是在晚唐。代表性的有第16、85、196（图3-7）等窟，均为规模较大的洞窟。中心佛坛平面为横长方形，在正面有凹进的缺口，设登道。所以略呈马蹄形。佛坛后部有背屏，直通窟顶。五代以后的大型洞窟基本延续这样的窟形，又在窟顶四角做凹进的龛状，分别在其中绘制四大天王。榆林窟五代和宋代开凿的石窟，也大多为中央设佛坛的洞窟，但中心佛坛上基本都没有背屏。这可能是由于榆林窟有中心佛坛的洞窟相对较小，佛坛上的佛像距洞窟后壁比较近，有的洞窟就直接在后壁画出佛像的背光，因此也就不需要再造背屏了。

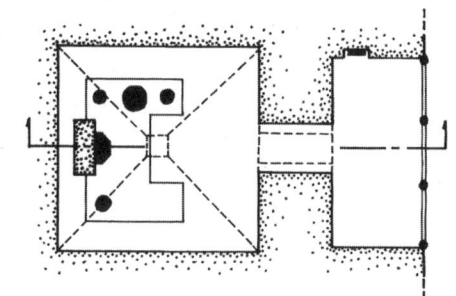

图 3-7　莫高窟第 196 窟平剖面图

覆斗顶窟形一直延续到西夏和元代。这一时期由于密教流行，洞窟中央的佛坛按密教曼荼罗的形式来设计。如榆林窟西夏第3窟的佛坛呈八边形；榆林窟西夏第29窟、莫高窟元代第465窟等窟，佛坛平面为圆形，由下到上呈阶梯状缩进。虽然晚期的洞窟呈现出一些新的特征，但覆斗顶窟的形式基本上一直保持下来。元代莫高窟第3窟为覆斗顶形，正面开龛，依然是唐以来最流行的形制。可以说，在敦煌石窟中，覆斗顶窟是延续时间最长且数量最多的洞窟形制。

覆斗顶窟这一形式在印度和中亚都很难找到。北朝晚期，中国北方的一些石窟中出现了覆斗顶窟或类覆斗顶窟。如天龙山石窟东魏时期的第2、3窟，北齐时代小南海石窟东窟、中窟和西窟也都是覆斗顶窟。上述覆斗顶窟多为三壁三龛，即在洞窟的正壁和左右侧壁各开一龛，雕造佛像①。甘肃永靖县的炳灵寺石窟第 132 窟（北魏）为覆斗顶，实际上顶部是略呈弧线，有点像穹隆顶，但顶中央有叠涩式藻井，与莫高窟的覆斗顶窟接近。此外，麦积山石窟第 141 窟（北周）也呈覆斗顶形。有的学者指出，此窟的窟顶是仿盝顶帐的形式，四壁上部雕出水平帐楣，四角雕出向中心斜上的帐杆，与中央由四根帐杆组成的方井相交②。

敦煌以外地区虽然也存在覆斗顶洞窟，其建筑结构、雕塑或绘画内容并不完全一致，而且由于数量较少，还不能说是形成了一种具有文化特色的建筑模式。莫高窟的覆斗顶窟从西魏形成了较为稳定的建筑模式后，在后来较长时期的石窟营建中，都采用了这样的模式，形成了具有敦煌本地特色的石窟形制。

关于覆斗顶窟形制的源流，应注意中国汉晋墓葬的形式。从汉末到两晋期间的墓室中，可以看到覆斗顶形式的墓室逐渐多了起来。如敦煌佛爷庙到新店台一带的墓群中，就有不少晋墓形制为覆斗顶③。其中一类较大的墓，墓室为方形单室，墓顶为覆斗形，中心有向上凸起的方形藻井（图 3-8）。在酒泉、嘉峪关一带发现的魏晋墓，大部分为穹隆顶，也有不少为盝顶④，与覆斗顶的形制十分接近。敦煌覆斗顶窟于西魏时期确立，北周以后流行，略晚于魏晋墓的时代，应该是受到了这类建筑的影响。

比较酒泉丁家闸 5 号墓与莫高窟第 249 窟，可以看出很多方面有着千丝万缕的联系。丁家闸 5 号墓的墓室呈穹隆顶形（图 3-9），但在顶部呈盝顶状，中央方形顶部绘莲花，与敦煌石窟覆斗顶窟窟顶中央设方形

---

① 李裕群《北朝晚期石窟寺研究》，北京：文物出版社，2003 年。
② 傅熹年《麦积山石窟所见古建筑》，《中国石窟·天水麦积山》，北京：文物出版社，1998 年。
③ 敦煌文物研究所考古组《敦煌晋墓》，《考古》1974 年第 3 期。
④ 甘肃省文物队、甘肃省博物馆、嘉峪关市文物管理所《嘉峪关壁画墓发掘报告》，北京：文物出版社，1985 年。

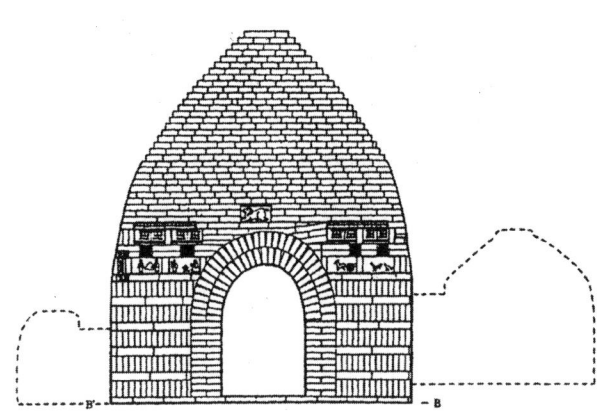

3-8 敦煌晋墓立面图　　　　　3-9 酒泉丁家闸5号墓内景　东晋

藻井的结构非常相似。此墓室顶部四披分别绘出了东王公、西王母以及相关的九尾狐、天马、天鹿、羽人等形象；在这些神仙的下部，沿墓室顶的下沿，绘出一列山峦。这样的绘画主题反映了汉代以来中国传统的升仙思想。汉以来墓室壁画（或画像砖、画像石）流行的主题主要就是西王母、东王公、伏羲、女娲以及相关的神灵形象。其中，表现昆仑山上的西王母形象的占的比例尤其较大。这样的主题一方面要表现西王母的世界，也就是神仙的境界；一方面也是希望死者在死后能够成为神仙，进入到西王母的世界[1]。

莫高窟第249窟窟顶为覆斗顶，窟顶南北披分别画出了西王母和东王公的形象，其间还有传说中的开明、文鳐及乘鸾仙人等等；窟顶四披的下沿还画出连续的山峦。这些主题及画面布局均类似于酒泉丁家闸5号墓。与莫高窟第249窟时代相同、风格接近的第285窟也是覆斗顶，窟顶东披画出了伏羲和女娲的形象，四披还分别画出雷公、霹电、开明

---

[1] 有关西王母及汉代神仙思想，前人已作过不少研究，成果也较多。这里主要参照曾布川宽的研究成果《汉代画像石における升仙图の系谱》，（京都）《东方学报》第65册，1993年。

等神灵形象。这都是汉代以来墓室壁画或画像石、画像砖中常见的表现神仙思想的题材。以往的学者较多地关注壁画内容和风格问题，实际上墓室形制对佛教洞窟同样也有影响。当时的中国人按照汉代以来的神仙思想来理解佛教，并从空间结构上改变佛教石窟的形式。当然墓葬中覆斗顶形式本来就是模仿现实生活中的斗帐形式而来的，这一点已有学者指出[①]。归根结底，敦煌石窟中的覆斗顶形式就是模仿斗帐的产物，是中国式的佛教艺术。

---

① 陈菁《汉晋时期河西走廊砖墓穹顶技术刍议》，《敦煌研究》2006年第3期。

第三节
大像窟、涅槃窟

除了中心柱窟、覆斗顶窟两种类型的礼拜窟外，还有一些洞窟也是根据不同的功能需要而设计的，其中较引人注目的是大像窟和涅槃窟。

一、大像窟

所谓大像窟，是指为造大型佛像而开的洞窟。敦煌石窟中的大像窟主要有3个：

1. 莫高窟第96窟

营建于695年。据在晚唐第156窟发现的《莫高窟记》载："延载二年，禅师灵隐共居士阴祖等造北大像，高一百四十尺。"延载为武则天时年号，仅一年；第二年即为证圣元年，也就是695年。敦煌地方偏远，内地已换年号，敦煌得知较晚，故常有类似的延用旧年号之事。武则天时期"敕两京诸州造大云寺，藏《大云经》"。有的学者认为莫高窟第96窟可能就是当时的敦煌大云寺[①]。

莫高窟有两座大佛像，其中第130窟大佛位于窟群之南，被称为

---

① 贺世哲《从供养人题记看莫高窟部分洞窟的营建年代》，敦煌研究院编《敦煌莫高窟供养人题记》，北京：文物出版社，1986年。

"南大像";而第 96 窟相对靠北侧,因之被称为"北大像"。这是在唐代已有的称呼。北大像高 35.5 米,是敦煌石窟中最高的佛像。佛像为石胎泥塑,经后代部分重修,如两只手就经改造,袈裟的形式有所改变,佛身上的彩绘为清代或民国时期重绘。20 世纪 90 年代重修九层楼时,参照唐代佛像的风格,重修了大佛的两只手。佛像下部有通道,可以沿洞窟南侧经佛像下部绕到洞窟北侧。佛像下部两足之间有明窗,为通道取光。

此窟由于大佛像很高,估计在建造的当初就已突破了崖面而没有窟顶,因此只能依山而建木构的窟檐。最初建的窟檐为四层,晚唐归义军时期,张淮深主持重修窟檐,改为五层①。宋代归义军节度使曹元忠及夫人凉国夫人也曾对第 96 窟的窟檐进行过维修,但未改变外观。据《重修千佛洞九层楼碑记》,清光绪二十四年(1898)敦煌商人戴奉玉等集资对第 96 窟窟檐进行大规模维修,改五层为七层。民国十七年至二十四年(1928—1935),敦煌商主刘骥德、乡绅张盘民等集资重修第 96 窟的窟檐,改七层为九层。此后便称为"九层楼"。1986 年敦煌研究院发现九层楼的第八层横梁断裂,有倾塌的危险,就对

图 3-10 莫高窟第 96 窟外景

---

① 参见马德《敦煌莫高窟史研究》(甘肃教育出版社)第 297—302 页所引《张淮深碑》。

第八层、第九层进行了保护性修复,更换了第八层横梁,同时对损坏的脊瓦进行更换,修复过后,外观上完全保持原貌(图3-10)。

2. 莫高窟第130窟

建于盛唐开元天宝年间。据贺世哲《从供养人题记看莫高窟部分洞窟的营建年代》推断,此窟的营造年代为开元九年至天宝初年(721—746),前后延续了25年。说明营建这样的大型洞窟,工程浩大,所费时间较长。

窟内有高26米的佛像,即南大像。后代虽有重修,但佛像基本上保持原有风格。本窟的窟顶为覆斗顶。洞窟东壁下部开门;上部和中部各开一个明窗,分别对着佛头与腹部;经洞窟旁边的隧道可达上部明窗。现在窟内的壁画为宋代(一说西夏)所绘,但宋代重新改建窟形的可能性较小,况且覆斗顶窟是唐代最流行的洞窟形制,在大像窟中采用覆斗形制作窟顶,也是顺理成章的事。本窟的窟前曾建有规模较大的殿堂,形成前殿后窟的形式;只是殿堂已被毁,但从殿堂遗址中,仍可看出其规模。

3. 榆林窟第6窟

此窟的营建,没有相关的文字资料。从其佛像的塑造风格,大佛窟流行的时代,以及其在榆林窟中的位置等判断、推测,大约建于唐前期。窟内有高23米的佛像。窟顶为穹隆顶。大佛及洞窟壁画都经过宋代重修,但佛像大体保持唐代风格。此窟与莫高窟的方向相反,是坐东朝西的。洞窟西壁下部开门,窟门前有窟檐建筑形成前室。洞窟上部接近大佛胸部开一个明窗,明窗较深,也形成一个方形的前室(图3-11)。这与莫高窟第130窟明窗仅为通道不同。

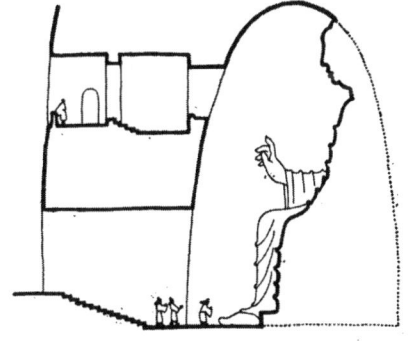

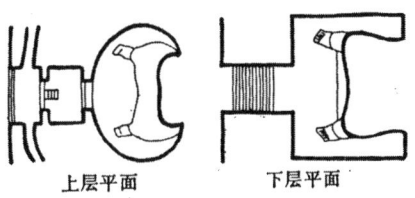

上层平面　　　下层平面

图3-11　榆林窟第6窟平剖面图

这三座大像窟均为唐代所建。唐代流行大佛，尤其是武则天时代，号令天下造弥勒大佛，莫高窟第96窟就是在这样的形势下营建的。当然，由于营造大佛窟需要巨大的财力作后盾，唐代国力强盛，丝绸之路畅通，给敦煌一地带来极大的繁荣，为敦煌石窟大像窟的营造提供了较好的经济基础。从这三个大像窟来看，其洞窟形制各不相同，主要是因地制宜的结果。莫高窟第96窟佛像高大，已突破了崖顶，只能在窟外建一个巨大的窟檐来保护佛像。其余两个大佛窟均形成封闭的大洞窟。

大佛窟，在中亚有巴米扬石窟。其东大佛与西大佛，均为立佛，洞窟则为拱形龛的形式。在中国北方天梯山石窟、须弥山石窟均可见大佛窟，也均为拱形龛的形式，未见有窟前建筑。而敦煌石窟中的大佛窟都被营造成一个封闭的洞窟形式，大约是因为敦煌的佛像为石胎泥塑，不是纯粹的石雕像，若露天在外，经风蚀雨淋，很快就会被毁坏。因此，必须有洞窟（或窟檐）对其形成保护。另外，古代的开窟匠们大概也考虑到窟内的采光及观者从不同的角度观赏的需要，而在不同的高度开凿明窗。如莫高窟第130窟，上层明窗正好对着佛头部，使光线能照在佛头上，因而从下部观赏佛像时，观众可以看清楚佛头的形象。

二、涅槃窟

涅槃窟是指塑造涅槃佛像的洞窟。在敦煌石窟只有两个涅槃窟，分别为莫高窟第148窟和第158窟。

第148窟前室南侧保存有《大唐陇西李氏莫高窟修功德记》，碑文记载了开凿此窟的情况。此碑建于大历十一年（776），因此，本窟应开凿于776年之前[①]。此时已是盛唐晚期、吐蕃占领敦煌的前夕。此窟规模宏大，为横长方形，东西进深7.9米，南北宽17米。靠西侧有1米多

[①] 贺世哲先生据第148窟内《大唐陇西李氏莫高窟修功德记》所记周鼎等历史人物的情况，结合当时敦煌历史形势，认为第148窟的完成应在周鼎被杀的大历六年（771）之前。

高的佛坛，坛上塑长达 14.4 米的涅槃佛像 1 身，佛像身后有佛弟子、天人等 72 身（经过清修）。窟顶由东向西略呈弧形，呈横券顶形式。南北两壁分别开龛，龛内塑佛像。龛顶则为盝形顶。

第 158 窟因其甬道的供养人题记中有"大蕃管内"之称，可知为吐蕃占领敦煌时期（中唐）所建。洞窟进深为 7.28 米，南北长 17.2 米。西壁有高 1.43 米的佛床，佛床上有长达 15.6 米的涅槃像。南壁塑一立佛像，北壁塑一坐佛像，与中央的卧佛构成过去、现在、未来的"三世佛"。本窟窟顶为盝形顶，顶上绘十方净土变相（图 3-12）。

涅槃窟本来就是为了安置涅槃佛像，其结构相对比较简单，有一个横长形的佛床。至于窟顶，做横券顶也是因地制宜，盝形顶则可以看作是覆斗顶形制的改装。

涅槃佛像的崇拜最早流行于中亚犍陀罗地区，在阿旃陀石窟晚期的第 26 窟也出现了涅槃佛像。唐代以后，敦煌第 332 窟在洞窟后壁安置涅槃佛像。这源于龟兹石窟的配置。唐以后小型涅槃佛像也常出现于洞窟侧壁（如第 46 窟）。而为涅槃佛像专门造一种洞窟来安置，则体现着涅槃信仰的高度发展。与大型涅槃窟出现相配合，窟内还有表现《涅槃经》内容的涅槃经变等，具有强烈的宗教气氛。从涅槃佛像的造像来看，印度和犍陀罗的涅槃佛像往往表现得较为僵直，好像死人一样；而中国的涅槃佛像则仿佛一位假寐的智者。这反映了中国人对涅槃的理解和表现。除敦煌以外，在大足石窟也有涅槃佛窟。除了在石窟中有单独的涅槃窟外，还有一些寺院也出现了专门供奉涅槃像的大殿，如张掖大佛寺（西夏）就有长达 34.5 米的木雕涅槃大佛。

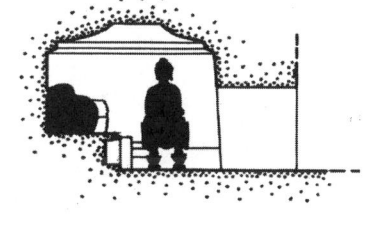

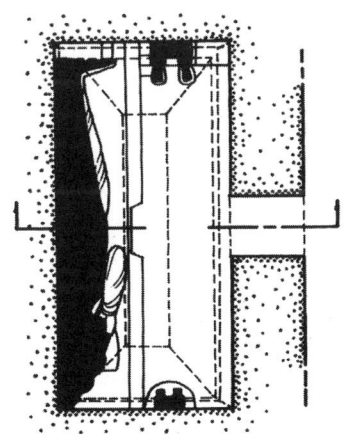

图 3-12 莫高窟第 158 窟平剖面图

大像窟与涅槃窟都是根据佛像的特殊情况而营造的窟形，在敦煌石窟中所占比例并不大，但由于佛像体量巨大，对当时的信众以及现在的观众来说，都会产生难以磨灭的印象。就礼拜窟性质的石窟形制来说，每个时代都有其流行的样式，但每个时代都往往会在前人的基础上进行一些创新。有的创新逐渐形成了新的模式而流行开来，而有的却并没有被大众所效法而成为孤例。因而，在敦煌石窟中有些洞窟往往很难被归入某一种类型。如北凉第275窟，平面为纵长方形；窟顶为盝形顶，在窟顶四披还做出仿木构的椽子；正面无龛却塑造大型的交脚菩萨像。北魏第259窟，平面为方形，正面开龛造二佛并坐像，窟顶为人字披顶。西魏第461窟为一方形覆斗顶窟，正面却不开龛，只在壁画上画出龛内的二佛并坐图。中唐第365窟，平面为横长方形；洞窟西侧设佛坛，坛上有7身坐佛；窟顶为券顶。这是专门为了供奉七佛而建，与别的窟形都不同。以上几个洞窟形制都仅有一例。由于这些洞窟不具代表性，不再作具体分析。

第四节

禅　　窟

　　禅窟是指用来坐禅修行的洞窟。虽然有的禅窟也有壁画和塑像，兼有礼拜窟的性质，但由于最初是作为禅窟使用的，这里也归作禅窟来分析。禅窟在敦煌石窟中出现最早，从有关文献可知，乐僔、法良等高僧最初开凿的洞窟，就是为了坐禅修行而造的。现存的禅窟有单室禅窟与多室组合禅窟两种。单室禅窟多在莫高窟北区，时代不明，或者时代较晚。此外，如果从坐禅这个意义上来讲，一些作为生活窟的石窟也可能被用于坐禅，因此，单室禅窟的建筑特征就不太明显，仅在窟中有禅床。而多室组合的禅窟则有其建筑上的特性，从建筑的意义上讲与印度石窟有传承关系。

　　现存最早的多室禅窟是十六国时期的第268窟（图3-13）。这是一个由多室组合的禅窟（包含第267、268、269、270、271室），中央是一个纵长方形的过厅（第268室），在后壁开一小龛，内有交脚佛像，窟顶为相连续的浮塑平棋图案。南北两侧壁各开两个小室，南侧为267、269室，北侧为270、271室。从几个小室的大小程度及现存壁面遗迹来看，最初可能仅用于坐禅修行，没有绘制壁画，后来才逐渐出现了塑像与壁画；现存壁画大多是隋代所补绘，在隋代壁画下层，露出了部分更早的壁画，可能是北凉时期绘制的。

与第 268 窟相似的洞窟形制，在莫高窟还有北魏第 487 窟、西魏第 285 窟以及莫高窟北区 B113 窟、B132 窟等窟。第 487 窟开凿在莫高窟下层，经 20 世纪 60 年代莫高窟窟前遗址发掘，重新被发现。此窟主室平面为纵长方形，中央有方形低坛，两侧壁各开有 4 个小禅室，窟顶的前部为人字披顶，后部为平顶。人字披顶的形式在莫高窟北魏时期中心柱窟中较为普遍。两侧的禅室塌毁严重，特别是南壁西侧的两个禅室隔墙被毁坏后，合为一室了。但参照第 285 窟的形式，大致可以看出当初的状态[①]。据樊锦诗、马世长、关友惠诸先生的考古分期研究，该窟的开凿时代应为北魏时期[②]。第 285 窟主室平面为方形，中央有低坛，覆斗形顶。正壁下部中央开一龛，内有坐佛；佛龛两侧各有一小龛，内塑禅修的僧人。洞窟南北两壁对称地各开 4 个小禅室（图 3-14）。本窟保存有明确年代题记，分别为西魏大统四年（538）、五年（539）。北区诸窟，据彭金章先生的发掘与调查，推测其上限为北朝时期，下限为元代。

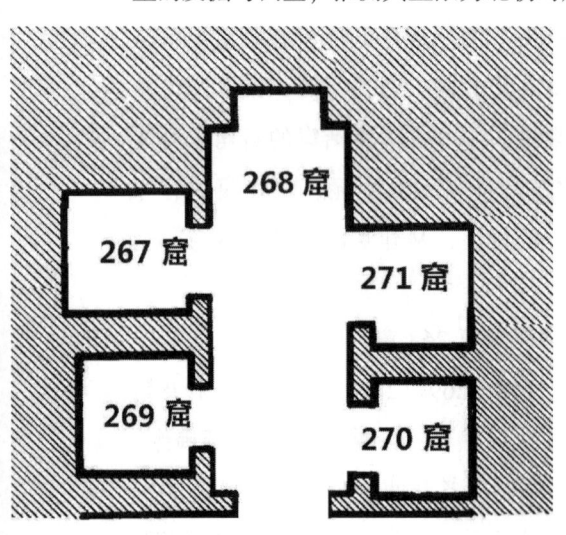

图 3-13 莫高窟 268 窟平面图

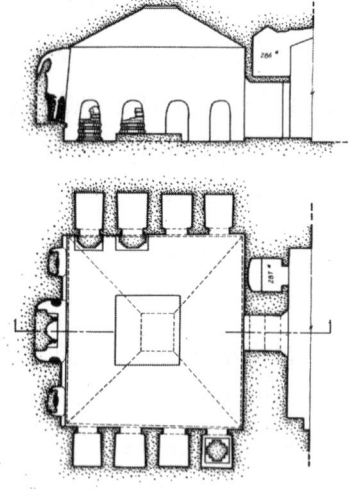

图 3-14 莫高窟第 285 窟平剖面图

① 潘玉闪、马世长《莫高窟窟前殿堂遗址》，北京：文物出版社，1987 年，第 81—97 页。
② 樊锦诗、马世长、关友惠《敦煌莫高窟北朝洞窟的分期》，《中国石窟·敦煌莫高窟》第 1 卷，北京：文物出版社，1982。

最初在莫高窟开窟的乐僔、法良均为禅师，他们开窟的目的都是为了坐禅，说明早期禅修的盛行，那么莫高窟的禅窟当不会少，但现存莫高窟的禅窟南区只有3例。从第487窟位于窟群最低处的情况来看，也许当初是为了修行的方便，禅窟多开于下层，而把礼拜窟（中心柱窟或殿堂窟）开在上层。由于时代变迁，下层大多数洞窟遭毁坏，故禅窟存在极少。而近年来北区考古发掘发现了大量的禅窟，有多室组合的禅窟，也有单室禅窟，总计达82例。其中类似第268窟这样的多室禅窟有12例①。但多室禅窟也可分为两类：A. 中央为主室，在两侧开较低矮的小禅室。禅室的宽和深度为1米左右或不足1米，仅可在其中打坐，无法直立或躺下。B. 中央的主室不大，两侧和后壁开禅室。禅室一般较大，宽度和深度往往超过2米，高度达1.7米以上，且室中有禅床，人可以在其中躺下休息。北区的多室禅窟大体可归入B类。它们有一致的特点，即基本上都有人字披顶，禅室面积适中，洞窟高度可容人站立。内有禅床，可以坐卧休息。而南区的第268、285窟以及第487窟的小禅室面积较小，内无禅床，且高度不足以站立，长度不足以横卧。这些特点似乎在提示，两类禅窟在功用上或者时代上应是有所不同的。

多室组合的禅窟形式，很容易使人联想到印度的毗诃罗窟（Vihara）。毗诃罗，指僧院、僧房，也称精舍，实际上有两层意义：一是出家人起居生活之处，一是修行之所。佛经中就有不少关于祇园精舍的记录。从巴尔胡特和山奇大塔的雕刻中，还可以看到包括祇园精舍在内的精舍形象。从印度的王舍城和北印度的塔克西拉等地的考古发掘来看，毗诃罗

---

① 彭金章、王建军《敦煌莫高窟北区石窟》第1卷，北京：文物出版社，2000年，第343—346页。按该书结论部分中说单室禅窟为73例，多室禅窟为9例。其中多室禅窟不包括过去已编号的第462、263、464窟。笔者按《敦煌莫高窟北区石窟》全书检索，包含第462、464窟（463窟并非多室禅窟）得多室禅窟12例，统计方法与彭先生不同，故此说明。

窟主要是多室组合的僧房。而印度各地现存的石窟寺院中，有相当多的石窟属于毗诃罗窟。在早期的石窟中，毗诃罗窟通常是与支提窟（塔庙窟）相配合而建的，往往是有一座支提窟，就有相应的几座毗诃罗窟。支提窟与毗诃罗窟构成一处佛教中心，俗人们在这里礼佛，而僧人们在这里住宿、修行和布道，毗诃罗窟成为石窟寺院不可缺少的部分。印度虽然也有单室的僧房，但大多数是成组出现的，通常是在一个洞窟内的后壁和左右两侧壁各凿出几个小室。中央有一个大厅，是聚会的场所，每一个小室则分归某个僧人自己所用。如早期石窟（前2世纪—2世纪）中纳西克石窟第19窟、阿旃陀石窟第12窟等[①]。后者石窟中央为方形，在正面和左右两侧壁各开4个小室，每个小室的大小基本一致；在小禅室之间的外壁还有一些带有券顶的小龛（图3-15）。

在印度晚期（5—8世纪）的石窟中，僧房窟出现得更多。如阿旃陀石窟中就有21座，埃罗拉石窟也有不少。这一时期的僧房窟规模较大，并且出现一些新的特点。如阿旃陀石窟第1窟窟门有雄伟而雕刻华丽的列柱；窟门与主室之间为一个横长的前室；前室的左侧开有2个小室，右侧开有1个小室。主室为进深达17米的大厅，四面有列柱20根，与四壁平行而形成一个回廊；后壁中央开一大室，为佛堂，内有石雕坐佛；佛堂两侧各有2个小室，左右壁各开5个小室。大厅的四壁绘出

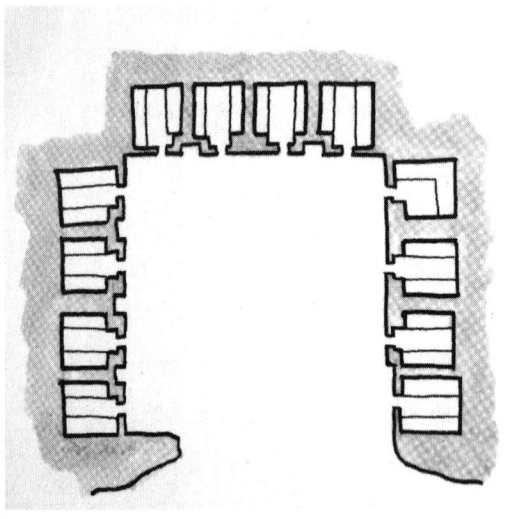

图3-15 阿旃陀石窟第12窟平面图

[①] 洞窟时代参见山本智教《印度美术史大观》，东京：每日新闻社，1990年。

精美的壁画，内容为表现释迦生平的佛传故事及释迦教化事迹的因缘故事等；顶部也画出华丽的图案和飞天。从阿旃陀石窟第 1 窟来看，其具有如下三个特点：（1）后壁中央有佛堂；（2）佛堂前面是中厅，左右及后壁开僧房；（3）大厅有列柱而形成回廊。这些都是晚期毗诃罗窟的主要特征[①]。

毗诃罗窟最初本来就是对寺院建筑的模仿，而在石质难以开凿洞窟的中亚，便只有寺院的形式了。在塔克西拉发现的古代寺院遗迹中，我们可以看到很多类似印度僧房窟的建筑布局，如阿克豪利、卡拉宛及鸠拉罗寺院遗址等，一般被建成一组环抱式的院落形式，四面都排列着大小一样的小室。这些小室无疑是僧人们起居及修行所用（图 3-16）。单从其平面布局来看，可以说是完整的僧房形式[②]。

古代印度僧侣的生活起居和修行两项内容，都可以在毗诃罗中来进行。所以印度的僧房是比较大的。而在中国的新疆乃至敦煌等地，往往把这两项功能分开来，一者专用于坐禅修行，称为"禅窟"或"定窟"；一者称为"僧房窟"。如敦煌或新疆等地的禅窟虽然与印度的毗诃罗窟有着各种联系，但并不完全相同。在新疆龟兹的苏巴什遗址中有 4 座多室组合的禅窟，分别为第 1、2、3、5 窟（图-17）；吐鲁番的

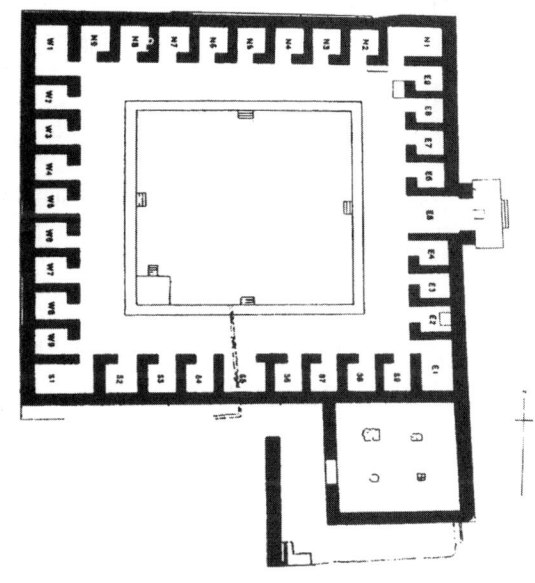

图 3-16　塔克西拉鸠那罗寺院遗址平面图

---

① 参见佐藤宗太郎《インド石窟寺院》，东京：东京书籍，1985 年。
② 约翰·马歇尔著，秦立彦译《塔克西拉》，昆明：云南人民出版社，2002 年。

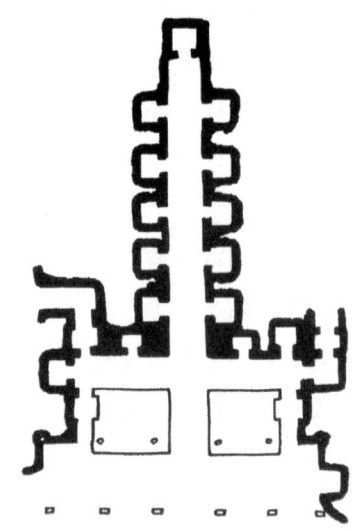

图3-17 苏巴什第5窟平面图

吐峪沟第42窟也是一个中央有大厅、两侧分布着小禅室的禅窟①；在酒泉附近的文殊山石窟后山，也残存一个大约为北朝时期的残窟，其形制类似莫高窟第285窟，中央主室为一个长方形大厅，两侧各有4个小禅室，后壁也开有2个小禅室。这样的洞窟通常只是用于修行，没有生活起居的条件，称为"禅窟"是比较符合实际的。近年来，禅窟在中原地区也有发现，如南响堂山石窟西北和北响堂山石窟半山腰就有方形无像小禅窟24例，平顶敞口，平面约1平方米左右②；在大同的鹿野苑石窟，也发现了成组的禅窟③。但以上两处禅窟，从平面布局来讲是单室禅窟，与敦煌的多室禅窟不同。宁夏须弥山石窟还存在一类方形无像窟(有10例)④，从某些石窟残存石床与烟道痕迹的情况来看，可能是僧房窟；但其中第23窟是一个三室一组的洞窟，中室平面为长方形，穹隆顶⑤。显然这是敦煌以东地区较为少见的多室禅窟。

早期佛教石窟中，龟兹地区存在较多的比较规范的多室禅窟。这种石窟形式影响到了敦煌以及相邻的酒泉地区。中原地区虽然有不少单室禅窟，但像龟兹那样的多室禅窟就极为罕见了。从克孜尔石窟的洞窟组

---

① 贾应逸《鸠摩罗什译经与北凉时期的高昌佛教》，《敦煌研究》1999年第1期。
② 李裕群《北朝晚期石窟寺研究》，北京：文物出版社，2003年5月，第13—15页。
③ 李治国、刘建军《北魏平城鹿野苑石窟调查记》，《中国石窟·云冈石窟》第1卷，北京：文物出版社，1991年。
④ 李裕群《北朝晚期石窟寺研究》，北京：文物出版社，2003年5月，第91—93页。
⑤ 韩有成、于存海《须弥山石窟内容总录》，《须弥山石窟》，北京：文物出版社，1988年。

合情况，我们可以了解到，在西域早期石窟中，佛堂、讲堂、僧房、杂房组合，共同形成僧侣们起居，以及进行修行等活动的场所[①]。而莫高窟北区的考古发掘，表明了北区不仅有多室禅窟，而且存在大量的单室禅窟。修行者利用这些单室禅窟进行禅修，当然也需要配套的生活窟——僧房窟。僧房窟的特点在于有炕，有灶及烟道，窟室较宽敞。莫高窟的僧房窟，北区现存64个，南区有2个。另外，还存在着僧房窟兼禅窟功能或者僧房窟附禅窟的情况。

从敦煌早期的禅窟形式来看，其对印度僧房的模仿也仅仅是理念上的模仿，实际跟印度现存的毗诃罗窟还是有很大的区别的。从第268窟来看，中厅较小，基本上只是一个过道，而两侧的禅室较为低矮狭窄，仅能在其间坐下，站立都不可能。除了打坐修行之外，不可能用于其他活动。苏巴什的禅窟与此相似。第285、487窟以及新疆吐峪沟第42窟等有较大的中厅，可以进行一些宗教活动；同时有了较为完整的彩塑、壁画，以利于僧人观像，完整地体现着早期佛教"禅观"的思想[②]。第487、285窟与第268窟的不同，意味着禅观方式的发展，即对观像内容的需求增加了。而第285窟在正壁有佛像，四壁及窟顶均有完整的壁画，说明这样的禅窟形式应是接受了印度晚期流行的毗诃罗窟形式影响而营建的。当然，所谓"影响"，不一定是直接的。

总之，早期敦煌的禅窟形制从理念上讲，是受印度毗诃罗窟的影响，但洞窟结构直接取法于龟兹石窟。从东汉末至魏晋时期，凉州敦煌一带的佛教就深受龟兹的影响，如出生于龟兹的著名高僧鸠摩罗什，曾长期在凉州和长安译经和传播佛教。北凉以后，高僧昙摩密多从龟兹来

---

① 晁华山《克孜尔石窟的洞窟分类与石窟寺院的组成》，《龟兹佛教文化论集》，乌鲁木齐：新疆美术摄影出版社，1993年。

② 关于早期佛教的"禅观"思想，贺世哲先生有系统的研究，参见《敦煌图像研究——十六国北朝卷》，兰州：甘肃教育出版社，2006年。

到了敦煌，建起了十分严净的精舍①。后来他到中原，翻译了《五门禅经要法》等与禅修相关的经典，对敦煌佛教禅观思想的发展产生了重大影响。另外，被称为"敦煌菩萨"的竺法护，虽然"世居敦煌"，但他"随师至西域，游历诸国"，然后带着大量的梵经，由敦煌而进到中原，进行翻译和传播②。总之，魏晋以来敦煌乃至河西地区的佛教，受到西域尤其是龟兹的影响是十分明显的，那么在开窟修行方面接受龟兹的影响也是情理之中的事了。

---

① 《高僧传》卷三："（昙摩密多）遂度流沙，进到敦煌，于闲旷之地建立精舍。植奈千株，开园百亩，房阁池沼，极为严净。"

② 《高僧传》卷一。

第五节
其他实用窟形

除了禅窟之外，敦煌石窟中还有另外一些生活实用型的洞窟，包括僧房窟、瘗窟、廪窟等。这些洞窟同样属于敦煌石窟系统中不可分割的部分。

一、僧房窟

僧房窟都集中于北区石窟中，现存50个。其特征是窟内比较宽敞，有相当一部分面积在10—17平方米之间，但大部分则是面积为5—9平方米的。洞窟平面大体呈方形，窟顶为人字披顶的最多，有42个，其余的有平顶形的，也有覆斗顶形的。窟内有灶，有炕，有烟道，还有放置灯盏的灯龛，有的灯龛还残存有油垢。这类洞窟明显有生活过的痕迹，是古代僧人们生活起居的地方。不过，虽然名称为"僧房窟"，但也不能排除俗人信众在这些洞窟中起居的可能性。大部分僧房窟的窟顶为人字披顶，可能还是源于中国传统木构建筑人字披顶的习惯。

二、瘗窟

瘗窟是指用来埋葬僧人遗体、遗骨的洞窟。现存有25个。大部分窟内有棺床，面积在4—8平方米之间。大部分瘗窟的窟顶为人字披顶，也有少数为平顶,或人字披顶接平顶的。瘗窟的建造有几种情况,一种是专门为瘗窟而设计开凿的,这类瘗窟较多,占15个;另一种是将禅窟改为瘗窟的,占了7个,其形制也因而与禅窟一致,或许窟中瘗埋的就是生前在此窟修行的人;也有将僧房窟改造为瘗窟的,仅存一例;另有2个来源不明。

三、廪窟

廪窟是用来作仓库的洞窟。现存2个。洞窟面积不大,地面上有2—3个储藏槽。

以上三类洞窟是生活实用型洞窟,在洞窟建筑方面,多从简易考虑,在崖壁上凿出方形洞窟,仅仅把墙壁抹平,并设置生活用的一些设施,窟内不绘壁画。从大部分洞窟为人字披顶的情况看,基本上是按传统建筑的习惯来营造的。

敦煌石窟的形制,是古代的工匠融汇了当时印度、西域的石窟形制、艺术以及中国传统建筑样式,而探索出的既能满足佛教表现的目的,又能适应普通信众的审美心理的石窟形制。如从北魏到隋唐时期流行的中心柱窟就是按印度支提窟的理念,采用传统建筑形式加以改造的结果;延续时间更长,从北朝到元代一直采用的覆斗顶窟,则是对汉晋以来传统建筑中的斗帐形式加以改造而形成的佛窟形式。不论是中心柱窟还是覆斗顶窟,都有着强烈的敦煌地方特色,虽然在敦煌一带十分流行,却在外地石窟中很少出现,表明了敦煌这个有着汉文化传统又长期受到佛教熏陶的地区,在建筑艺术表现方面的独特性。

第四章
敦煌彩塑艺术

在中国，雕塑与绘画的发展有所不同，汉代以后，绘画逐步进入宫廷，甚至一些贵族文人也开始参与其中，画家与绘画作品开始被载入史册，而雕塑则始终是属于民间的。自古以来，雕塑家都被看作是工匠之列。早在六朝时代，绘画理论的著作就产生了，而雕塑理论却始终没有产生。雕塑家的名字并不像画家那样大多被记录于史籍文献，因为没有文人直接参与雕塑制作。所以尽管关于书法、绘画的著作各朝代均有著录，而关于中国古代雕塑发展的历史、关于雕塑技法理论等却没有著录，形成了中国美术史中绘画与雕塑的不平衡状况，也反映了古代美术中对雕塑艺术的偏见。

这种历史状况，使我们在研究古代雕塑时面临着文献资料奇缺，对古代雕塑家、雕塑技法乃至雕塑美学等方面知之甚少的困境。但是，数千年来中国古代的雕塑家创造了十分精湛的雕塑艺术，成为我国美术史上的珍贵资源。佛教传入中国以后，佛教雕塑艺术也在中国获得了发展，古代雕塑作品保存至今者，有相当大一部分都是佛教雕塑。正是这些佛教雕塑构成了中国雕塑史的主旋律。而敦煌石窟中保存着4—14世纪各朝代的2000多身彩塑，完整地反映出近千年间雕塑艺术发展的历程，可以说是一部自成体系的雕塑史，为重新认识中国美术史提供了有力的资料。

佛教传入中国后，由于各地寺院石窟的繁荣，佛像的制作就成为一种广泛的社会需要，所以佛教也被称作"像教"，说明"像"在佛教中占有多么重要的地位。宗教的发展，形成了对佛教雕塑、绘画的强大的社会需求，使当时的中国在这方面投入了比以往任何时代都要多得多的美术工匠。这一点大大地刺激了雕塑艺术的发展。在最初的佛教雕刻中，从印度和西域传来的佛像样式成为被仿制的模本，外来的造型观念及手法成为新的时尚。于是包括犍陀罗风格、马图拉风格以及龟兹风格等由西域传入的雕塑和绘画风格便大量地出现在敦煌和中国北方的石窟和寺院中。但随着佛教在中国的进一步发展，随着佛教与中国的儒家、道家思想的斗争与融合，外来的审美意识也与汉民族传统的审美观念之间不断地产生冲突与融合，最后中国传统的审美趣味便逐渐渗透进了佛教雕塑中，经过不断地交融、改革，终于在南北朝后期到隋唐时代，逐步确立了中国式的佛教雕塑。也正是在与外来艺术的相互撞击与融合中，中国的雕塑艺术得以迅速向前发展。

佛教石窟与寺院一样具有礼拜或修行等功用，在礼拜窟中，必须要有佛像以供礼拜、观瞻。佛像是一个洞窟的主体，是供崇拜的对象。因此，在石窟中，佛像总是位于中心的位置，或在中心柱窟四面开龛造像，或在覆斗顶窟的正面开大龛，或在洞窟中央设佛坛并在坛上塑像。佛像有单尊像和组像。单尊的佛像只出现在早期洞窟中；后来大多数洞窟的彩塑都是成组地出现的，中央为佛，两侧分别有菩萨、弟子、天王等形象。隋唐以后，一组佛像的数量越来越多，由5身、7身到9身，甚至十数身的；而对不同形象的塑造也更加个性化。

第一节

早期彩塑的外来风格

敦煌石窟早期洞窟中的彩塑佛像具有浓厚的外来艺术风格。一方面佛教是从印度经西域传来的，对于当时的人们来说，印度和西域等外来样式具有一定的权威性，佛像完全仿照外来的形式是很好理解的；另一方面，中国的雕塑家们还没有一套表现佛像的技法，还需要学习和采用外来的雕塑手法。

北凉第275窟正壁（西壁）塑出一尊高达3米的交脚弥勒菩萨像，头戴三面宝冠，面相庄严，鼻梁较高而直，双目有神，上身半裸，身着短裙，交脚坐于双狮座上（图4-1）。同窟的南北两壁上部各开两个阙形龛和一个树形龛，阙形龛中各有一身交脚菩萨像，其造像特征与西壁的主尊一致。树形龛中则塑思维菩萨像。思维菩萨为坐姿，一条腿搭在另一条腿的膝上，左手支颐，若有所思的样子，因而被称为思维菩萨。关于思维菩萨的身份，一说与交脚菩萨同为弥勒，一说为成佛前，在树下思维、尚为太子的释迦牟尼。交脚菩萨与思维菩

图4-1 交脚菩萨像
莫高窟第275窟西壁　北凉

萨的造像风格都具有典型的犍陀罗艺术风格。

犍陀罗位于古代印度北部,今巴基斯坦以白沙瓦为中心的地区。公元前4世纪后期,马其顿王国的亚历山大东征,这一地区被其占领,古希腊罗马的文化艺术就开始影响到犍陀罗地区。公元前2世纪,随着印度阿育王的扩张,犍陀罗地区被其占领,佛教便开始大举传入。此后,犍陀罗地区又一度被希腊的巴克特利亚人统治。所以,这一地区的文化表现出印度文化和希腊文化的双重性①。而犍陀罗现存的大量的佛像雕刻都系采用古希腊艺术手法进行创作的,可以说犍陀罗艺术是印度与希腊艺术结合的产物。其雕刻人物形体健壮,比例合度,衣服厚重,衣纹表现自然而写实。在犍陀罗的雕刻中,交脚菩萨和思维菩萨是十分常见的形象(图4-2)。

图4-2　犍陀罗雕刻　思维菩萨像
松冈美术馆藏

由于地理的关系,犍陀罗佛教艺术也是较早传入我国的艺术形式。在龟兹地区的克孜尔等石窟中就可以看出犍陀罗影响的痕迹。龟兹石窟的彩塑大多无存,仅有少量残迹,但从壁画中的佛像和菩萨像中也可以看出其中的一些特征,如多交脚菩萨形象等。克孜尔石窟中表现交脚而坐的弥勒菩萨像较多,通常绘于洞窟前壁门上部,如在第17、38等窟中均可见到。第38窟的弥勒菩萨交脚而坐,头戴三珠宝冠,上身半裸,下着长裙,周围的菩萨着装也基本与其一致。从菩萨的头冠及坐姿可看出敦煌早期彩塑交脚菩萨与之有相似之处。而从东晋到南北朝时期,中国北方还出现很多金铜佛像或石雕像,其中也有交脚菩萨像。如在云冈

---

① 穆罕默德·瓦利乌拉·汗《犍陀罗艺术》(陆水林译),北京:商务印书馆,1997年。

石窟早期洞窟中就有不少交脚弥勒菩萨像，特别是在第 17 窟雕出高达 15.5 米的交脚弥勒菩萨像，在北魏中期的第 13 窟也雕出高 13.5 米的交脚菩萨像，这是继敦煌第 275 窟之后中国内地最大的两尊交脚弥勒菩萨像。按《魏书·释老志》记载，"凉州平，徙其国人于京邑，沙门佛事皆俱东"，表明了云冈石窟的开凿受到凉州佛教的影响，从交脚菩萨像的营造也可以看出这种传承关系。当然，云冈石窟的交脚菩萨像与敦煌有所不同，西域犍陀罗风格的特色减少了，而中原的因素增多。如菩萨面相没有西域人的特征，更像中国人的面容，头冠更华丽，裙子较长，而衣纹也没有印度式那种紧贴身体的特征，反映了交脚菩萨雕刻手法的细微变化。

北魏以后，以云冈石窟为中心的中国佛教艺术大量地吸取了犍陀罗雕刻的风格，这样的佛像是中国北魏时代石窟造像的一种倾向。但其实在接受外来影响的同时，中国的佛教雕塑出现了很多变化，这些变化在敦煌北魏以后的石窟里也逐步表现出来。

敦煌北魏石窟大多为中心塔柱窟，在中心柱的四面开龛造像。通常中心柱正面开大龛，安置洞窟的主尊，其余三面分上下两层开龛，上层为阙形龛，下层为圆拱龛。阙形龛内多为交脚菩萨或思维菩萨像，下部的圆拱龛内为坐佛。北魏洞窟的主尊除了第 254 窟为交脚佛像外，其余大多为倚坐佛像。佛像的两侧往往有胁侍菩萨立像。第 259 窟是佛像较多的石窟，洞窟西壁大龛内有释迦、多宝并坐说法彩塑。这一题材源于《法华经·见宝塔品》，是法华信仰的产物，在北魏时代十分流行。除了较多地出现在云冈北魏石窟中外，在炳灵寺石窟、麦积山石窟等处均可见到。莫高窟第 259 窟的释迦、多宝像即有云冈石窟影响的因素。同窟的南北两壁开列龛，上层为阙形龛，内塑交脚菩萨像；下层为圆拱龛，内有倚坐或结跏趺坐佛像。其佛像造型清秀，对佛像的面部表情刻画细腻，通过嘴角、眼睛的细微特征表现出十分含蓄的精神世界。特别是北壁下层东侧和中部龛内的佛像，富有感染力，是北魏彩塑的精品。而第

248窟中心柱西面龛、第260窟中心柱南面龛中则都塑出释迦苦修像(图4-3)。塑像是一个瘦骨嶙峋的苦行僧的形象,表现释迦牟尼成佛之前在山中苦修的情景。释迦苦修像在犍陀罗雕刻中有特别的表现,往往较夸张地表现修行者瘦到皮包骨头的形象。相比之下,敦煌石窟中的苦修像并没有那样夸张,虽表现其清瘦,让人感受到苦行僧的特点,却不失其度。这更符合中国传统的"中和"之美的原则。

北魏彩塑的造型特点是比例适中,袈裟厚重,衣纹写实。这样的表现风格体现出犍陀罗雕刻的某些特征。但是,敦煌北魏彩塑不注重细部的刻画,往往强调人物精神和塑像的完整性。其对肌体和衣纹细部采取象征的手法,不像犍陀罗艺术那样注重具体的真实感;佛和菩萨像的身躯较圆而平滑,尤其是胁侍菩萨像大多身体扁平,背面贴在墙壁上,具有高浮雕的特点;塑像的衣纹,往往采用细

图4-3 苦修像 莫高窟第248窟中心柱西向龛 北魏　　图4-4 印度马图拉雕刻佛像 吉美博物馆藏

腻的贴泥条形式或阴刻线来表现,这是犍陀罗雕刻所没有的技法。从那些显出过分装饰性的衣纹样式中,我们似乎可以看到印度本土马图拉雕刻的风格特征。马图拉位于中印度,是古代佛教艺术的中心之一。现存的马图拉佛教雕刻可以追溯到公元前2世纪。马图拉雕刻与希腊影响下的犍陀罗雕刻不同,不以严谨的写实主义见长,而是以一种理想主义的

表现手法刻画庄严、威武，而又具有宁静情态的佛像，注重装饰性。特别是以稠密的线条刻画的衣纹，给人一种质地薄而紧贴身体之感，仿佛刚从水中出来的一样。这就是中国古代画论中所谓的"曹衣出水"的特点（图4-4）。这样的塑像在中国最早出现在炳灵寺石窟第169窟，说明中国北方早期的佛教艺术并不是单一地受到犍陀罗的影响，印度本土的艺术也同时对中国的佛教艺术发挥着影响作用。在敦煌北魏石窟中，我们看到部分佛像衣纹密集，衣纹走向呈"U"形线，而衣角的下摆也形成明显的装饰性。如第248窟中心柱东向面、第251窟中心柱西向面、第259窟南壁的坐佛等。这些装饰特征，体现着印度马图拉佛像的风格特点①。印度本土风格与犍陀罗风格同时出现在洞窟中，说明早期敦煌石窟雕塑的渊源并不是单一的。第259窟北壁东侧的佛像结跏趺坐，身着通肩袈裟，身体较扁平，用阴刻线表现细腻的衣纹。雕塑家着意刻画了佛像恬静、淡泊的表情，尤其是嘴角微微显露出笑意，似乎有一种发自内心的喜悦（图4-5）。下层中央佛龛内的佛像为倚坐佛，着袒右袈裟，衣纹简洁，头部微低，目光下视，面部表情呈现出恬静的愉悦，与东侧的佛像同样，表现出北魏佛像雕刻中较流行的所谓"古典式的微笑"。

图4-5　佛像　莫高窟第259窟北壁　北魏

由于敦煌没有可供雕刻的石材，而是就地取材，以泥塑来表现佛像，因此与印度和犍陀罗的石雕在材质与制作手

---

① 赵声良《敦煌石窟早期佛像样式及源流》，《敦煌学》第27辑，2007年。

法上都有很大的区别。敦煌与新疆一带石窟所处地质结构十分接近，我们在新疆的和田（古代于阗）、库车（古代龟兹）以及阿富汗也能看到与敦煌彩塑类似的泥塑；从吐木舒克出土的木雕佛像中，我们还可看到与莫高窟第259窟佛像十分相似的造型[1]，表明敦煌雕塑与新疆到中亚一带的石窟雕塑关系密切。只是龟兹石窟中的塑像大都被毁坏了，无法进行比较研究。

敦煌石窟开凿的初期，正是以凉州（今甘肃省武威市）为中心的河西佛教兴盛的阶段，北凉王沮渠蒙逊在凉州开凿了凉州石窟[2]。当时的敦煌是在北凉的统治之下，必然会受到凉州石窟的影响。不少学者认为现存武威天梯山石窟就是古代的凉州石窟[3]，可惜大多被毁。金塔寺石窟保存有较多的彩塑和壁画，其中如菩萨的形象，与敦煌北魏、西魏的塑像有很多相似之处，从中可以看出其中的近缘关系。

总之，从现存的敦煌北凉到北魏时期的彩塑来看，外来的因素十分突出，除了犍陀罗风格外，印度本土的马图拉风格也传入了敦煌；另外，吸收了印度和犍陀罗艺术后形成的具有地域特色的龟兹艺术也同样影响着敦煌彩塑佛像的制作。但是我们同样不能忽视的是敦煌对外来因素的改造。在早期的敦煌彩塑佛像中，我们虽然在一些形象上看到了外来的因素，却很难从中找到一件完全属于犍陀罗风格或者马图拉风格的彩塑。北魏以后，以云冈石窟为代表的中原地区的艺术风格的影响渐强，但同样，体现在敦煌石窟中，总是会做一些改变，融入了本地艺术家的创造。

---

[1] 邓健吾《敦煌莫高窟彩塑的发展》，《中国石窟·敦煌莫高窟》第3卷，北京：文物出版社，1987年。

[2] 宿白《凉州石窟遗迹与"凉州模式"》，《考古学报》1986年第4期。

[3] 参见敦煌研究院、甘肃省博物馆编著《武威天梯山石窟》，北京：文物出版社，2000年。

第二节
中原风格的影响

北魏后期，由于孝文帝改革，来自南方的汉民族风格开始在北方流行，以龙门石窟为代表的佛像雕刻身体瘦长，面目清秀，被称为"秀骨清像"风格。在中原的影响下，敦煌彩塑也出现了面相清秀的佛像，第259、254等窟的佛像、菩萨像就已见其端倪，但较广泛地显示出中原风格影响的，则是第435、432、437等窟及西魏时期的第249、285、288、432等窟。比起犍陀罗风格的写实性来，中原风格影响下的彩塑更注重装饰性，犍陀罗风格的坚实的体积感消失殆尽；但马图拉式的装饰风格仍在一些彩塑中出现，这或许是因其装饰性因素与中国传统的审美趣味是相通的缘故。造型上的平面性特征，衣饰上夸张的样式化特征形成了这一阶段的彩塑风格。

西魏第249窟，因为窟顶出现了东王公、西王母等典型的中国传统神话形象而著名。这个洞窟正面开一大龛，内塑佛像，在龛外两侧南北壁的西侧各有1身高大的胁侍菩萨像。3身彩塑的头部或上半身都经过重修，但仍在很大程度上保持着当时的特征：主尊佛像着通肩袈裟，但形式特别，袈裟于胸前形成一个"V"字形的领，仿佛是一件交领大衣，袈裟下面露出僧祇支以及打结的带饰（图4-6）。这种从僧祇支垂下的带饰，最早出现于云冈石窟第16窟主尊佛像，其所着袈裟被称为"褒衣博带式"袈裟①，是北魏孝文帝改革后，学习南方服饰文化后形成的新的佛衣样式。佛像的头部虽经重修，但大体保持清秀的面容，这也是北魏晚期中原流行的所谓"秀骨清像"的艺术风格，在龙门石窟尤其具有代表性。本窟南北两侧的菩萨像也体现出这种"秀骨清像"的风格。菩萨的身体修长，尤其是双腿的长度在比例上超常。上身半裸，宽宽的飘带从肩部斜向搭下，下着长裙。菩萨飘带变宽，逐步遮盖住上体，是这个时期的一个趋势。值得注意的是菩萨长裙上的装饰纹样，结合佛像袈裟有规律的"U"形衣纹，可以看出马图拉佛像的衣纹装饰风格。这样的装饰性衣纹，在第435窟主尊佛像上也可以看出。第285窟的主尊佛像也有着同样的中原式袈裟，其左肩部袈裟搭出的垂角，则表现为装饰的尖角，这也是所谓褒衣博带式袈裟的特征之一。

在第288窟、432窟等西魏洞窟中，我们看到中原式的袈裟表现得更加自如了。另外，在第288窟中的胁侍菩萨的身上，出现了此前未有过的繁复的衣饰：菩萨着交领大衣，在大衣上还有飘带由两肩而下，在腹前交叉，然后向两侧分开。这样的菩萨衣饰在第285窟东壁和北壁的说法图中以绘画的形式表现出来，而在第288窟则以彩塑的形式表现。

关于中原风格的形成及流传的情况，已有不少学者作过探讨。北魏孝文帝改革，大举学习汉民族文化，东晋、南朝以来在南方流行的艺术风格便由此开始在北方流行。孝文帝迁都洛阳，

图 4-6　佛像　莫高窟第 249 窟　西魏

---

① 关于"褒衣博带"式的袈裟，参见阮荣春《论"褒衣博带"佛像的产生》(《东南文化》1992 年第 3 期)、费泳《论"褒衣博带"佛衣》(《敦煌研究》2005 年特刊，2005 年 8 月)。

在伊水之滨凿建龙门石窟，极大地刺激了鲜卑人对南方艺术的学习，以洛阳为中心的中原地区由此形成新的佛教艺术风格，并且这种中原风格迅速在北方传播开来。在北魏晚期到西魏初期，北魏宗室元荣出任瓜州刺史，这一契机，使当时在中原流行的佛教艺术风格大量地传入了敦煌。北魏晚期到西魏时期的敦煌石窟中，彩塑基本上体现着中原风格。莫高窟第249、285、288窟就是其典型的代表。

由于敦煌的特殊地理环境，以龙门石窟为代表的中原风格虽然一度风靡敦煌，却并不持久。进入北周时期，一种新的风格便逐步取代了龙门样式。

如第428窟，其中心柱的四面各开一龛，龛内造一佛二弟子，龛外两侧分别有胁侍菩萨各1身。在此前，北魏、西魏的佛像一般只有一佛二菩萨的三尊像形式，而北周洞窟中则出现较多的一佛二弟子的三尊像组合，也有增加二菩萨形成五尊像组合的。佛弟子的塑像是一老一少，老者表现佛弟子中最年长者迦叶，少者表现最年轻的佛弟子阿难。佛像的面型较圆，五官细小而较集中，上半身粗大，下半身短小。菩萨的形象也显得小巧而灵活。佛和菩萨塑像的特点与西域的龟兹地区和阿富汗一带出土的塑像非常一致，表明西域风格仍然在影响着敦煌。

佛像的衣饰还保留着中原风格那种"褒衣博带"的特征，在第428、290等窟的佛像衣纹形成的尖角等方面还可看到中原风格过分装饰化的特征。但佛像的面形变得丰圆，身躯由纤巧变为敦厚；菩萨像虽然也有部分躯体修长的，但大多呈正常的比例，体现出质朴写实的特征；也有部分菩萨保持着较宽的飘带和繁复的衣饰，但已恢复了上半身裸露，下着长裙的形式。部分洞窟的菩萨像上半身较长，而下半身较短（如第297窟），与佛像的造型倾向一致，体现出北周时期造型浑厚的风格；而第290窟的胁侍菩萨像眉目清秀，面含微笑，身体与手姿塑造生动，是北周时期造型精致风格的代表。弟子像是较能体现彩塑中写实精神的。第428窟中心柱四面龛内各有一佛二弟子，弟子像都是一老一少，而四个龛内的弟子各具个性。第290窟中心柱正面龛的佛弟子，老者面庞清瘦，眉棱突出，显示出一位精神矍铄的老人形象，与之相对的青年僧人眉目清朗，露出单纯的神情。这样一老一少二弟子的表现，成为石窟中佛像胁侍的固定模式，一直影响到隋唐。

敦煌早期彩塑反映了佛教雕塑外来风格渐渐地与中国本土风格融合的道路。从敦煌彩塑中也可看出不论是来自西域、印度的风格，还是来自中原的风格都不是一成不变的，从而形成了早期敦煌彩塑纷繁复杂的样式特征。

第三节
隋代彩塑——风格的转变期

北朝晚期以来,中原特别是河北、山东等地区接受了印度笈多朝造像艺术的影响,形成身体敦厚如圆柱形,动态较少,体积感强的造型特征。从响堂山石窟的北齐造像和在山东青州所发现的北齐到隋代的佛像雕刻中,我们可以看到这种富有时代气息的佛教造像风格。隋代以后这样的风格开始传入敦煌,逐渐成为这一时期佛像的主流,标志着一个新时代的开始。

第427窟彩塑可以看作是隋代彩塑的代表。本窟为中心柱窟,中心柱正面塑出一佛二菩萨像,南北壁前部也各塑一佛二菩萨像,与中心柱正面的塑像构成了三佛形式。南北朝以来,石窟中流行三佛造像,象征着过去、现在、未来三世佛[1]。这3铺彩塑形象高大(主尊3身均高达4.2米),造型浑圆坚实,面相方圆,神情庄严,衣纹简练,上身略长,富有量感(图4-7)。从身体简练的轮廓看来,我们可以感受到笈多时代萨尔纳特以及南印度雕刻的某些特征(图4-8)。但以超常的体量,对观

---

[1] 据贺世哲先生《关于十六国北朝时期的三世佛与三佛造像诸问题》(《敦煌研究》1992年第4期,1993年第1期),十六国北朝时期的三佛造像通常可以理解为三世佛,但也有多种三佛的组合形式,如卢舍那佛、阿弥陀佛与弥勒佛组成的三佛等。

众形成一种威压的气势，同时又能以慈祥而安静的神态，给观众以信赖感，从而产生巨大的宗教力量，这是只有在中国的土地上形成的本土艺术才能达到的境界。本窟前室还塑出高皆达3米多的四大天王及2身力士像，这些大型彩塑以其量感烘托出佛教洞窟的庄严气氛，体型简练完整而又在衣饰等方面施以细腻精致的彩绘，宏大而不粗疏，华丽而不俗艳，体现出隋代彩塑的成熟。在第412窟等洞窟中，也可看到这样体量高大，注重体积感，面型略显方，造型古朴却富有气势的塑像。

比起第427窟的彩塑来，第419、420窟的彩塑制作更为精致，对人物性格的刻画更为细腻。菩萨的身体不像北朝晚期彩塑那样富有动态，但却显得稳重而矜持，自有一种纯朴而优雅的风姿。尤其是第420窟西壁龛南侧的2身菩萨像，肌肤莹润，动态优雅，双目下视，神情温婉，表现出少女般的矜持（图4-9）。菩萨的长裙上有波斯风格的圆环联珠纹饰，这种花纹的织锦在西北一带就有唐代的出土实物，在当时应是很时髦的纺织物。第419窟西壁龛内北侧的迦叶像，额头上皱纹密布，眼窝深陷，张开的口中可见牙齿缺露，胸部的肋骨凸现，表现出一个饱经沧桑的老僧形象（图4-10）；而与之相对的南侧的阿难像则是一个面相圆润，表情单纯的少年形象。

图4-7 佛三尊像 莫高窟第427窟南壁 隋

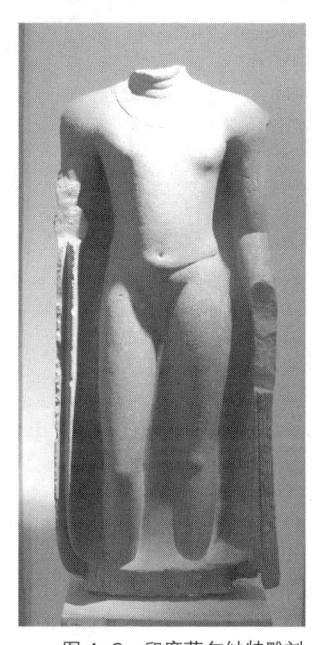

图4-8 印度萨尔纳特雕刻佛像 吉美博物馆藏

图4-9 菩萨像 莫高窟第420窟西龛南侧 隋

图4-10 菩萨与迦叶 莫高窟第419窟西龛北侧 隋

前述诸窟的彩塑在身体比例上都有上身长、下身短,头部造型略方等特点。在高度超过3米的大型塑像中,这样的比例具有一种强烈的气势和震撼力。而佛与菩萨的造型都比较单纯,袈裟随身体而垂下,没有特别表现衣纹,显得浑然一体,形成一种特别的宗教效果。这正是印度笈多艺术的造型特征。菩萨的塑像身上又通过华丽而精致的彩绘来表现衣服上的纹饰。因此,这一批塑像远观有单纯而简练的特征,近看则有华美而细腻之感。

第244窟的塑像与前述诸窟稍有不同,此窟为覆斗顶窟,却不开龛,而是在正壁与南北两侧壁前设佛坛,在坛上造像,西壁为1铺5身像,南北壁各为1铺3身像。主尊像高度均超过4米,而胁侍像也超过3米。这些塑像面型圆润,身体比例趋于和谐,肌肤和衣饰的表现都非常细腻而写实。面型的丰圆,已预示着唐代雕塑的某些特征,但身体较直,动态较少,表现出挺拔的气势,这是隋代特有的风格。洞窟中不开龛,把塑像置于佛坛的设计则是有意强调塑像的存在感。

第四节
敦煌彩塑的极盛时期

唐代是敦煌石窟营建的辉煌阶段，也是敦煌艺术达到极盛的时期。随着全社会经济文化的高度发展，以长安、洛阳为中心的都市佛教寺院极为发达，从而带动了壁画雕塑艺术的繁荣。而在丝绸之路畅通的时代，长安、洛阳的艺术很快就可以传入敦煌，因此，在敦煌石窟中出现风格各异的彩塑，正是长安一带流行艺术风格的反映。

一、群塑的有机组合

莫高窟初唐第57窟的彩塑还保持着一定的隋代遗风：佛和菩萨、弟子等形象身体较直，尤其是菩萨的形象仍表现出直立挺拔的气度。但我们仍可看到其细微的变化，就是艺术家在努力摆脱隋代那种雕塑造型较简约并以彩绘表现细部的办法，而是尽量以雕塑的手法表现形体的各个细部，如佛像的衣纹、菩萨身上的璎珞装饰等物；同时菩萨与弟子的表情更为写实。与第57窟时代相近的第322窟在菩萨和天王的造型上体现出全新的手法，菩萨的身体微微倾斜，重心在一条腿上，于是身体就显得轻松而具有动态。这种变化在龛外两侧的天王身上更为明显。如北侧的天王像身着甲胄，足踏恶鬼，身体前倾，左膝略屈，这一细微的变化，使全身都好像处在一个动作的过程之中。而不论菩萨还是天王的表情都呈开口欲笑的状态。

唐代洞窟多为覆斗顶窟，正面开一敞口龛，塑像就集中在龛内。如第 328 窟龛内中央为佛像，两侧为迦叶与阿难，向外两侧各有一尊呈游戏坐状的菩萨和两尊胡跪的供养菩萨（其中一尊于 1924 年被美国人华尔纳盗走）。最外侧的两身供养菩萨安置在龛外两侧的平台上（图 4-11）。于是塑像便延伸到了龛外。这样以佛为中心的群体雕塑，少则七尊，多则十数尊，按照严整的秩序排列，仿佛象征着一种尊卑等级制度。而其中佛陀的庄严、弟子的恭谨、菩萨的自在潇洒、天王的威武等，尽得表现，诸像神态各异，各尽风流。虽然作为佛教崇拜的对象，佛、菩萨、弟子等形象总是要保持一种庄严凝重的特点，雕塑就不能做更多的艺术发挥而必须限定在一定范围内。但古代艺术家们却能够运用雕塑手法，使佛、菩萨等形象在保持庄严典雅精神的同时，又表现得充满活力。如第 328 窟的佛弟子身体直立，老迦叶双手合十，目光下视，袈裟随着身体垂下形成直线形的衣纹；但他的面部表情却表现出一个智者在思索的神情。外表的静与内心的动似乎统一在了这个雕塑形象之上。而与之相对的阿难双手抱于腹前，身体略为倾斜，脸上充满了朝气。阿难外在的神情与迦叶内在的世界形成了对比。佛两侧的菩萨像为坐姿，一条腿屈盘于座上，另一条腿自然垂下。这是一种轻松、自由的坐姿，被称为游戏坐，配合灵活的手势，显得充满活力；而菩萨上半身则挺直，表现出庄严、矜持的神情。龛外沿的供养菩萨

图 4-11　彩塑　莫高窟第 328 窟西龛　初唐

形体较小，作胡跪姿势，体态与神情同样表现得细腻而含蓄。佛两侧胁侍菩萨以游戏坐姿表现的，还有第319、205窟。其中第205窟在中心佛坛上塑出一佛二弟子二菩萨二天王及二供养菩萨。虽然二弟子的头部已损，但其神态与第328窟的弟子像有异曲同工之妙。而胁侍菩萨的造型更加圆熟，身体的塑造可看出肌肤的细腻变化，尽管双臂已失，仍然可感受到其中的活力（图4-12）。

图4-12 菩萨像 莫高窟第205窟 初唐

第45窟龛内保存着完整的1铺7身彩塑（图4-13）。以佛为中心，两侧分别是弟子、菩萨、天王，均取站立姿势。阿难双手抱于腹前，身披红色袈裟，内着僧祇支，衣纹的刻画简洁、单纯，胯部微微倾斜，神态安详，在恭谨中又透出青年的朝气。迦叶则老成持重，颇具长者风范，慈祥的眼神中充满睿智的光彩。菩萨上身璎珞垂胸，帔帛斜挎，下身着华丽的锦裙；头部微侧，眼睛半闭，身体微微弯曲作"S"形；一手下垂，一手平端，动作优美，神情娴雅；洁白莹润的肌肤下面，似乎能感觉出血液在里面流动。天王身披铠甲，一手叉腰，一手执兵刃，足踏恶鬼，英姿飒爽，神情激昂。艺术家根据现实生活中的妇女、将军等形象来塑造菩萨、天王，于是这些神看起来显得格外的可亲。而每一身的动作又各不相同：阿难双手抱在腹前，显得忠厚、谦恭；迦叶扬手似乎正在说什么。两身菩萨都一手伸出，一手下垂，显得漫不经心；天王则是表情激昂，肌肉绷紧。这一动一静、一松一紧，各具性格却又统一在佛的周围，产生了极强的艺术魅力。这一组彩塑，以佛为中心，左右对称排列，目光皆呈俯视状。可以想象，古代的佛教信徒进入洞窟，面

图 4-13 七尊像 彩塑 莫高窟第 45 窟西龛 盛唐

对佛像跪拜之时,由于处在较低的位置,就会看到每身塑像都在慈祥地看着自己。雕塑艺术是一种环境艺术,由于它是立体的,就必须考虑到它周围的环境问题。对于宗教气氛的渲染,石窟内的雕塑起到了极为重要的作用。

与第 45 窟风格一致的,还有第 46、264、445、446 等窟。艺术家非常注意这些雕塑的群体性,这些彩塑 1 铺少则五六身,多则十几身,层次丰富,彼此呼应。第 445 窟除了在龛内塑出一佛二弟子二菩萨二天王外,又在龛外两侧的平台上各塑 1 身菩萨像。显然菩萨在这个时代成了人们十分喜爱的形象。菩萨普度众生的职能,使信众们希望得到菩萨的救助,而菩萨带有女性特征的优美造型,慈祥仁厚的母性形象,以及妩媚的少女风情,也是吸引信众的重要因素。

直到隋代为止的敦煌彩塑大多都具有高浮雕的特点,背面与墙壁连在一起,最佳观察点只是在正面。而入唐以后,彩塑逐渐发展为圆塑,即从不同的角度都可以看到完美的塑像。这一点是敦煌唐代彩塑的重要标志。不论是在第 45、328 窟,还是在第 205 窟,都可以看到比例协调,姿势自然,体魄健美的彩塑形象。艺术家不再借助于夸张变形和象征的手法,而是以写实主义的手法表现出人(神)的精神世界。在这些菩萨、天王、弟子等形象中,我们可以感觉到那个时代的仪态万千的贵族妇女、娇媚多姿的宫女、威风凛凛的将军、饱读经书的僧人等等的形象。

二、大佛的神韵

唐代彩塑一方面由于写实性的加强而使佛教变得可亲可感,另一方面也通过一些大型彩塑来表现佛的宏大气势。第96、130窟分别造出高达35.5米和26米的大佛，第148、158窟分别造出了长达14米和16米的卧佛，在榆林窟第6窟也造出了高达23米的佛像。第96窟大佛和第148窟卧佛都经后代改造过，第130窟大佛和第158窟的卧佛相对保存完好。巨型佛像通过其体量感给人以一种崇高感，这是宗教信仰的需要，但也体现着唐人雄强自信的精神。虽说当时全国各地巨型佛像的制作是由于武则天等帝王们的倡导，但如果没有一套成熟的雕塑技法和足够的经济力量恐怕也很难进行。

据唐代文献《莫高窟记》，第130窟南大像为开元年间敦煌僧人处谚与乡人马思忠等营造，为善跏坐弥勒大佛（图4-14）。大佛为石胎泥塑，先在岩壁上凿出体形，在表面以黏土加工成形，最后加彩绘而成。第130窟是一个闭合的空间，南大像并非露天大佛，因此，必须考虑到观众观赏的距离较近较低的视觉问题。为此，古代的艺术家们在比例上加大了大佛头部的比例，而且对于眼、鼻、嘴唇的造型，考虑到其高大的体形造成的距离感而有意加强了明暗的对比，从而使观众在大佛前观看时能获得较完美的视觉效果。

第158窟的卧佛表现的是佛涅槃的状态（图4-15）。涅槃佛像在印度和犍陀罗雕刻中都可见到，但大多数涅槃像仅仅是表现出一个横躺着的佛像，在犍陀罗的某些雕刻中，往往表现出死去的人物形象。这与佛教的思想就有很大的差距。因为涅槃是指佛摆脱了身体的羁绊而使灵魂达到自由的境界，是精神的升华。如果

图4-14　南大像　莫高窟第130窟　盛唐

图4-15 涅槃佛像 莫高窟第158窟西壁 中唐

仅仅表现为死人,就无法表达那种与俗人完全不同的佛性。因此,在印度本土,较少表现涅槃佛像,而多以舍利塔来表现佛的涅槃。佛教在中国的发展,到隋唐进入了高度繁荣时代,中国的佛教徒对佛教精神的理解,其透彻的程度已不输于印度僧人。在此基础上通过艺术来表现佛的涅槃,可以说达到了前所未有的高度。以巨大的卧佛来表现佛的涅槃,这个佛像不能表现为一个死去的人或者垂死的人。他是一个达到"常乐我净"境界的智者,他为着摆脱形体、精神升华而欣喜。表现这样一种状态的佛像,艺术家着重表现躺在佛床上的佛陀如在闭目假寐,浑圆的脸形,半闭的眼睛,表现其内在的精神。由袈裟衣纹构成的一道道弧线,形成有规律的韵律,处处体现出柔和之感,而在整体上以其宏大的体量表现着一种雄强的阳刚之风。刚与柔、阳与阴,在这里完美地融合在一起。

大佛的营造是佛教艺术特有的现象,不论是中亚的巴米扬石窟、中国西部龟兹石窟,还是中国北方的云冈石窟、龙门石窟乃至南方的大足石窟等等,都曾营建过大佛,最高的如乐山大佛达70多米。唐代由于朝廷的倡导,全国都造了大佛,敦煌石窟的大佛都建于唐代,反映着那个时代的风气。大佛的塑造也体现出中国雕塑艺术的辉煌成就。

三、佛像的世俗化

盛唐后期的彩塑逐渐失去了前期那种雄强的精神,但在制作上更加精致,世俗化的倾向更加强烈,不论佛弟子还是天王、力士形象都富于人间性。在艺术家的努力下，神性消失了，佛教石窟与人们的距离缩短了，仿佛神与人沟通了。

第194窟是一个小型洞窟，正面开一个帐形龛，内塑一佛二弟子二菩萨二天王，龛外侧各塑力士1身。中央的佛双腿下垂，作善跏坐势。一手上举作说法势，一手放在膝盖上，表情平静，神态慈祥。这样稳重而庄严的坐姿也是当时中原地区流行的样式。龙门石窟擂鼓台中洞、惠简洞，天龙山石窟第4窟等唐代洞窟中都有类似的倚坐佛像。龛北侧的弟子迦叶着右袒袈裟，双手合十，表现出虔诚的神情；与他相对的弟子阿难，眯着眼睛，两手交叉在腹前，像一个无忧无虑的少年。北侧的菩萨站在莲台上，斜挎帔帛，罗裙垂地，身体向后微微倾斜，妩媚多姿；面容洁白莹润，带着微笑。南侧的菩萨头梳双环髻，面颊丰腴，双目低垂，嘴角露出隐隐笑意；身穿华丽的圆领无袖上衣，帔帛围绕，搭于左肘；体态丰腴，肌肤莹洁。菩萨身体自然舒展，衣纹飘柔，表现出纺织品的质感，反映了古代匠师高超的造像技巧。值得注意的是菩萨所穿的服饰不再是印度传来的那些飘带与璎珞，而是当时中国妇女所穿的衣服，体现出世俗化的倾向（图4-16）。

北侧的天王，戴头盔、着铠甲，雄健威武。南侧天王与之相对，发髻高耸，神情敦厚，面带爽朗的笑容。古代塑像中的天王，大多是横眉怒目、杀气腾腾的样子，而这身天王却一改传统形象，显得极有人情味。龛外有2身力士，都是上身赤裸，一手挥拳，一手舒掌，好像准备厮杀的样子。艺术家着意刻画了那发达的肌肉、暴胀的筋脉以及圆瞪的双眼，使其全身无处不显示着一种强劲的力量。

图4-16　菩萨与天王像　莫高窟第194窟西龛南侧　盛唐

第159窟也有帐形龛，原有1铺7身彩塑，中央的佛像已不存在，只剩下二弟子、二菩萨、二天王。这种格局与第194窟相似。菩萨的形象也很有特色：北侧的菩萨双目下视，上身袒裸，下着绣花锦裙，肌肤洁白，一手上举，一手自然垂下，身体丰盈，姿态落落大方。南侧的菩萨曲眉丰颊，发髻高耸，衣饰华丽，一手托物上举，一手下垂，轻握飘带，姿势优雅。外侧的两身天王挺胸怒目，直视前方，两手紧握，仿佛正要出击。天王与菩萨形成动静对比，却又和谐统一。类似风格的彩塑在第

图 4-17　洪辩像　莫高窟第 17 窟北壁　晚唐

197窟也可看到。

  晚唐第17窟的洪辩像，则是石窟中为数极少的塑造现实人物的彩塑。这是一个坐禅僧人（图4-17），艺术家特别注重对其面部表情的刻画，表现出一个智者的精神状态。袈裟笼罩住全身，使彩塑形象显得完整而单纯，同时流畅的衣纹又体现出生动之趣。

  五代、北宋彩塑所存甚少，第55窟保存的一组彩塑，填补了这一时期彩塑的空白。这个洞窟是一个方形覆斗顶窟，中央设马蹄形佛坛，佛坛后部有背屏直通窟顶，这是晚唐五代以来流行的洞窟形制。佛坛上塑3铺佛像，现存佛像分西、南、北三面而坐，表现的是弥勒三会。三面的主尊均为倚坐的弥勒佛。正面（西面）的佛像右手扬起，左手放在膝上，神情静穆，左右两侧佛像也大体一致。正面佛像北侧存弟子迦叶像，一臂已残，他身体僵直，神态拘谨。南侧佛两旁存2身菩萨，北侧存1身菩萨，皆比例和谐，衣纹贴体，神态温和。西南角上的天王形象，体现出刚毅和威武的气质。南侧佛座边的天王造型较为新颖，其左

手托着佛座,好像不堪重负又拼命用力的样态颇为生动。总的来说,这些彩塑都能准确把握人体比例,在形象刻画,衣纹、服饰的表现等方面都达到较高的水平。三组塑像的组合,体现出一种庄严的气度。其总体在精神上努力追摹唐风,但体形稍嫌僵硬,尤其是人物的精神面貌缺乏唐朝那种鲜活的气息。

现存敦煌彩塑有两千多身,特别是保存了大量的十六国至唐代的雕塑,是中国古代雕塑史上的重要资料。敦煌彩塑以木为骨架,以黏土塑制而成,最后还要上彩,以绘画补充塑的不足,是绘塑结合的艺术。千百年以来,中国的艺术家们就通过这些散发着泥土气息的彩塑,表现出如此精美而感人的艺术形象,直到今天仍然具有独特的魅力。目前,我们对敦煌彩塑的研究还十分不足,特别是从中国美术史的角度来探讨敦煌彩塑的技法、样式与风格的源流等,还有很多功课要做。

第五章
故事画艺术

通过讲故事来说明一些深刻哲理,是宣传宗教的行之有效的办法。佛教最原始的经典,主要就是讲释迦牟尼的生平故事(佛传)或释迦牟尼前世的故事(本生故事)和释迦牟尼成佛后的教化故事(因缘故事)。唐代寺院形成了一种专门面向大众宣讲佛教思想的形式,称为"俗讲"。俗讲因为是面向大众,就不能直接讲那些深奥难懂的佛经,而总是通过相关的故事,以浅显易懂的形式将其讲出来,让普通听众能够听懂并喜爱。而在佛教绘画中,自然也会利用绘画的形式,表现那些佛教最基本的故事内容,使信众在故事画中体会佛教的一些道理。这就是佛教故事画。

佛教传入中国后,因为佛教宣传的需要更为集中和强烈,故事画得到了很大的发展。宗教的传播需要讲述很多经典中记载的故事,并通过这些故事来形象地说明其宗教主张。所以,在宗教艺术中,叙事性绘画(或雕刻)占有相当大的比重。佛教是这样,印度教、基督教等宗教同样会通过讲故事来传播其思想。而讲故事除了由特定的人物来宣讲外,还可以用绘画的形式来"讲"。故事画的意义,就在于它具有"叙述"的作用。绘画从某种意义上来讲是对人物活动或者景物瞬间的凝固化,画面本身不能表现时间的延续。但是,从表现一个完整故事过程这个目的出发,古往今来的艺术家们总是在努力扩展绘画的表现性,试图通过静止的画面来表现一件事情发展的过程,这也就是故事画的魅力所在。

中国在汉代和汉代以前就出现了故事画,考古发现的西汉墓室壁画"二桃杀三士"、"鸿门宴"①,大约是现在所见较早的故事画。两汉的画像砖、画像石中,有表现历史故事"荆轲刺秦王"、"泗

---

① 参见《洛阳西汉壁画墓发掘报告》,《考古学报》1964年第2期。

水捞鼎"等,神话故事"嫦娥奔月"、"后羿射日"等题材的画面。由于故事画内涵丰富,一幅画可以告诉人们很多情节内容,同时,故事画又可根据内容的不同而采用灵活多变的绘画方式和技巧,因而深受广大群众喜爱。

在古代印度的艺术中,故事性的雕刻和绘画也是十分流行的。早期的佛教艺术中,如建于公元前2世纪的山奇大塔、巴尔胡特大塔的塔门和周围护栏中就有很多关于佛传故事、本生故事的浮雕。南印度的阿玛拉瓦提雕刻中也有不少故事性的内容。佛教传入中亚,在犍陀罗地区形成了佛教文化的中心,这里受古希腊罗马艺术的影响,雕刻也十分盛行。其中在佛塔和寺院中,就有很多表现本生故事、佛传故事的浮雕。这些浮雕往往以几幅成组的画面来表现佛的前世和今生的故事。这样的表现手法,也传入了中国,在龟兹石窟、敦煌石窟以至中原地区的云冈石窟都有大量的故事性绘画或雕刻。从故事的题材内容上看,由于同为佛教的主题,宣传释迦牟尼一生的佛传故事和释迦牟尼前世的本生故事,以及宣传释迦牟尼教化众生的因缘故事,不论是龟兹还是敦煌、云冈都与犍陀罗乃至印度本土是一致的,只是特定故事的流行,和同一故事的画面表现情况有所不同。虽然佛教艺术最初是从印度和中亚传入我国的,但在中国原有艺术传统的基础上,敦煌等地的石窟艺术最终形成了自身独特的表现手法,这一点从故事画中也能体现出来。

敦煌石窟中自北凉时期起就出现了故事画,到北朝晚期,形成了故事画的兴盛阶段,一直延续到隋代。其故事画的种类繁多,表现手法也十分娴熟。唐代初期,佛经故事画有所减少,作为新的题材,出现了佛教史迹故事画,并形成与早期故事画不同的表现形式。唐代经变画的兴盛，取代了故事画的地位。但即使是在经变画中，也衍生出相对独立的故事画，并配合经变画形成了新型连环画形式，取得了很高的成就。经变中也常常穿插不少故事情节，但这些故事情节在画面上统一在经变形式中，属于经变画艺术，本章不再详述。唐代后期，屏风画形式兴起，成为石窟壁画中普遍流行的形式。屏风画有的是独立出现的，表现一些佛经故事，也有的是经变画的附属，壁面上部画经变画中的净土世界，下部用屏风画的形式表现相关的情节。这样屏风画也具有相对独立的特点。以屏风画表现故事，也成为中国式佛教绘画的特色之一。

第一节
"一图一景"与"异时同图"

北凉第275窟北壁,依次画出了毗楞竭梨王本生、虔阇尼婆梨王本生、尸毗王本生、月光王本生和快目王本生故事。这些故事上题都是表现释迦牟尼前世为王时,甘愿忍受各种痛苦,得闻正法,或者救助众生的情形。毗楞竭梨王和虔阇尼婆梨王都是要想听到正法,愿意忍受"身钉千钉"和"剜肉燃千灯"之苦;月光王和快目王则是为了实现自己施舍一切的承诺,甚至可以施舍自己的头和眼;尸毗王则是为了救助弱小的鸽子,而愿意把自身的肉喂给鹰。这些故事都表现了佛教修"六度"的基本思想,就是主张忍辱、牺牲,救助一切,从而达到佛教所追求的最高境界。

这几个故事都采用了一图一景的办法,就是选取故事中一个代表性的场面,或者说是故事发展的某一个瞬间加以表现,通过这一画面,使观者联想到故事的前后过程。在这里选择哪一场面,反映了画家对故事的把握程度。毗楞竭梨王本生仅绘了三个人物,右侧是毗楞竭梨王面左而坐,两手作转法轮印,面相庄严沉静;左侧一人站着,一手掌钉置于毗楞竭梨王胸部,一手扬起作敲击状。二人一站一坐,一动一静,对比强烈。毗楞竭梨王身右侧还有一人,形体较小,正悲伤痛哭,这是表现国王亲属不忍心让国王受这种痛苦而忧伤的情节,同时也起到了均衡画面的效果。尸毗王本生是流传很广的故事，在南印度阿玛拉瓦提雕刻中就有表现，犍陀罗雕刻中也可看到同样的题材。在第275窟壁画中，画家采用两个场面来表现：左侧画出尸毗王手里端着鸽子，一人正在他的大腿上割肉，表现尸毗王为了保护鸽子，愿意割身上的肉喂鹰；右侧画出一人双手托着秤，秤的一头是鸽子，另一头则坐着尸毗王，表现的是尸毗王肉已割尽尚不足鸽子的重量（图5-1）。两个场面都很单纯，一个场面表现一个情节。如果与同一题材的一件犍陀罗浮雕（英国博物馆藏，图5-2）比较，这个画面明显地借鉴了犍陀罗雕刻中的同一故事表现手法。雕刻中画面左侧是尸毗王侧身坐在椅子上，旁边是他的妻子伤心地抱着他，有一人正在从他的腿上割肉；画面右侧是一人提着秤，在称肉的重量。右侧还有两个人物，其中一人是经常出现在佛身边做护卫的执金刚手。其构图简洁，情节集中，正体现着雕刻的特点。第275窟北壁的几组本生故事画都同样有着人物较少，画面意义明确，情节集中的特点。

同样是第275窟南壁，画出了佛传故事。现存三个场面，每个场面都表现一人骑马，旁边有一座城门。其中右侧的画面中分别有一僧人和一老人的形象，因此断定此画面表现的是释迦牟尼为太子时出游四门，分别遇见病人、死人、老人及僧人的故事。这是佛传故事中表现较多的题材，在犍陀罗雕刻中也可看到用四个场面表现太子出游四

图5-1　尸毗王本生　莫高窟第275窟北壁　北凉

门的例作，由此可看出本窟壁画的渊源。但在第 275 窟的出游四门中，城门明显地表现为汉式城阙的形式。以中国式的城门来表现印度传来的故事，表明了敦煌艺术家由于汉晋以来传统文化的熏陶，对传统表现形式的不由自主的运用，同时这大概也是为了适应本地信众的

图 5-2　犍陀罗雕刻　尸毗王本生　英国博物馆藏

欣赏需要而有意进行的改革尝试。而出游四门的四个场景（现存三个），每个场景表现一个情节，与北壁本生故事的构成一样，都是一图一景的形式。但佛传故事却有一定的连续性，主要人物——悉达太子反复出现在画面中，这就预示着连环画构成的形式。一图一景的形式，适宜于雕刻的表现，因为雕刻不像绘画那样细腻，只要把主要人物和情节表现出来，就可以构成完整的画面。如果与后来出现的连环故事画比较，就可以看出第 275 窟的故事画中仅仅表现了与情节相关联的主要人物，画面中缺少更多的背景或者环境表现，而这一特征恰是雕刻的特征，而非绘画的特征。

北魏第 254 窟南壁描绘萨埵太子本生（图 5-3）。这个故事情节较多，画家采用异时同图的处理方法，把不同时间段发生的事情表现在同一个画面中。全画面大致描绘了七个情节：故事的开端，萨埵与二位兄长出游遇见饿虎这一情节置于画面中部；右侧刻画了萨埵刺项、跳崖、饲虎这三个连续场景；左侧描绘出亲属悲哀、抚尸恸哭以及造塔供养等场面。对于各个情节的处理，作者并不是平均使力，而是有主有次，紧

紧抓住萨埵饲虎这一故事发展的高潮,通过"刺项"、"投崖"、"饲虎"三个连续的场景,把萨埵太子刺破喉咙、从山崖跳下而躺在老虎旁边喂虎这个过程较完整而突出地表现出来。画面中饥饿、凶狠的老虎,双眼闪着逼人的寒光,正贪婪地大口吞噬萨埵太子,衬托出萨埵太子为了他所追求的佛教宗旨而不惜舍身饲虎的崇高精神。画面左侧,表现萨埵的亲属抚尸痛哭等场面,通过描绘众多人物的神情,进一步渲染出强烈的悲剧气氛。画面中的人物、场景,始终围绕着萨埵饲虎这个中心来描绘。左上角明亮的宝塔,轻快的飞天,表现萨埵太子光明的结局,也在对比中表现出萨埵饲虎的悲壮性。

图 5-3　萨埵本生　莫高窟第 254 窟南壁　北魏

从克孜尔第 114 窟的菱格本生故事画中,可以看到对同一题材的处理方法,在菱格形画幅中,仅画了萨埵跳崖、饲虎两个场面。显然,画家是抓住了这个故事的关键场景,但基本上属于一图一景的形式。而在敦煌第 254 窟,虽然在一定程度上借鉴了新疆壁画的办法,但是画家在多情节异时同图的处理上,表现得十分出色,不同人物的姿态与神情,萨埵太子刺项、投崖与躺在老虎身下的动作设计,都非常注重视觉效果,从而营造出较为浓厚的壮美的气氛。这是敦煌壁画舍身饲虎故事画所达到的境界。即使在千百年后的今天,仍然感动着每一位观众。

在舍身饲虎故事画的旁边,画的是佛传故事降魔变。降魔成道是悉达太子经过六年苦修之后在菩提树下悟道之后发生的事。魔王波旬担心释迦牟尼成佛之后对外道不利，决计在佛成道之初就把他消灭，于是派遣很多魔众向佛进攻。然而释迦已成就金刚之身，任何武器都不能损害其身。魔王又派三个魔女来诱惑释迦，而佛以神通力让三个美貌的魔女变成了又丑又老的老妪。魔王彻底失败，只好跪在佛面前皈依佛门。这个故事是佛传中的一个关键性情节，它标志着释迦牟尼成佛后第一次显示威力，成功击败外道。印度和犍陀罗艺术中都有不少关于降魔题材的雕刻或绘画。如阿旃陀石窟第26窟就雕刻出降魔的内容；在犍陀罗雕刻中也可以看到很多例证；敦煌早期石窟中，在第254、260（北魏）、428（北周）窟中也均可看到降魔变内容。其在构图上基本一致，大体采用印度和犍陀罗的形式，释迦牟尼佛端坐于中央，两侧表现面目狰狞而丑陋的魔鬼们分别执不同的武器向佛进攻。在两侧下部，一侧表现三个美貌的魔女，另一侧表现三个魔女已变成丑陋的老妪。而在佛的前面则跪着魔王，表示最后魔王伏法的情节。这个故事从印度到中亚到敦煌，虽然在构图形式上已成为固定格式，但在魔众的表现上仍然可以看出敦煌画家的一些创造。

　　降魔变是以中轴对称的形式来表现故事的典型画面，主要人物在画面的中央，以强调主人公的至尊地位，这是在佛教艺术中最常用的办法，实际上在其他宗教艺术如印度教艺术、基督教艺术中都可看出这样的构成。早期佛教就流行以佛为中心，两侧为胁侍菩萨和众多天人的说法图形式。降魔变在表现魔众向佛进攻时，也采用了佛在中央，魔众在周围的形式。在犍陀罗佛传雕刻中我们还可以看到不少例证，如四天王奉钵、鹿野苑初转法轮、梵天劝请等等。

　　第254窟北壁的尸毗王本生，也是采用以主人公为中心的中轴对称构图方法，部分细节从侧面展开。但尸毗王的形象并不是完全端坐的正面像，而是稍微侧身，两腿也是一条腿下垂，一条腿平屈。尸毗王一手托着鸽子，一手扬起，似乎在阻挡追逐鸽子的老鹰。人物的动作表现出一种运动的旋律，这是印度艺术中比较喜欢表现的美感。一个面貌凶狠的人正从他腿上割肉，右侧有一人提秤，秤的一端放着鸽子，一端坐着尸毗王。画面右上部是一只鹰追逐着鸽子，是故事的第一个情节，而尸毗王与鹰对话，然后叫人割肉，一人用秤称肉，直到家属见状而悲泣等情节都在同一个画面中表现出来。比起北凉第275窟北壁同一题材的表现，本窟的尸毗王本生不仅画面内容丰富得多，而且主要人物的姿态、神情都表现得十分成功，可以说是异时同图绘画的优秀之作。

第二节
长卷式构图

异时同图的构成是比较复杂的，而且与审美欣赏的习惯有关。就南北朝以前的中国传统绘画来说，很少采用异时同图的办法。像第254窟的萨埵本生那样的构图形式，大抵还是外来的艺术形式。这样的表现尽管也取得了极高的成就，但在敦煌壁画中并不多见，很快就被新的表现形式所取代，这就是长卷式绘画。

第257窟西壁的九色鹿本生，是流传很广的故事画。画家采用长卷式构图，多个情节平列又互相衔接而反映出全故事的内容（图5-4）。画面左侧以斜向连绵的山峦分隔出一片片场景，从中表现人物，这里的山水，既作为故事的背景，又作为分隔画面场次的手段，使每一个场景既有一定的独立性，又是全画不可分割的部分。值得一提的是这幅画采用由两头向中间发展的顺序。由于故事内容有两条线索，一条是九色鹿拯救溺人，溺人感恩发誓而去；另一条是王后梦见九色鹿而要求国王捕杀，国王张榜，溺人见利忘义而引国王入森林，与九色鹿相会，九色鹿控诉溺人忘恩负义，至此故事结束。所以画面上仍采用那种"话分两头"的办法，从左右两头表现两条线索，最后交汇于画面中部。这样就巧妙地把时间的发展与画面的空间顺序对应起来。这幅长卷式故事画的构思，实质上仍然体现出单幅画的意识。画面右侧是王城、左侧是山峦和小河，整幅画构成一个较为客观的整体空间，具有一种拉长了的单幅画效果。同时，突出表现情节的高潮，使这个单幅画的最大特点在这里也得到加强。在视觉效果上，利用了人物行动趋向，左侧的鹿都向右行，右侧的人马都向左行进，从而使人的注意力集中在九色鹿在国王面前控诉溺人这一情节上，有效地突出、强调了主题。

图5-4　九色鹿本生　莫高窟第257窟西壁　北魏

此外，画面对人物的性格也进行了细致入微的刻画。如王后向国王说梦，要求捕捉九色鹿，她一手搭在国王身上，一手伸出比画着，长裙下的光脚，似在有意晃动，生动地表现了王后在国王面前撒娇的神态和想得到鹿皮的迫切心情。九色鹿的形象也被作了人格化的表现。不同于印度、西域壁画中九色鹿跪在国王面前的处理手法，在这幅画中，画家表现出的则是九色鹿昂首挺胸，勇敢地站在国王面前，揭露溺人的形象，浑身透出一股凛然正气；与此形成鲜明对比的是，溺人的形象则被置于国王侍从的身后，身体不敢伸直，双腿似在打战，右手指着九色鹿，脸上露出猥琐不安的神色，活脱脱一个反复小人的形象。

同窟南壁的沙弥守戒自杀缘品，也采用长卷式构图，但在长卷中分出一个个相对独立的场景。第一个场景表现长者送小沙弥受戒，第二个场景表现比丘遣小沙弥化缘，两个情节中比丘同一坐势，相同的禅窟与山峦重复出现，这种表现手法已具备了连环画的某些特征。后面，表现沙弥化缘、少女心生爱慕、沙弥自杀、少女惊怖等情节，却又用了一个场景来描绘，又流露出异时同图构成的特点。同窟西壁至北壁的须摩提女因缘故事画也采用了长卷构图。从第257窟的三幅故事画中可以看出画家为了解决多情节构图中的顺序问题，采用了长卷式布局，这样形成的每一个场面意义明确，情节发展顺序明了，场景之间有相对的独立性。

长卷式构图非常适宜于观者的视觉习惯。中国汉代以来的画像往往采用横长画面构成，在祠堂或墓室画像砖、画像石中可以看到很多例证，传为顾恺之的《洛神赋图》也是以长卷形式来表现的。敦煌的故事画在北魏以后较多地采用长卷式构图，无疑是源于中国传统绘画的审美习惯。

北魏末至西魏时期，来自中原的元荣出任瓜州刺史，内地的新画风也随之而传入敦煌。第285窟，这个保存有大统四年（538）、五年（539）题记的洞窟，南壁主要壁面描绘了五百强盗成佛故事，画面采用长卷式构图，从左至右发展，第一个场面描绘官军与强盗作战，但见众多人物相互鏖战，场面激烈。整个画面视点较高，场面较大，体现出中原式画法处理空间的优势。以后的情节便在较为广阔的山水空间展开，巍峨的殿堂、茂盛的树木，以及山水的布局，大大增强了画面的纵深感。人物形象清瘦，显示出"秀骨清像"的中原时尚，造型手法几乎全以线描为主，抛开了西域式晕染法。受中原山水画的影响，这幅画较多地用山水林木作背景，并仔细描绘了山中奔跑的小鹿，水中嬉戏的水鸟以及弯弓搭箭的猎人等，这些栩栩如生的形象使画面饶有情趣。

第285窟的五百强盗成佛故事画与第257窟的故事画比较，虽然都采用了长卷式构图，但第257窟的故事画相对来说画面较单纯，人物较大，山水在其中只具有象征意义，人物与山水、建筑的比例差距较大；而在第285窟的故事画中，画家似乎在努力缩小这种差距，把山水画得较为开阔，房屋也画得很大，尽量使景物变得真实。画家对山水树林的描绘倾注了较多的精力，这是值得关注的。显然这是在六朝山水画风气的影响下形成的，在当时来说是很新的绘画方法。第257窟虽然也画了一些山峦，但这些山峦的画法，我们可以从汉代绘画中找到其源头；而第 285 窟的山水景物则只能从传为顾恺之的《洛神赋图》等画卷中寻其风格了。魏晋以降，以顾恺之、宗炳、王微等为代表的画家开始创作独立的山水画，山水成为一个独立的画种，并影响到整个绘画领域。

不过，虽然是新兴的画风，但除了第 285 窟外，其他洞窟的故事画并没有再采用这种以山水风景为主的画法。从故事画的意义来说，第 285 窟的五百强盗成佛故事画由于表现环境空间的场面过大，人物形象较小，全图结构较为松散，特别是因照顾到房屋与人的比例关系，画面中的殿堂画得过大，从而使这幅画割裂为两部分，产生不协调之感。画家注意到了对山水景物的刻画，其结果却显得喧宾夺主。总之，五百强盗成佛图作为故事画来说并不是很成功的。西魏以后的故事画再没有类似的布局画法，说明这种纯粹中原风格的绘画在敦煌并没有流行开来。

北周时期，故事画达到了空前繁荣阶段。现存北周洞窟中有 9 个窟绘有故事画共 19 幅，占了北朝故事画总数的一半，而大多采用长卷式构图，所占幅面则远远超过了以前几个时期。除了绘于洞窟侧壁，还往往绘于洞窟顶部。故事画结构普遍采用长卷式连环画形式，每一个场面只表现一个情节，具有相对独立性，各情节相互连贯组成一卷完整的画面，有的故事用一段长卷画不完，还用两段、三段横卷相连，最长的为六段横卷相接，规模很大。

由于篇幅拉长，画家可以较为仔细地刻画故事的细节，把故事从头到尾无一遗漏地反映出来。如 428 窟东壁的萨埵本生，共画了 14 个场面（图 5-5），如在表现萨埵的两位兄长见到萨埵的尸骨时，夸张地描绘了他们惊愕、恸哭的神情。接着表现他们匆匆策马回宫禀报，画出他们骑马奔驰，路旁的树也因人马奔跑引起的风而向前倾斜，反映出人物急迫的心情。同窟东壁北侧的须达拿本生共描绘了 19 个场面，与萨埵本生一样采用三段长卷相连，其中敌人得到白象后手舞足蹈、得意忘形的神态表现得也很生动。

图 5-5　萨埵本生　莫高窟第 428 窟东壁　北周

第 290 窟的佛传故事，是北周连环故事画的突出代表，在长达六段的画卷中，共绘了 87 个情节，详细描绘了释迦牟尼从出生、成长至看破红尘而出家并最终成佛的全过程。这样的鸿篇巨制在古代绘画中是非常罕见的。这组长卷绘画的场景与场景之间都有一定的分界线，或以房屋、树木的直线分开，或直接以横隔画卷的题榜分开，造成每一场景的相对独立性。突出主要人物，是这组故事画的重要特点。在全画 200 多个人物中，绝大部分人物仅作了类型化的描绘，只能通过衣冠服饰和动作猜出人物身份。而对于悉达太子，则通过各种手段把他画在显要位置上。如悉达太子刚诞生时，就能走路，在"步步生莲"、"九龙灌顶"等场面中，他比成人形象还要大；可是在"相师看相"等场面，又被画成婴儿状。这些都是为突出主人公而进行的艺术处理。画面中的房屋、山水、树木等仅作为一种道具，都是为表现故事内容服务的。如画中表现王者与大臣在宫中议事的场面，画家把宫殿从中割开，使人能看到人物场面。在这里，屋宇如舞台上的道具一样，可供画家根据内容的需要而随意拆卸。另外，画家还利用房屋作为一种装饰带而统摄全画，屋顶透视所构成的斜线，或左高右低，或右高左低，在画家有机的组合下，形成了上下起伏的节奏感，具有强烈的装饰性。

第 296 窟的善事太子入海品和微妙比丘尼因缘画，由于采用双层长卷上下交错发展的顺序，画家把上下层房屋建筑交错开来，形成"品"字结构，既标志着故事发展的顺序，又构成一种装饰效果。第 428、299 窟的故事画，则利用起伏柔和的山峦构成一种富有韵律感的曲线，统摄全画。利用富于装饰性和象征性的山峦、树木和房屋来构成一条联系全画的纽带，这种方法在北周成为固定的格式。另外，画家还利用人物、动物行动的趋向，来标志长卷连环画的发展方向。在微妙比丘尼因缘、善事太子入海求宝等故事画中，人物、乘骑的走向始终与故事的发展方向一致，这种方向一致的动作，构成了全画统一的行进趋向，加强了连环画长卷的内在联系，从而保持了画面的完整性。第 290 窟佛传故事画中人物全用线描，服饰以浅淡、单纯的颜色染出，人物面部用中原式晕染法作晕染，形成疏朗、淡雅的风格。人物主要以赭色线钩描，而横贯全画的山水色彩鲜艳，远处看来，画面的整体感很强。

北周时期，故事画以长卷式连环画的形式来表现已成为固定的格式，到隋代，这样的故事画表现更加成熟。隋代初期的洞窟，如第 302、303 窟的故事画，表现手法基本上与北周时代一致，但在隋代后期的一些洞窟中，就出现新的因素。如第 427 窟的中心柱边缘，有一幅须达拿太子本生故事，完全以长卷式连环画的形式来表现。画面残破较多，从残存的画面来看，引人注目的是图中的人物造型完全是汉民族的人物形象，线描造型的表现手法，也是传自中原的技法。而且，每一个场景中的人物众多，场次之间没有明显的分界线。在第 423、419 窟，我们看到画家用长卷式画面表现故事时，突破了原有的形式。第 423 窟人字披东披表现的是须达拿太子本生故事。这一题材在北周第 428 窟是以整齐的三段式长卷画面来表现的。在第 423 窟则打破了规整的长卷形式，画家以连续的山峦或房屋形成一个个椭圆形的画面，在其间展开故事情节。在椭圆形的中央表现主要的情节，而在各个山峦或树木间也同样描绘一些相关的情节。连续的山峦树木以及建筑形成富有动感的装饰物，使全画面连成一气，从视觉上来说更显得完整而富有韵律感。由于摆脱了北周形成的严格的带状分隔线，整个画面显得奔放自由。

经变画题材在北周时期已经开始出现，并采用故事画常用的手法来表现。北周第296窟画出福田经变，这是敦煌壁画中最早出现的经变画，在长卷式画面中，表现造塔、修桥、救治病人等善事场面。从构图上看与同窟的善事太子入海本生、微妙比丘尼因缘等故事完全一致。福田经变在隋代一些洞窟中也出现，画法与第296窟大体一样。隋代，又出现了法华经变等内容，也仍然是采用长卷式绘画的构图来表现的。第303窟的人字披两披绘出法华经观音普门品变，这是新出现的题材。人字披的东西两披分别构成两道长卷式画面，连续地描绘观音菩萨救苦救难及三十三变化身的形象，壁画中通过房屋建筑和树木、山水分隔出一个个画面，每个画面表现一个情节。但在表现观音菩萨救水难、盗难时，画面空间较大，表现河流和山峦，显得不规整，反映了画家对景物表现的重视。《法华经·观音普门品》的内容在四川地区的佛教雕刻中，早在南朝时期就出现了，此后逐渐在中国流行起来。在敦煌石窟中，从隋代出现以后，就很快流行起来了，到唐以后发展成了独立的观音经变。所以303窟的观音普门品具有十分重要的意义。

第420窟是个覆斗顶形窟，窟顶四披表现的是内容丰富的法华经变。虽然画家沿用了北周以来的长卷式画面构成，但同第423窟一样，很多地方打破了严格的带状分隔，以树木、房屋、山峦作为背景，并使全画面统一起来。如第420窟南披的画面以火宅喻品为中心，表现绵延的建筑，转折的墙垣和屋顶使画面充满了几何形结构，形成另一种韵律。由于变色严重，画面大多变黑，使我们已不能清晰地看到当年艳丽的色彩；但从现存的画面状况来看，以石绿石青为主的色调仍表现出典雅而灿烂的效果。从山峦、树木及建筑部分厚重的晕染及残存的细腻的线描来看，隋代在表现景物方面有了极大的进步。

从以上隋代洞窟故事画的情况来看，在北周就已确定了的长卷式构成形式到了隋代又有了新的发展，并在中原艺术的影响下取得了新的成果。由于经变画出现，并迅速在各地流行，虽然经变画一度借用了故事画常用的长卷式构成形式，但在中原绘画的影响下，隋代已形成了以佛说法场面或者净土世界图为中心的形式，并在很多洞窟中流行起来，完全取代了故事画在洞窟中的地位。故事画的繁荣时代也就结束了。唐代以后的石窟中虽然也不断地出现故事画，但故事画在洞窟中的地位不像北朝到隋代那样引人注目了。

第三节

对称式构图

隋唐之际，洞窟形制与壁画布局产生了很大变化，中心柱窟减少了，方形覆斗顶殿堂窟成为这一时期洞窟的主要形式。在这样宽敞的洞窟里，除了正壁开龛塑像外，左右两侧壁大多绘制大型经变画或说法图，早期那种长卷式连环故事画显然已不能适应这种布局的需要。这一时期出现了把佛传故事中的"乘象入胎"和"逾城出家"（也称"夜半逾城"）两个场面对称地画在佛龛外两侧或龛内顶部的形式。在佛传故事里，"乘象入胎"是指佛母摩耶夫人梦见一菩萨乘象而来，醒而有娠，后来便生下了悉达太子（释迦牟尼）。"逾城出家"讲的是悉达太子长大成人后，见到人间生老病死诸苦，思求解脱之道，在一个夜晚，骑马逾城出走，终于成佛。这两个情节，一个讲佛的诞生（肉体的诞生），一个讲释迦悟道成佛，是释迦牟尼一生中的两个关键时刻，因而很能概括佛传的内容。在佛传故事中选取这两个情节单独绘出，莫高窟最早出现于北魏第431窟，绘于中心柱南向龛外两侧；但在北朝其他洞窟中再也没有出现过。到了隋代，上述内容则出现得较多，多绘于洞窟正壁龛两侧，逐渐形成定式，并延续到了初唐时期。隋代共有4个洞窟绘制了这一内容，包括第278、280、383、397窟；唐代共有7个洞窟绘出这一题材，分别见于第57、269、283、322、329、375、386窟。

第278窟的西壁佛龛外上部北侧画的是乘象入胎的情节，表现一菩萨乘着大象缓缓而行，后面跟随着二伎乐分别演奏着箜篌和琵琶。在大象的长牙上还站着两个小天人也在演奏乐器。南侧的逾城出家画面表现悉达太子骑着白马奔驰而去，四个小天人托着马足在云中奔跑，太子身上的飘带在天空中形成圆弧形，身后还有一些飞天跟随。飘带、彩云烘托出快速奔跑的动感，与北侧的舒缓气氛形成一种对比（图5-6、图5-7）。

图5-6　乘象入胎　莫高窟第278窟龛外北侧　隋　　　图5-7　逾城出家　莫高窟第278窟龛外南侧　隋

同样的内容在第397窟画在龛顶两侧。北侧画乘象入胎，南侧画逾城出家。这里两个画面都表现得充满动感，且人物众多，除了前后的伎乐外，还各有飞天或作前导，或上下翻飞，配合彩云与鲜花乃至奔跑的动物，使画面显得热烈而丰富。

初唐的佛传故事在部分洞窟中保持着隋代的格局。如第375窟西壁龛北侧为乘象入胎，画一菩萨乘六牙白象（颜色已变黑），正缓慢向前，身后有二伎乐正在演奏琵琶和箜篌，二飞天在上空散花供养。南侧相对画出骑马逾城的场面，悉达太子乘马跃起，有四个小天人分别托着马足，正急速飞行，菩萨身后有一比丘低头合十，上部有二飞天手托莲蕾上下飞舞。这两幅画主题鲜明突出，用色质朴单纯，稳健而不乏活泼，造型凝重、稚拙，保持了隋代风格。第209、329等窟的佛传故事画则更多地体现出新的精神气度。第329窟的佛传画构图较满，人物众多，刻画精致，具有华丽灿烂的装饰效果（图5-8），而第209窟的画面中对骑马形象的轻盈和乘象的凝重等的刻画更生动而富于个性。"乘象入胎"与"逾城出家"两幅画由于内容和形式上的密切关系，构成了不可分割的组画形式，在洞窟中具有很强的装饰性。

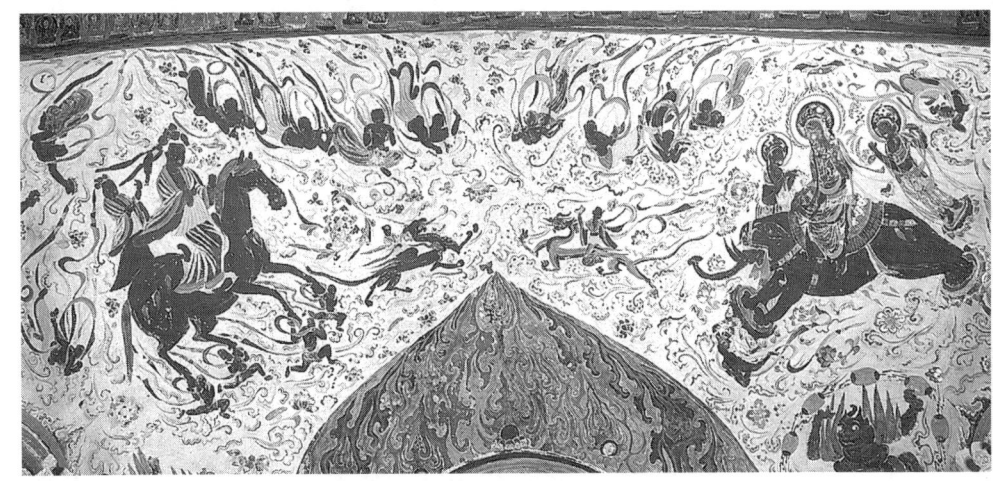

图 5-8　乘象入胎与逾城出家　莫高窟第 329 窟龛顶　初唐

隋及初唐的壁画中还有以维摩诘和文殊菩萨相对称的布局形式，这类对称性装饰组画在敦煌及内地石窟中也多有出现。酒泉丁家闸5号墓室顶部对称画出的东王公、西王母①，时代为东晋，是较早的壁画装饰组画形式。在莫高窟西魏249窟及北周、隋代洞窟中也有东王公、西王母组画出现。北朝云冈、龙门、麦积山等处石窟中也常见对称画出或雕刻的组画，内容有维摩诘与文殊菩萨、东王公与西王母以及佛传（"乘

---

① 甘肃省博物馆《酒泉、嘉峪关晋墓的发掘》，《文物》1979 年第 5 期。

象入胎"与"逾城出家")等。看来对称式的组画是东晋至唐代流行的形式。如果说早期故事画那种横卷式连环画形式代表了一定的地方风格的话,对称式组画的流行则标志着敦煌故事画艺术大量接受中原的影响,开始进入了新的时代。

第四节

连环画的成熟

唐代的敦煌石窟中，常常是通壁绘制巨型经变画，表现佛国净土世界歌舞升平，美妙无比的景象，体现出新的时代风尚。经变画成为洞窟中最吸引观众的内容。随着经变画的兴起，早期壁画中那样的故事画大大减少了。但即使是经变画，也需要描绘一些故事情节，通过一些生动感人的故事来说明佛教的思想。所以，经变画中也常常会穿插一些有故事情节的画面。但这类故事情节的画面，属于经变画中的局部，还不能算作是独立的故事画。盛唐以后的一些经变画中，把故事性的内容单独表现出来，虽然仍是经变画的一个附属，但因其相对的独立性，我们把它归入故事画之列。其中观无量寿经变中的"序品"（也叫"未生怨"）故事就较有代表性。

观无量寿经变通常构图为：中间主要画面绘出极乐世界图，两侧以条幅的形式对称画出"序品"和"十六观"的内容。有的或作"凹"字形环绕构图，有的则将两侧内容移在下部。不论哪种形式，作为序品的未生怨故事都获得了一种独立的意义。第320、172等窟是较为典型的代表。这两窟共3幅未生怨故事画，表现形式基本一致。以320窟北壁为例，从下到上大致描绘六个情节（图5-9）：1.森严的宫门有一门卫，身后架上插着五支长矛；2.王子骑在马上，随从执缚国王；3.王后探望国王；4. 守卒禀告阿阇世；5. 王子执王后举剑欲杀，旁二大臣进谏；6. 王后礼佛，佛从空而降，为之说法。画家利用房屋建筑构成一个个独立的空间，把每个情节描绘在各自的空间环境。与早期横卷式故事画相比，这里每一个情节画面的独立性加强了，几乎可以分出明晰的界限来。对画面情节的选择与刻画，体现出更成熟的设想。如第2画面，右侧为阿阇世骑在马上，左侧是随从抓住国王，国王正竭力挣扎，这矛盾冲突的瞬间，表现在画面上很富于戏剧性。又如王子执王后欲杀的场面，在172窟南壁，选取了王子举剑欲斫，王后惊恐奔逃这个时刻，右侧一班大臣拱手而立，正战战兢兢地苦谏，左右两侧一动一静，各人的精神活动通过外在的动作表露无余。这些富有表现力的画面，大大增强了故事画的感染力。

图 5-9 未生怨故事 莫高窟第320窟北壁 盛唐

图 5-10 未生怨故事 莫高窟第171窟北壁 盛唐

在总体结构上，画家也考虑到画面的整体感，画面与画面之间并没有被完全割裂开来。自下而上的一个个场面，仿佛是连成一片的院落。如第172窟南壁画面中，最下是宫门；第二场景可看做是在门内，而众人拥国王进一小门，似宫内侧门；第三场景则是后院式的小院；第四场景如院中露台，后又有一小殿。如果把故事情节抛开，则其中的建筑完全可看作是宫内错落的庭院。第148窟东壁的未生怨故事画中也具有这种特点，建筑画成了联系全画的纽带。通过画面的空间来展示时间的过程，这在北朝的故事画中已经形成的规律，到了唐代则又增添了新的时代特色。

很多洞窟的情况表明，未生怨故事的画法有固定的格式，但画家们也并非都那样墨守成规，第171窟就是独特的例子。此窟在东、南、北三壁绘制了3铺观无量寿经变，其中三组未生怨故事画可以看作是完全独立的连环画（图5-10）。画家明确地以粗线或花边在墙面上画出方格，然后在其中按顺序描绘故事情节。如南壁东侧，共16个画面：1. 调达唆使阿阇世篡权；2. 阿阇世指挥军士抓住国王；3. 国王被囚；4. 王后探监；5. 王后劝国王礼佛；6. 国王拜佛；7. 佛遣弟子目犍连降临；8. 目犍连为国王说法；9. 佛遣弟子富楼那为国王说法；10. 王子回宫，守卒禀报；11. 王子欲弑王后；12. 大臣劝谏；13. 阿阇世悔过；14. 王后被释；15. 国王、王后礼拜；16. 佛为国王、王后说十六观。由于画面被分成了各不相干的许多方格，每一方格内的画面都不影响其他。这是壁画中第一次完全强调局部情节的独立性，构成了现代意义上的连环画艺术形式。既然画面之间关系完全分开，在表现同一环境中发生的事情，画家就可以重复表现同样的背景，如房屋、山水、树木等，以强调其连续性。这在长卷式故事画中则往往是要有意避免的。如在172窟中，人物总是从一个环境走向另一个环境，以空间的伸延来表明故事中时间的延续，同时，无论怎样，它都是首尾完整统一的画面。但在171窟故事画中，分割开的小方格，明确标志出其时间片断的意义，环境除了对特定情节有意义，不再负有时间发展的意义。每个情节更为真实明确。而画面之间的关联性也被充分重视，每个画面与下一个画面之间总有一些相关的特征，使观者可看出其内在连续性。如第1画面：透过城楼而见宫中调达与阿阇世王子谈话；第2画面：在相同城门下，国王被执；第3、4画面也画出同样或相似的宫门。这些都暗示了故事始终发生在宫中，同时也自然标志出了故事发展的线索。又如第9、10两个画面环境和人物的位置不变，但人物动作有细微变化，连贯性更强；第11、12、13画面表现的都是同一场景，或取远景，或用近景，由远及近，一方面交代了故事的特殊环境，一方面展现出情节的发展，充分发挥了连环画艺术的特长。

　　以上这些特点，在今天已成为连环画艺术最基本的要素，然而，它却出现在1000多年前的石窟壁画中。莫高窟第171窟壁画未生怨故事画标志着中国连环画艺术的成熟，也标志着佛教故事画发展的新的高度。绘画与讲故事，一个是空间的艺术，一个是时间的艺术，以绘画表现故事似乎是用非所长，但自古以来出于政治、宗教等目的，常常需要用绘画来描绘故事，其间，艺术家们进行了艰苦的探索，北朝时期从单幅画发展到长卷式画面，已产生了连环画的雏形，但长卷画往往要照顾到全画的结构，还不能详尽地交代故事情节，直到盛唐产生的连环画，才为故事画的表现找出了最理想的形式。连环画具有构图灵活、叙事详尽、刻画细腻、连续性强等特点。在莫高窟，除了盛唐171窟的三组连环画外，第66窟也有一组。

　　虽然连环画是表现故事最理想的形式，但在敦煌壁画中却并未得到普及，除了少数洞窟外，再没有采用这一形式。看来，洞窟壁画的总体装饰决定着各种内容的表现形式。那种把壁面划分成若干小方格的形式，使画面显得过于支离破碎，显然与强调整体效果构图宏大的唐代壁画不太协调。此后，连环画便开始在一些手卷或册页中流行起来，敦煌遗书中一些唐五代或宋朝的观音经插图、十王经插图等内容便是例证[①]。

---

　　① 敦煌遗书S.3961绘有《十王经变》，共绘12个画面。S.5642号为《观音经》，上图下文，共绘19图。S.6883号《观音经》共绘有75图。此外，敦煌遗书中类似的佛经插图还有很多种。

第五节
全景式画面的构成

全景式构图，就是整个画面表现的是一个较大型而完整的场景，人物在这一个场景中的不同位置活动。在初唐时期，画家已经尝试采用全景式画面来反映故事内容，如第431窟北壁的未生怨故事画，这是个横长卷画面，画家以一个完整的宫廷建筑包容了全部故事情节，宫墙内可见一座座庭院、房屋，其间人物或聚或散，构成一定的情节。不过，不熟悉内容的观者是很不容易从中看出故事的情节发展的。这幅画的整体感远远超过其叙事性，尽管它的表现不太成熟，却反映了全景式构图的思想。这种设计思想同时也在一些大型经变画中得到运用，如第332窟的涅槃经变、第335窟的维摩诘经变等，从而成为经变画构图的一个重要方面。而在故事画中，第323窟南北壁的佛教史迹画是较为成功的表现。

第323窟建于初唐、盛唐之际，在南北两壁的主要壁面上共绘制了8个佛教史迹故事[1]。这些故事并列绘于横长的画面上，既不是横卷式连

---

[1] 佛教史迹画又称为"佛教感应故事画"，也有称"佛教东传故事画"的。参见马世长《莫高窟第323窟佛教感应故事画》（《敦煌研究》试刊第1期）；孙修身《莫高窟佛教史迹画介绍》（三）、（四）、（六）（《敦煌研究》试刊第2期、创刊号、1986年第2期）。本书按《敦煌莫高窟内容总录》，采用"佛教史迹画"的名称。

环画，也不是单幅画的并列，而是以大型的山水建筑景物作为构图的基础，各个故事穿插其间，形成自然的平衡。画家以绵延不断的青绿山水作背景，利用山峦自然形态，隔出一个个空间来展开故事情节。由于青绿山水技法的成熟，这里不像早期那种装饰性山峦，仅仅起到分隔画面和象征性背景的作用，而是利用山水透视构成一个巨大的空间环境。在整体布局上，山水决定着画面的均衡与变化，并且与人物巧妙结合起来，极大地增强了故事画的表现力。

南壁石佛浮江故事（图5-11），共有三个情节，从右上角开始：1. 远处江面有二石佛，岸边可见僧俗七八人注目礼拜。旁有榜题："此西晋时有二石佛浮游吴淞江，波涛弥盛，飘飘逆水而降，舟人接得，其佛裙上有名号，第一维卫佛，第二迦叶佛，其像见在吴郡供养。" 2. 绘巫祝三人在岸边扬幡设醮，后边有二人正在讲话。下有题记："石佛浮江，天下希瑞，请□□□谓□道来降，章醮迎之，数旬不获而归。" 3. 绘水上一船载二佛，船上比丘二人，扶持佛像者二人，船工二人。岸上有比丘跪拜，僧俗多人从远处赶向岸边。题记："灵应所之不在人事，有信佛法者以为佛降，风波遂静，迎向通玄寺供养，迄至于今。"这个故事利用山水分出三个情节，由远及近，将故事推向高潮。曲折的河流把远景、中景、近景联系起来。画家着重刻画了故事的高潮——迎佛的场面，以佛为中心，周围的人们不约而同地向佛走去，这样，就把

图5-11　石佛浮江故事　莫高窟第323窟南壁　初唐

四周疏疏落落的人群统一起来，构图在统一中又有变化，不同的人物表现出不同的个性，如步履蹒跚、拄杖而行的老妪，天真稚气的小孩等，形象细腻生动。又如北壁西侧张骞出使西域故事画，以"U"形顺序从右至左发展：1. 汉武帝在甘泉宫拜佛；2. 武帝遣张骞前往大夏国；3. 张骞与随员在途中；4. 张骞到达大夏国。画家把张骞与汉武帝辞别这一情节作为重点，放在下部近景中，右边是汉武帝及大臣们，张骞持笏跪拜于左侧，身后是随从二人及马匹、行李等物。左边表现张骞一行数人正在艰苦跋涉，愈往远去，人物形体愈小，体现出辽远的空间感。从右及左，画面的空间与故事情节的延续有机结合了起来。

第323窟故事画的成功，更在于画家在通壁大画面上处理较多的故事，使其具有各自特色，又相互均衡、统一。南壁画面中共有三个故事，画家用两组山脉将壁面分为三段，右边一组山脉呈"C"形，把"石佛浮江"故事环抱起来；左侧山脉呈"之"字形走向，两侧分画隋文帝请昙延法师祈雨和杨都西灵寺瑞像故事。通壁看来，是一幅大型的山水人物画，山脉之间自然相连，有分有合，布局聚散合理，轻重协调，体现出高超的设计水平。

而在唐代，象323窟这样通壁绘制的故事画形式再也没有出现过。仅在五代第72窟可以看到一例全景式构图的佛教史迹画。第72窟南壁画的是刘萨诃灵异故事，以佛说法场面为中心，两侧分别穿插凉州御容山现佛像，以及佛头安上又落，表现天下太平则佛像全，天下将乱则佛头落的预言。可惜画面的下部残毁严重。这个故事大体借鉴了经变画中轴对称的画法，与第323窟的佛教史迹画不同。

晚唐五代的一些洞窟中，出现了在一个画面中表现众多的佛教史迹故事的画面，如晚唐第9窟、五代第98窟、宋代第454窟等窟都同样在通道顶部画出佛教史迹故事画，画面综合了多个故事，如释迦救商主、毗沙门天王决海、于阗牛头山等故事。榆林窟第33窟则是把这些故事画在南壁，画面中央以张开大口的牛头形象表示牛头山，位于画面中央的佛寺中有迦叶佛及胁侍菩萨，山上立佛则为释迦牟尼（图5-12）。画面的右侧有高高的佛塔和城池建筑，左侧分别画出释迦救商主、毗沙门天王与舍利弗决海的故事等。显然这一故事画同样借用了经变画中轴对称构图，只是表现的内容主要不是来自佛经，而是来自于阗一带的传说故事。五代第61窟还绘出了五台山图，从主题上说，也属于佛教史迹画，但五台山图总的来说没有太多的故事性描绘，作为山水画的意义更大，本书将在第八章详述。

图5-12　佛教史迹画　榆林窟第33窟南壁　五代

第六节
屏风画的构图

唐代后期，经变画的格局产生了很大的变化，越来越多的故事穿插在以佛为中心的经变画之中，如法华经变、报恩经变、金光明经变等，在佛说法图周围，少则二三个，多则七八个故事。这样，初唐、盛唐那种气势宏大、单纯完整的精神失去了，画面变得琐碎、繁乱。于是，一种新的形式应运而生了，这就是屏风画。

屏风画在中唐以后得到普及，主要是配合经变画而出现的：上部绘极乐世界图，下部由几幅屏风表现其中的故事和相关内容。如第159窟南壁共绘制3铺经变，下有9幅屏风画：弥勒经变下部为该经的"嫁娶"等内容；观无量寿经变下部屏风绘制十六观、未生怨等内容（图5-13）；法华经变下部绘制随喜功德品、观音普门品等内容。可见，屏风画附属于相应的经变画。但也有很多屏风画与经变无关，绘制独立的故事画。如晚唐第9窟中心柱东向龛内西壁屏风画分别绘萨埵本生和闻偈施身故事，北壁3幅屏风画为须达拿本生故事。其中须达拿本生较有代表性。第一幅屏风画自上而下绘出：1. 须达拿被驱出城；2. 须达拿携妻子出走；3. 遇人乞马，须达拿将马施人；4. 须达拿推车而行；5. 遇人乞车，须达拿施车于人；6. 须达拿一家步行前进。第二幅屏风画自下而上绘出：7. 须达拿一家迤逦前行；8. 山中结庐而居；9. 婆罗门求施二小儿。

第三幅屏风画自上而下绘出：10. 须达拿夫人痛哭；11. 婆罗门驱二小儿行走；12. 二小儿随婆罗门前行，路见行人；13. 婆罗门入城。从这个故事可以看出，屏风画仍然具有连环画性质，只不过没有明确的顺序，观众根据画中的榜题文字来辨别故事情节及发展顺序。几幅屏风相连接时，情节先自上而下，再自下而上，自然衔接，便于观览。每一幅屏风画中又形成一个完整的画面，以山水为主体，穿插人物故事。

屏风画具有外在形式整齐、规范，情节布局灵活、方便、容量大等特点，在中晚唐洞窟中成为最流行的故事画形式。中唐第231、237、238窟，晚唐第9、85等窟的屏风故事画都是优秀之作。许多屏风画表明，画家似乎在努力使每一幅屏风具有独立的观赏意义，因而叙事性有所减弱。如第238窟龛内西壁由3幅屏风画构成（图5-14）。南侧第一幅屏风画，画的是善事太子入海求宝故事中的三个情节，画面上大体分为三段：上部内容不详；中部绘恶友刺伤善友眼睛的情景；下部描绘牛王将善友眼中毒刺舐出。画面利用

图 5-13　经变画与屏风画　莫高窟第159窟南壁　中唐

图 5-14　屏风画　莫高窟第238窟龛内西壁　中唐

山水分出远景、中景、近景，分别表现三个情节，近景处描绘细腻，成为画中的重点，若抛开其故事内容，则是一幅富有意境的山水人物画。更多的屏风画则过分注重图解故事内容，一扇屏风包含了许多情节，榜题也较多，使画面过于烦琐、散乱，艺术性较差。值得一提的是，由于故事内容增多，为了使观众清楚地了解画面中故事的来龙去脉，榜题文字起到了越来越重要的作用。早期故事画中，榜题寥寥数字，仅作为画面内容的提示，而在唐代后期的故事画中，往往一则榜题就有数十字，描写其画面内容，有的还有一定的文学色彩。这样，文学与绘画结合起来，榜题补充了画面的不足，形成图文并茂，相得益彰的情形。这一点，在后来的连环画中得以广泛运用。绘画题榜的文学化，最终完善了故事画艺术形式。

屏风故事画在唐代后期盛行以后，直到五代、北宋时期，仍然是故事画的主要表现形式，并产生了如第61窟的佛传故事、第98窟的贤愚经故事等规模较大的作品。唐代后期，洞窟的布局出现了一些变化，正面的敞口龛改成了方形帐形龛，龛内画出屏风画；或窟内不开龛，在中央设中心佛坛窟，四壁下部均有屏风画。这些都是模仿世俗生活中屏风在屋内设置的状况。屏风画的迅速发展，说明了佛教艺术不断世俗化。对于故事画来说，要刻画细致而又不影响全窟壁画的统一布局，屏风画较之其他形式更为合适。在屏风画开始流行之时，画家也往往在屏风里绘制菩萨或树木等内容，但只有故事画才使屏风画显得丰富多彩，摆脱了那种外在单调的形式。所以，不仅仅是故事画需要屏风画的形式，从某种意义上说，也是屏风画选择了佛教故事这一题材。

莫高窟早期故事画艺术的发展，从最初的一图一景发展到异时同图，由单幅画发展到连环画，可以说由于宗教发展的需要，促进了表现故事情节的绘画艺术形式的发展。随着佛教艺术的传入，印度和犍陀罗的故事画表现方法也影响到了敦煌早期的艺术，但在北魏晚期到西魏时期，中国式的长卷式构图以及相关的山水表现艺术被应用到了佛教故事画中,而且发展成富有敦煌本土特色的长卷式连环画。北朝晚期和隋代,新的经变画题材都采用长卷式的表现手法,这是敦煌壁画与内地壁画的不同之处。

隋朝到初唐时期,来自内地的经变画新方法,逐步取代了长卷式构图的形式,由于经变画包容了大量的故事情节,单独的故事画越来越少,但也有一些故事画因其主题的重要性而仍然存在。如佛传故事,以乘象入胎、逾城出家两个场面对称表现的形式在隋朝和初唐洞窟中就很流行。强烈的装饰性,色彩处理上的独具匠心是其特点。如第375、57等窟的佛传故事画,通过对比色突出形象,画家并不追求人物形象的写实性,而更注重画面的均衡、对称与统一;佛的周围绘有伎乐、飞天等,但常常留出较多的土红底色,具有厚重而强烈的效果。第329窟的佛传故事画,则是在浅赭色的底色上绘出深棕色的人马,人物服饰点缀着石青、石绿等色,并缀以五彩的流云、飘曳的莲花,以及众多的天人,形成流动而绚丽的装饰效果。

而在经变画中,也有一些故事性极强的内容,以相对独立的形式表现出来。如第172、320等窟中观无量寿经变中,在净土图的外侧,以条幅的形式对称地画出未生怨故事和十六观内容。其中未生怨故事按一定的顺序,分隔出一个一个相互联系的小画面,形成了与早期长卷式不同的连环画形式。而到中唐以后,在经变画的下部,往往以屏风画表现故事情节,故事画又有了新的表现形式。屏风画比起连环画来,对故事情节的图解功能有所降低,但却取得了画面的完整性。这也反映了唐代以后,佛教的很多故事对于普通人来说已耳熟能详,不再需要像早期那样详细解说了,只要表现出某些特征,一般的信众就可以看懂。

不论是印度、中亚还是中国的佛教艺术,故事画一直是其一项重要的内容。在敦煌壁画中,故事画体现了中国式佛教艺术的表现方法,不仅在于构图形式的变化,而且在故事画中对人物的塑造、景物的表现都达到了较高的水平。中国画注重线描,早在南北朝时期,谢赫在绘画六法中就提出了"骨法用笔"的标准。这一点在以后的1000多年中一直受到画家的重视，在敦煌唐代壁画中也可看出画家们对笔法掌握的娴熟程度。有时为了突出笔法，画家甚至削弱了色彩的功用。在第45窟北壁的故事画中，画家还通过不同颜色的线来表现不同的质感，如韦提希夫人的上衣是以浅赭色线描表现柔软的衣料，而下裙则用墨线画出，使人感到软硬的差别。在第323窟的佛教史迹故事画中，同样可以看出画家对线描的把握。如北壁张骞出使西域图中，人物皆以明晰的墨线表现体态和衣纹，而张骞身后的几匹马，轮廓线很淡，几乎与颜色融为一体，这样便很好地表现了马的质感，同时可使画面主次有别，起到协调的作用。同窟南壁故事画中，近景的人物线描清晰，树木、岩石也用劲健的线描勾勒，而在上部的远景中，人物的线描很简略，山水的轮廓线则与色彩晕染融为一体，几乎看不出线描的痕迹。很多观众误以为其是水墨山水，其实，这种山水画与后来的所谓水墨山水画法是完全不同的。

唐代壁画，色彩异常丰富而绚烂，反映了画家们驾驭色彩的能力。但在故事画中，画家并不滥用颜色，而总是遵循着和谐、统一的原则，服从全窟壁画的需要。如第323窟佛教史迹故事画，在大幅青绿山水的背景中，人物衣饰多采用赭红、朱砂等颜色染出，具有明朗、绚丽的效果，又与壁画上部排列整齐、以红色为主的千佛，和下部身躯高大、棕红色躯体，着青绿色裙襦的菩萨相互协调，构成色彩上的均衡。第171窟的未生怨故事画，以冷色的石青、石绿色为主调，与壁面中间净土图的热烈、绚丽形成和谐对比，具有典雅、明净的风格。此外，在第45、172、320等窟故事画中，也可看出画家对装饰色彩的成功表现。中晚唐的屏风画中，用色日渐单调，大多以石绿为主，配以浅赭色，人物线描也多为土红或赭石，逸笔草草，也偶有佳作，如第238窟龛内屏风画善事太子入海的故事，石绿与赭石配合表现的山水景致以及赭红色晕染的牛王形象都比较成功。

第六章
经变画艺术

关于敦煌的经变画，前贤已作过很多研究，按《敦煌学大辞典》的解释：经变有广义与狭义两种解释，"就广义而言，凡依据佛经绘制之画，皆可称之为'变'，然今之'经变'，既有别于本生故事、因缘故事、佛传故事，又有别于单身尊像，专指将某一部乃至几部有关佛经之主要内容组织成首尾完整、主次分明的大画"①。这一结论概括了经变画的主要特点，但对于经变的表现形式还是没有具体的规定。从绘画艺术方面看，经变的意义更重要的是在表现形式上有着与别的佛教绘画类型完全不同的特征，而这一点正标志着具有中国特色的佛教美术。在印度、中亚一带虽然也有不少雕刻或绘画作品是根据某部佛经表现出的具有相对完整故事性的画面，克孜尔石窟以及敦煌早期的本生、佛传等故事画，也往往依据某一部佛经来绘制，但通常我们都不把这些画面称作经变。

　　经变的"变"这一概念，大约与佛教的流行有关，"变"有转变的意思，可以理解为对深奥的佛教内容通俗化的意思。所以，唐代也有变文，就是对佛经内容的通俗讲解。而绘画则称为变相，也就是经变。最初，对一些佛经故事画也称"变"，如《法显传》中记载有"睒子变"，说明那个时候已经有了"变"的概念，南北朝时期，把一些故事画也称为"变"。隋唐以后，经变一词的内涵逐步明确。《历代名画记》卷六，记载了南朝宋代的画家袁倩，"又《维摩诘变》一卷，百有余事"。能把维摩诘经变画出100多个情节来，实在是经变画的巨制了。在敦煌壁画中，即使是唐代的维摩变，也没有这样多的内容。从《历代名画记》等书中，我们可以看到，唐人对于经变与其他佛教绘画是有区别的。如卷五记顾恺之于

---

① 见季羡林主编《敦煌学大辞典》"经变画"条，上海：上海辞书出版社，1998年。

建康瓦官寺"画维摩诘一躯",这里没有说画维摩变,而仅说画了一身像。而相比之下,袁倩画的维摩变,"百有余事"。此外,在关于两京寺观壁画的记载中,既有画维摩变的,也有画维摩诘的,表明作者是把经变与其他内容区别开来的。

据最新的研究,敦煌壁画中共有33种经变画①,其中较为流行的主要有观无量寿经变、药师经变、弥勒经变、维摩诘经变、法华经变、涅槃经变等等。从敦煌壁画中大量的经变画中,我们可以总结出经变画作为一种佛教绘画的类型,其表现特点在于:以净土世界为中心,或以佛经中所记的主要人物的活动为中心,具体描绘该佛经主要内容,人物众多,场面(空间)宏大,构图统一。从敦煌石窟1000多年间壁画发展的情况来看,经变在隋唐以后就形成了一种有别于其他绘画种类的固定结构。它综合地表现某一部佛经的主题思想,因此不局限于佛经中某一具体人物或故事场景,而往往会选取佛经中最主要的内容,如佛说法的场景,或者其他某一具有代表性的场景来作为经变的基本环境加以表现,再把经中讲述的相关内容穿插在其中,形成一个以佛说法为中心(或者其他某一重要活动场面为中心)的宏大场面。经变画把人物(佛、菩萨、俗人)与景物(殿堂建筑、山水风景)结合起来,表现为一个可感的场面,特别是以净土变为代表的经变画,将人们熟悉的那些山水风景、殿堂建筑等景物加以美化,来表现佛国世界,并把佛、菩萨、天人等佛国世界的神表现得如同普通人一样,只不过他们的衣着更加华丽,相貌更加美丽,举止更加高雅而已。总之,经变画在视觉上创造了

---

① 施萍婷《敦煌经变画略论》,《敦煌研究文集·敦煌石窟经变篇》,兰州:甘肃民族出版社,2000年。

一个近乎真实，却又是理想的佛国世界；经变画反映了中国人对佛教思想的理解，反映了中国艺术家对佛教内容的艺术创造。经变的特点取决于两大因素，一个是利用空间表现的技法来进行整体的构图，使画面统一，空间宏大而完整；另一个是在山水树木分隔出的小空间里表现很多具体的故事画面，使经变的内容丰富多彩。

敦煌壁画中的经变画在表现形式上大体可分为两类构成：一类是以经中所记的主要人物活动来展开故事的构成，维摩诘经变、涅槃经变以及劳度叉斗圣变等均属于这一类型；另一类是完全以佛国净土世界为中心的构成，弥勒经变、法华经变、观无量寿经变、阿弥陀经变、药师经变等都属于这个类型。

经变画的形成，与佛教在中国传播、发展密切相关，佛教初传中国时，为了宣传的需要，往往会选取经典中的一些片断，尤其是那些具有很强的故事性、趣味性的内容来讲解，以便听众容易理解，产生共鸣，从而赢得更多的信众。经过魏晋南北朝的发展，佛教在中国已经有了广泛的基础，有上自帝王下至普通百姓的大量信众，而普通信众对佛教思想的了解也已经比较深入。在这样的情况下，常见的佛经故事画已经不能满足寺院宣传以及信众欣赏的需要，于是，较完整地反映某一部佛经思想，以较大的场面表现佛国净土世界的经变画就应运而生。从佛教的需要来说，当时的信众们出于对佛国世界的向往，十分渴望能一睹净土世界的风采。这样的社会需求，必然促使艺术家们发挥自己的想象，努力表现出一个理想的佛国世界来。经变画反映了中国的艺术家按中国式的审美思想和艺术手法来表现的佛国世界。

第一节
叙事性经变画

我们把那些主题带有故事性，画面的主体也是以展示其故事情节为主的经变称为叙事性经变画，主要包括涅槃经变、维摩诘经变、劳度叉斗圣变等。这一类经变画在一定程度上继承了北朝以来故事画的传统，按一定的发展顺序表现经变主题，以连续的画面来图解经典的内容；但构图又不像早期的长卷式连环画那样单一，而是注重全画面的构成，以大型的山水、建筑等景物来构建全图，在景物中安排每一个场面。第332窟南壁、第148窟西壁的涅槃经变，第332窟北壁、第335窟北壁以及第220窟东壁的维摩诘经变，第9、196窟的劳度叉斗圣变等都是代表性的作品。

1. 涅槃经变

涅槃经变是大乘佛教的重要题材，唐代十分流行。表现涅槃主题的涅槃图，在北周第428窟已经出现了，隋代第295窟的涅槃图也与之大体一致，其形式受到犍陀罗艺术的影响，表现释迦牟尼横躺在树林前，众弟子环绕周围。在犍陀罗的一些佛塔周围，往往以连续的画面雕刻出佛的"四相"或"八相"，即佛传故事中的四个或者八个重要的场面，其中就包括了涅槃图。涅槃图的形式传入中国后，在北魏以来的很多造像碑中都可看到，炳灵寺、响堂山等石窟中都有类似的表现。敦煌北周和隋代壁画中的涅槃图，虽然也称为涅槃变，但画面较单一，与后来的经变不同。初唐第332窟、盛唐第148窟、中唐第158窟等都塑出了大型的涅槃像，然后在相关的壁面画出经变内容，是涅槃经变的典范之作。

第332窟是一个中心柱窟，在主室的后壁凿龛，塑出涅槃佛像。在南壁画出了高3.7米、宽6.08米的涅槃经变（图6-1）。在中心柱后壁凿龛造涅槃像的习惯源自西域，在克孜尔石窟中较为常见，不过，大型的叙事性涅槃经变则是西域诸窟所不见的。这铺涅槃经变的构成是按时间顺序来描绘故事情节。从画面下部右侧开始，由右向左，然后转向画面上部由左向右，共描绘8个情节，大体上描绘了释迦牟尼入般涅槃至八王均分舍利的过程。这样按时间顺序，以连续性画面来表现故事的方式，使人们想起北朝后期的故事画表现形式。但在这里，横长条状的画卷形式已经消失，用于把画面分隔成带状的横向隔离线没有了，情节与情节之间以山水背景来分隔，整体看来，仿佛是一幅巨型山水人物画。

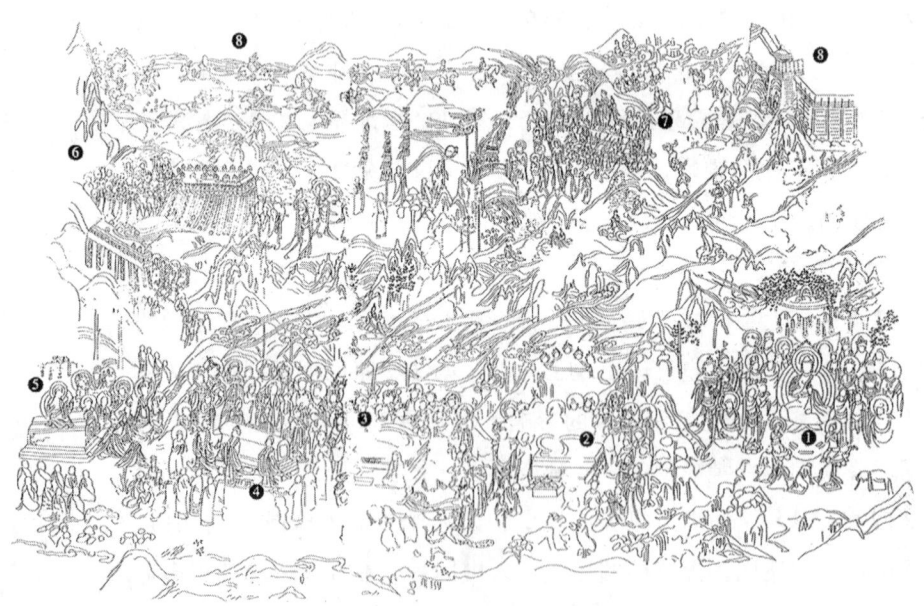

图6-1　涅槃经变（线描图）莫高窟第332窟南壁

画面通过人物的走向及山水的聚散来反映故事发展的脉络,山水风景在画面中起着不可缺少的作用。在这里,山水不仅仅是背景,同时还营造出一种宏大而壮阔的空间氛围。

在盛唐第148窟,涅槃经变发展到了一个更为完美的境地。本窟正面为横长的佛坛,坛上塑出长达14.4米的涅槃佛像,涅槃经变就在佛像的后面展开,由南壁西侧经西壁由南到北,然后在北壁西侧结束。这铺经变通过10组画面详细描绘了涅槃经变的主要情节。场面有起有落,有急有徐,

图6-2　弟子举哀图　莫高窟第158窟南壁　中唐

空间的推移与时间的发展联系起来,又突出重点,在丰富的景物变换中,山水、树木、城郭、宫殿、宅院等等,各尽其宜,与故事的发展融为一体,仿佛一部交响曲,给人以无限丰富的感受。

中唐第158窟也是一个涅槃窟,佛床上塑出长达16米的卧佛,环绕卧佛的南、西、北壁则绘出大型涅槃经变。这铺涅槃经变与前述诸窟的不同,没有按时间顺序来叙述佛涅槃后的一系列故事,而是集中表现佛涅槃时众弟子以及世俗人物悲伤的情景。南壁表现众弟子举哀,大弟子迦叶双手上举,悲痛欲绝,其神态夸张却具有强烈的感染力;阿难则与之相对,做闭目抽泣的状态,双腿跪地,右手在耳旁,仿佛还在聆听佛的教诲(图6-2)。从南壁到西壁还有众多的菩萨和弟子形象,前面的弟子们表情悲伤,而后面的菩萨则表情静穆,表现出菩萨与弟子们对涅

槃认识的不同。北壁表现的是世俗人物举哀的情景。其中画出汉族帝王悲伤痛哭的样子,两侧有侍女相扶;而旁边则是不同装束、不同肤色的少数民族或外国人物,均露出强烈的悲痛之情,有的握剑刺胸,有的用刀割耳,有的持匕首刺胸。这与历史记载的中亚一些民族在失去亲人之时表现悲痛的状况相同。这铺经变画集中表现佛涅槃之际佛弟子及世俗人物举哀的情景,富有创意。人物高度均超过2米,表情与动作较为夸张,具有强烈的视觉冲击力。

2. 维摩诘经变

维摩诘经变是佛教壁画中出现较早的主题,其主要内容是表现维摩诘与文殊菩萨对谈。十六国时代的炳灵寺石窟第169窟壁画中已出现了维摩诘与文殊菩萨在佛两侧对称绘出的形式。北朝以来,云冈石窟和龙门石窟也经常可以看到这样的表现形式。隋代的敦煌石窟中出现了在佛龛两侧对称表现维摩诘与文殊菩萨的情况,如第420窟佛龛两侧、第276窟佛龛两侧等。正是北朝以来中原流行的表现形式。唐代以后,维摩诘经变的内容已变得十分丰富,维摩诘与文殊菩萨周围描绘有众多的人物,特别是描绘了各族国王、王子及大臣的形象,反映了当时中国社会的一个侧面。

第220窟建于唐贞观十六年(642)。其中的维摩诘经变绘于东壁门两侧。南侧画维摩诘坐于方形帐中,手持麈尾,面向对面的文殊菩萨,目光炯炯有神(图6-3),维摩诘下部有各国、各族王子听法;北侧的文殊菩萨神情恬淡,手持如意,坐于高座,身后有侍从天人,

图6-3 维摩诘像 莫高窟第220窟东壁门南 初唐

下部有中国帝王及大臣听法。这铺经变人物众多，描绘细腻，最引人注目的是文殊菩萨下部的帝王图，与传为阎立本的《历代帝王图》有很多相似之处；而维摩诘下部的各国王子形象也极有个性，表现出不同民族、不同肤色人物的特点。与这铺经变相似的还有盛唐第103窟的维摩诘经变，同样是绘于东壁门两侧。维摩诘像及文殊菩萨像等都以劲健有力的线描来表现人物的神采，色彩较少，人物神态焕然，令人想到吴道子的画风，所谓"笔才一二，象已应焉"。

第332、335窟的维摩诘经变画于窟内的北壁，墙壁没有分成两部分，但画面仍按对称的布局表现。其中的维摩诘与文殊菩萨以及这两个主人公周围的人物依然是两组群像对称画出的形式。五代以后，维摩诘经变也常有一面壁描绘的，而且常在画面的中央表现建筑物，这大约是受到净土图式经变画的影响。

唐前期的维摩诘经变大体是突出主要人物，维摩诘与文殊菩萨的形象都被画得较大。如第103窟人物较少，但描绘得十分出色，给人留下深刻的印象。中唐以后，维摩诘经变的内容大大增加，画面写实性也在加强。如第159窟东壁南侧，在维摩诘的帐外画出高大的城墙及城楼，这是表现维摩诘所居的毗奈耶城。画面上部表现的是佛国品中的佛国世界，其中有狮子座从天空飞来，表现了不思议品中维摩诘使神力，遣三万二千狮子座供前来听法的菩萨等众入座的场景。东壁北侧文殊菩萨一侧也同样，在画面中增加了许多内容。这样一来，人物形象就变小了，主要人物也不像唐前期经变中那样突出了。这个洞窟壁画中维摩诘一侧出现了吐蕃赞普的形象。唐前期的习惯，是在文殊菩萨的下部绘中国的帝王及大臣，在维摩诘的下部画各国、各族王子听法图。而在此窟中，表现各国王子的场面中，吐蕃赞普及众多侍从人员作为各国王子的先导而绘出，形成了与汉族帝王分庭抗礼的格局。同样的表现方法，在第231、236、237等中唐洞窟的维摩诘经变中都可看到，可以说是中唐时期维摩诘经变的一个特点。到晚唐推翻了吐蕃统治之后，壁画中的吐蕃赞普的形象不再突出。中唐以后的维摩诘经变形成了人物众多、场面宏大的样式，一直影响到晚唐、五代及宋朝同类题材的表现。

3. 劳度叉斗圣变

晚唐以后流行的劳度叉斗圣变，与别的经变不同，不是根据经典原意来绘制的，而是按照变文来画的。变文本来源于讲经文的底本，是把佛经内容加以演绎讲说的，比起佛经来，增加了很多想象补充的成分，类似小说。劳度叉斗圣变内容虽然可从《贤愚经》等经典中找到一些相关内容，但比较敦煌藏经洞出土的《降魔变文》，却与壁画内容完全相符，说明这一壁画主题就是直接取材于变文。劳度叉斗圣变的内容，源于舍卫国大臣须达为了请佛说法，想建造一座精舍，因这精舍的选址，受到外道劳度叉的阻挠，于是引起了佛弟子舍利弗与劳度叉斗法，最后舍利弗斗法胜利，外道皈依，建成精舍的故事。莫高窟晚唐第9、196等窟中都以通壁绘制舍利弗与外道劳度叉斗法的内容。敦煌壁画中称之为劳度叉斗圣变。

第196窟西壁的劳度叉斗圣变长达9.5米，构图以佛弟子舍利弗与劳度叉相对峙的场面（图6-4）为中心。左侧舍利弗坐于高高的莲台上，身后有两株菩提树形如背屏，旁有佛弟子及诸天人。右侧是外道劳度叉坐在一个方形台上，台的四角支起杆子，撑起一个帐篷状的顶盖，众外道站在这一侧。中央画出斗法的一些细节，如劳度叉化出一座山，舍利弗化金刚将山击碎；劳度叉化出水牛，舍利弗化狮子阚食；劳度叉化一宝池，舍利弗则化大象吸干池水；劳度叉化一毒龙，舍利弗化金翅鸟啄之；劳度叉化一黄头鬼，舍利弗化毗沙门天王捉鬼。最后，劳度叉化出大树，舍利弗化大风，将树连根拔起。画家将这凌厉的风势表现为全画面的一个整体趋向，劳度叉宝座上的顶盖在大风中摇摇欲坠，外道们不得不拿梯子努力支撑，而众魔女们也被吹得衣襟飞舞，花容失色。画面下部还表现外道们皈依后，剃度、洗浴等场面。这幅巨幅画面，以对称式构图分布故事情节，以大风劲吹的情节使画面形成统一趋向。表现佛家与外道斗法，严肃中而又不乏轻松与诙谐。

晚唐以后洞窟中大量出现劳度叉斗圣变，表达了晚唐敦煌人民推翻吐蕃统治，重新归复唐朝的胜利喜悦。这种不严格按佛教经典，而依据当时的俗讲变文之类内容而绘的壁画，也反映了佛教绘画进一步世俗化的进程。

图6-4　劳度叉斗圣变　莫高窟第196窟西壁　晚唐

第二节
净土图式经变画

佛教艺术最初以表现佛像、表现佛教故事为主。印度早期的佛教故事雕刻或绘画，均以人物为主，很少表现人物所在的环境。因此，从这些佛像与佛教故事画面中，无法得知所谓佛国世界是怎样的场面。在犍陀罗雕刻中，可以看到有的雕刻出现了表现莲池、水鸟等的场景。如白沙瓦博物馆藏一件被称为大神变的雕刻中，下部表现净水池，有莲花及水鸟；中央是佛作说法相，周围有众多的菩萨，以及菩萨所居的房屋建筑。但这样的表现与中国式的经变画仍有很大的差距。

南北朝后期，在一些石窟或造像碑中，艺术家开始为佛的说法设计了一个中国式的场景：中国式的楼阁殿堂，中国式的山水风景。佛和菩萨在这样有着华丽殿堂、风景优美的环境中说法。在响堂山第1窟的雕刻中，在麦积山第127窟的壁画中，即可看到这样的场景。唐代以后，表现净土世界的手法迅速发展成熟，形成了中国人理想的极乐世界。比起注重思辨的印度人来，中国人更注重这种视觉上的空间环境。敦煌在隋代以后出现经变画。唐代以后，越来越多的经变画是以净土世界为中心来表现的，除了"净土三经"之外，弥勒经变、药师经变、法华经变、华严经变、天请问经变、报恩经变等等也都采用了以净土图为中心，把相关故事穿插在其间的经变画表现方法。

一、以水池和楼台表现的净土世界

《佛说阿弥陀经》、《无量寿佛经》和《观无量寿经》被称为"净土三经",是净土宗修习的主要经典。以这三部经典为主题的阿弥陀经变、无量寿经变和观无量寿经变通称西方净土变①。这三种经变的主体构成基本一致,即中央描绘佛说法场面,通过雄伟的宫殿建筑来表现天宫的华美。无量寿经变和观无量寿经变中还绘出净水池及化生。观无量寿经变较为特别,一般都要在净土图的两侧以条幅的形式描绘"序分"("未生怨"故事)及"十六观"的内容。这一形式又被东方药师经变所借鉴,在药师经变的两侧也以条幅的形式表现"九横死"和"十二大愿"的内容。在唐代后期到五代、宋朝,像金光明经变、报恩经变等有时也采用这种三联式的表现手法。

在中原地区的石窟或寺院中,南北朝时期已出现了净土变的形式。成都出土的梁代浮雕法华经变和弥勒经变,可以说较完整地表现出理想中的佛国世界。如法华经变中,表现佛在灵鹫山说法,两侧以殿堂的形式表现天宫的景象,而在近景处表现水池,池中有莲花和化生。有观点认为净水池与化生皆非法华经变所有的内容,画面中既然出现了净水池与化生,则主题当为西方净土世界,而非法华经所说的释迦牟尼于灵鹫山说法的场景。笔者认为,最初开始表现佛国世界时,恐怕并没有将彼此分得如此清楚,画家(或雕刻家)仅仅想以此来表现佛所在的世界,以净水表现其清净,以莲花化生表现进入佛国世界的境界,以楼阁殿堂表现天宫,还没有像唐代以后经变画那样彼此有详细可辨的特征。麦积

---

① 净土经变中,无量寿经变以前未有论及,施萍婷《敦煌石窟全集·阿弥陀经画卷》(香港商务印书馆,2002年3月)首次将无量寿经变从以前所认为的阿弥陀经变中分离出来。由是,与净土三经同样,西方净土经变也存在三种经变,即阿弥陀经变、无量寿经变和观无量寿经变。

山石窟第127窟的净土变壁画和响堂山北齐时代的净土变浮雕可以说是北方石窟中时代较早的净土变。响堂山石窟雕刻现藏美国华盛顿弗利尔美术馆，这铺净土变浮雕中央为佛说法场面，佛两侧各有9身菩萨或坐或立。佛座前有一方形水池，池中有莲花和化生；两侧各有一座高高的楼台，楼台前也各有一水池露出，水中有莲花和游泳的人，表现的应是化生。在佛的华盖上部还表现天人和不鼓自鸣的天乐。从这些因素来看，应是无量寿经变。

敦煌壁画中虽然在隋代已出现以殿堂的形式表现弥勒净土的画面，但以净水池表现西方净土的经变直到唐代才出现。初唐第220窟南壁、第321窟北壁的无量寿经变，盛唐第172窟、第148窟的观无量寿经变可以说是净土经变的代表之例。以真实可感的画面来表现理想的佛国世界（阿弥陀净土），是净土变绘画追求的目标。大型净土变通常有较大的净水池，大规模的宫殿楼阁都建立在水池之上，人物（尊像）众多，常常是佛、菩萨等尊像及人物合计达数十人甚至百人以上。人物群像的表现可以说达到空前的规模。由近及远，从地上到空中，有主有次，表现如此众多的人物，体现着画家对画面层次的把握。

以第220窟南壁的无量寿经变为例（图2-10）：居于中央说法的佛是全画面的中心，佛两侧有不同身份的菩萨，或立或跪或坐。在佛前面通常有平台，平台上有演奏乐器和舞蹈的伎乐天，通过平台与两侧楼阁的关系体现出层次感。为了表现天国的美好景象，乐舞是一个重要的方面。在佛教中，音乐舞蹈可以是一种对佛的供养，但在净土图中，规模宏大而奢华的歌舞场面，毋宁说是佛国世界美好生活的象征。这些音乐舞蹈的场面，有可能就是当时宫廷乐舞的写照。

净土经变中最有特色的是碧波荡漾的净水池，池中往往会画出莲花、水鸟以及儿童的形象，儿童是代表化生的。据佛经，要进入西方净土世界，须从莲花中化生而出。所以，化生就是进入净土世界的象征。唐代的净土变中，对净水池的描绘成为一个重要的内容。文献记载长安的赵景公寺有"范长寿画西方变及十六对事,宝池尤妙绝,谛视之,觉水入浮壁"①。范长寿画的宝池使人感到好像水在流动一样,可见画家技艺之精。而这样的画面效果,在敦煌石窟第172、320窟等观无量寿经变画中,同样可以看到。

与此相对应的还有对上部天空的描绘。画面上部的天空通常会画出一些云朵,在其中有不鼓自鸣的乐器和飞行的天人(即飞天)。如第321窟北壁无量寿经变的上部以深蓝色表现天空,其中有乘彩云来来往往的佛、菩萨,还有飞行的飞天(图6-5),一些乐器顺风飘浮,那是佛国世界不鼓自鸣的天乐。大部分经变画中表现天空的画面较少,但像第217窟北壁的观无量寿经变,表现飞天从楼阁建筑的窗户中飞出飞进,飞天的飘带和仿佛流动的彩云,标识出飞行的轨迹,应该是表现空间感的成功之作。

药师经变也有采用净土变形式的。药师佛的世界称为东方药师琉璃光世界,作为净土世界与西方阿弥陀世界有共同之处。所以,药师净土也同样表现净水池,表现华丽的楼阁殿堂,以及在平台上歌舞作乐的伎乐。唐代石窟

图6-5　净土变中的天空　莫高窟第321窟北壁　初唐

中,把药师经变与西方净土变相对绘于洞窟南北壁的做法也很流行。如第220窟南壁为无量寿经变,北壁为药师经变;第148窟东壁门两侧也是观无量寿经变与药师经变相对画出(图6-6)。一个是西方净土,一个

---

① 段成式《酉阳杂俎》续集卷五《寺塔记》。

是东方净土，因此而表现出一切佛国净土世界，反映出当时人们的美好愿望。盛唐以后的药师经变也采用了观无量寿经变的形式，在净土图的两侧以条幅的形式表现药师经变中"九横死"和"十二大愿"的内容。药师经变中着意刻画华美的殿堂建筑，如第148窟东壁北侧的药师经变，中央大殿两侧有回廊与两侧配殿相连，前面有多重平台，形成宽阔的空间；而在中央大殿与回廊的后部，仍可见后面殿宇重重，楼阁相连；后殿的两侧还有圆形的楼阁，表现钟楼和藏经阁。盛唐以后的药师经变，往往都要表现这样结构复杂的建筑。比起其他经变，药师经变中的建筑样式往往较新颖独特，如第361窟的药师经变，中央大殿为两层六边形楼阁，而且楼阁的柱子均呈弧形向内倾斜，两层屋檐呈圆形花瓣形。五代第61窟的药师经变中，也画出了类似的建筑，在这里六边形变为八边形，八根柱子同样呈弧形向内倾斜。这样奇特的建筑在唐、五代是否真有，还难以断定。但在药师经变中，画家往往会着意描绘建筑形象。

图6-6 药师经变 莫高窟第148窟东壁门北 盛唐

唐代以后，在经变中从水池、平台、殿堂建筑等方面来表现净土世界成为流行样式。不仅是西方净土变与药师经变，其他如天请问经变、思益梵天问经变、金光明经变、报恩经变等，都采用以宫殿建筑为中心来表现佛国世界。

二、以自然山水来表现的净土图

弥勒经变主要是以山水为背景来表现弥勒世界的,这似乎有着悠久的传统,成都万佛寺出土的南朝弥勒经变浮雕就是以山水为背景来表现的。这件造像碑现存部分包括六个场面:1. 弥勒菩萨于兜率天宫说法;2. 翅头末城洒扫。3. 老人入墓;4. 农业耕作(一种七收);5. 弥勒三会;6. 迦叶禅窟①。中央上部在一个屋顶有五座宝塔的建筑(兜率天宫)里表现弥勒菩萨说法。中部描绘三组说法场景,表现弥勒三会。而全部场面都在山水背景中展开(图6-7)。

敦煌石窟隋代的弥勒经变通常是以一座殿堂建筑来表现兜率天宫,弥勒在里面说法,周围有众多的菩萨听法。这是表现《弥勒上生经》的内容,描绘弥勒菩萨上生兜率天宫说法的场景。唐代以后,往往把弥勒上生经和下生经合在一起描绘,不仅要表现兜率天宫的景象,更重要的是要表现出弥勒下生经中所讲弥勒下世之后的一系列大事:进行了三次大型的说法(弥勒三会);儴佉王及眷属剃度出家;一种七收;龙王降水;罗刹扫除;人寿八万四千岁;女人五百岁出嫁等场面。初唐有的洞窟(如第329窟),弥勒经变也借用了西方净土变的形式,以净水池和楼阁殿堂来表现弥勒净土;但很快就形成了弥勒经变独有的表现形式,即以山水景物为主体,周围表现富有人间

图6-7 弥勒经变 浮雕 成都万佛寺出土 南朝·梁

---

① 有关此弥勒经变的详细内容考证,参见赵声良《成都南朝浮雕弥勒经变与法华经变考论》,《敦煌研究》2001年第1期。

图6-8　弥勒经变　莫高窟第33窟南壁　盛唐

气息的社会生活场景。其中,以盛唐第33、148、445窟和中唐榆林窟第25窟的弥勒经变最具代表性。

第33窟南壁的弥勒经变中央画须弥山,山上部以俯瞰的角度表现规模宏大的殿宇,象征弥勒所居的兜率天宫。须弥山是上大下小的形状,须弥山下有大海,海的周围又有无数的山峦。这些景象若真若幻,把想象的景象与现实的山水建筑结合起来,形成了这个独特的弥勒世界(图6-8)。这样的表现当然得益于唐代山水、建筑表现技法的成熟。弥勒佛说法的场面是画面的中心,在这个大型的说法场面周围,分别画出弥勒经变中的耕种与收获(一种七收)、儴佉王及眷属剃度出家、婚嫁宴会(表现妇女五百岁出嫁)以及树上生衣、路不拾遗等场景。这就是唐代弥勒经变的普遍形式。其中表现弥勒世界的耕种收获、嫁婚、剃度等场面,具有很强的现实性,可以说也是当时的观众们最喜欢看到的,所以画面表现得越来越写实,越来越细致。中唐榆林窟第25窟的弥勒经变就有十分具体可感的场面,这也是现存壁画较清晰的洞窟。画面中央为弥勒佛说法的场景,上部是须弥山,下部画出供宝和众人剃度出家的场面,画面右侧表现弥勒投胎于翅头末城,图中可见这座城的正、侧、后三面夯土版筑城墙,城墙上有供守卫瞭望用的砖砌雉堞,还有城门和城楼以及城四角的墩台和角楼。城内有殿堂,内设床帐、屏风等画得细致入微。城市的上部有龙王在喷水,下面有夜叉洒扫。翅头末城的下部树木旁边画出树上生衣,供人取用的画面。画面最下部则画出宴饮场面,有新郎新娘拜父母,周围众多亲友围观的场面。画面左侧上部有迦叶所在的禅窟，表现弥勒下世后，迦叶将释迦牟尼的袈裟呈给未来佛弥勒；其下是表现农民在田间劳作的耕种收获图；其下又画出坟墓中的老人与亲人离别的场景，表现的是弥勒世界人寿八万四千岁，老人死前自己入墓而无痛苦。以上这些情节，都穿插在一个总的弥勒世界中，这个世界有高耸入云的神圣的须弥山，又有未来佛弥勒；同时也有普通人的婚宴、普通农民的耕种生产活动。把现实中的人物，现实中的山水乃至城墙、殿堂、房间内的陈设等等都与佛国世界表现在同一画面中，弥勒也就变得亲切可感了。经变画把世俗人物以及世俗生活的场面画在佛国世界中，佛国世界也就不再遥不可及了。这大约正是唐代佛教所要达到的目的。神圣的佛教经变场面充满了现实的人间气息，这也正是中国式佛教美术的特点。

以自然山水来表现的经变还有法华经变。法华经变的中心是佛在灵鹫山说法的内容，因此，要在山的背景中表现佛说法的场面。莫高窟第23窟被称为"法华洞"，因为窟顶的四披及南、北、东壁所画的都是法华经变内容。南壁表现《法华经·见宝塔品》等内容，以宝塔为中心，周围在山水环境中表现相关的情节内容（图6-9）。窟顶东披表现释迦牟尼佛在灵鹫山说法的场面，灵鹫山的形象与须弥山相似，也是上部大，中部小，如高足杯的样子，与弥勒经变中的山峦一样。

此外，以山水为主要背景的还有十轮经变、楞伽经变、金刚经变等等。《金刚经》中讲佛在祇树园说法，既然说法的环境不是天宫，就可以表现出自然

图6-9　法华经变　莫高窟第23窟南壁　盛唐

的景色，因此，壁画中通常以自然山水为背景来表现金刚经变。而《楞伽经》则特别讲到释迦牟尼在摩罗耶山上的楞伽城说法。那么，经变中的摩罗耶山就成了重要背景。因此楞伽经变中都会在中央画出一座上部大、中部小，如束腰鼓一样的山形，这是中国的画家们想象的摩罗耶山。当然这样的山形，其实与弥勒经变中的须弥山、法华经变中的灵鹫山大同小异。不过，因为经中还讲释迦牟尼为大海中的龙王说法，因此，在摩罗耶山下就是大海，山与海的交融，成为楞伽经变的标志性背景。

唐代经变表现净土世界，或表现佛说法的场景，不是宫殿建筑就是山水风景。这成为以后经变画的基本格式。不过华严经变也许是比较独特的一种。华严经变的主题是表现佛在七个地方的九次重要法会，称为"七处九会"，壁画中通常表现为九组说法场面。经变的下部则画出由莲花中现出城池的"华藏世界"。如第85窟窟顶北披的华严经变，九组说法场面排列在画面中，表示"七处九会"内容，而画面下部则描绘出绿水中有一朵巨大的莲花，莲花中画出城市和街道，研究者认为这正是唐代城市中里坊布局的写照。

第三节 经变画中的生活场景

经变画的意义不仅仅在于以宏大的空间结构表现出一个境界开阔的佛国世界，而更在于画面容量极大，除了在中心位置表现出标志着主题的佛说法场面外，还在周围的画面中穿插画出与经典相关的细节，从而使画面层次丰富，十分耐看。佛教经典本来就善于通过人们日常生活中的故事来说明一些宗教的道理，而隋唐时代俗讲的发展，使佛教中那些以现实生活中的故事来比喻某些宗教思想的譬喻故事更加广为人知。艺术家们也同样在寺院、石窟壁画中将这些故事表现出来。这些富有生活气息的画面，与当时的社会生活密切相关，成为观众十分喜爱的内容；反过来也促使画家们反复在壁画中加以表现。如弥勒经变中的耕作收获图、婚嫁图、老人入墓图、剃度图；法华经变中的作战图、火宅喻故事、穷子喻故事等；报恩经变中的鹿母夫人故事、善事太子入海故事等；维摩诘经变中的博弈图、酒肆图、挤奶图等；楞伽经变中的照镜图、屠夫卖肉等场面。将这些丰富的生活场景综合起来，差不多可以看出古代社会民俗民风的各个方面。

1. 耕种收获图

在盛唐第23窟北壁法华经变中，有一幅耕作图，画面上乌云弥漫，暴雨如注，农夫正在田里挥鞭策牛，辛勤耕作。田头上坐着农夫、农妇及小儿,父子捧碗吃饭,农妇关切地注视着他们。这一内容来自《法华经·药草喻品》,它的主旨是宣扬平等的佛慧,有如甘露时雨,普润万物。而壁画中却画出了一幅富有农家生活气息的图画,成为优美的雨中耕作图。

表现农业耕作的更多见于弥勒经变。《弥勒下生经》中说:"雨泽随时,谷稼滋茂,不生草秽,一种七收,用功甚少,所收甚多。"因此,在弥勒经变中,耕种与收获的场面是必不可少的。盛唐第445窟北壁的弥勒经变中描绘出了耕地、播种、收割、运载、田间进食、打场、扬场、粮食入仓等情节。通过十分写实的画面,真实地反映了当时的农业生产过程和农民的劳动生活,以及使用的生产工具(包括曲辕犁、镰刀、牛车、连枷、六股叉、芨芨草、长把扫帚、簸箕等)。画面虽被熏黑,但细察尚能辨识。在收获劳作地画面上方有一个收租图,图中有一屋,里面坐一头戴软巾,穿圆领长袍,腰束丝带的主人,他后靠椅靠,安详自在,外间一管家正在回禀情况,屋外累积大堆粮食,堆旁为量器。屋内清凉悠闲,屋外烈日劳作,对比鲜明,是唐代地主庄园中监督劳作和催交地租的形象写照。而耕作中所用的曲辕犁,是当时较先进的生产工具。榆林窟中唐第25窟的弥勒经变中也画出了耕种收获图。画面下部为二牛抬杠,一农夫戴着草帽扶犁,后面一妇女紧跟着播撒种子。旁边一个画面中,一人正在用镰刀收割,其上部则画二人在扬场(图6-10)。

图6-10　耕种收获图　榆林窟第25窟北壁　中唐

2. 婚嫁图

弥勒经变中，多画出婚礼场面，以表现弥勒世界"女人五百岁出嫁"的说法。如第445窟北壁弥勒经变下部西侧绘出的婚礼图（图6-11）。宅第门外设帷帐，即"青庐"，帐内宾客对坐饮宴，帐前正举行婚礼。新郎伏地跪拜宾客，新娘盛装立于旁，侍婢往来忙碌其间，舞者正伴随着音乐起舞。展示了北方地区的婚礼场面和行礼时男拜女揖的习俗。榆林窟第25窟的弥勒经变中，婚嫁图比较特别。新娘着吐蕃装；宾客中有着汉装者，也有着吐蕃装者。反映了中唐时期汉族与吐蕃族通婚的状况。莫高窟晚唐第85窟的弥勒经变中还画出迎亲的花娇在举烛前行的引导人员的带领下行进，直到在青庐举行婚礼的过程。

婚礼设青庐原因有二：一是与青庐名称有关；另一是与"避煞"相联系。青庐又称"百子帐"，这是因为其制作特点的缘故。百子帐是一种微型穹庐，覆以青幔谓之青庐，以柳枝卷做圈，用绳相互交络、连锁而成，可自由

图6-11 婚礼图 莫高窟第445窟北壁 盛唐

搬动。因为需要大量的柳枝，所以又叫"百枝帐"，口头讹传为"百子帐"。所以，文献所载青庐、帐、毡、百子帐为异名同物。但从社会历史的角度来看，古代北方多为游牧民族，其生活习性是在草原上搭帐篷住宿；后来逐渐转为农业社会，甚至居住于城市，有了房屋定居。在结婚时用青庐，正是对传统习俗的体验，以示不忘本。

敦煌石窟现存婚嫁图达40多幅，真实而形象地再现了唐宋时期的婚嫁场景，是中古婚俗的生动记录。不同时期的画家们对这一内容的描

绘，常常带有时代的烙印以及个人的风格。

3. 商旅图

敦煌作为古丝绸之路的交通要道，商旅往来是非常频繁的，敦煌壁画中就常常出现商人活动的场面。如隋代第420窟窟顶东披的法华经变中表现观音救难的画面：从右端开始表现商人在出发前跪地祈求平安，接着商队启程，赶着满载货物的骆驼、毛驴翻山越岭而行。一匹骆驼失足滚下山崖，脚夫们俯视深谷，惊恐万状；山的右上方又有二商人，正在旅途中给一只病了的骆驼灌药。好不容易下山之后，强盗又出现了，于是商人执弓箭盾牌与强盗对抗，但仍不敌强盗被擒。

同样的内容在盛唐第45窟南壁观音经变中也有生动的表现。画面中商人们正从山间艰难地跋涉，从山后出来几个持刀的强盗，商人们面露恐惧，又好像在瑟瑟发抖，毛驴所驮的货物撒了一地。画面中对强盗的蛮横与商人们战战兢兢的神态表现得十分生动，显示出画家刻画人物性格的高超技法（图6-12）。

4. 演兵、作战图

第217窟观无量寿经变的左下部，表现城外广场上，十位武士分立两边，一方持矛进攻，一方持盾抵抗。头戴冕旒的国王及众侍从一旁站立。此画面表现观无量寿经中的未生怨故事，但却生动地再现了当时演兵操练的情景。第12窟南壁西侧的法华经变中，还画出了一幅战争的画面：右侧的皇城内，一王者正在调兵遣将；宫城外护城河边，两军隔河对垒，战斗十

图6-12　胡商遇盗　莫高窟第45窟南壁　盛唐

分惨烈,受伤的兵马挣扎于激流中;城内画面中,军队押解着战俘,胜利归来;皇宫内正在论功行赏。

战争的内容本出自《法华经·安乐行品》,大意为强力转轮王一心想降伏诸小国,但诸小国均不从,于是强力转轮王出兵征战,对有战功的随功行赏,可赐予田地、宅城、衣物珠宝、车乘奴婢等,但髻中一颗珍贵无比的明珠唯有获大功者才可得到。其主要旨意是要说明《法华经》是诸经中最珍贵的一部,佛是不轻易宣讲的。而壁画中的整个场面令人联想到唐代出军征战的情景。中唐后,调兵遣将、两军激战、论功行赏等场面已成了表现《法华经·安乐行品》的基本定式。而画家要表现这样激烈战斗的场面恐怕还要有着现实生活的基础。

5. 树下弹琴

除了观无量寿经变专门把故事画单独画出外,很多经变画中是把故事情节穿插表现于净土图周围,使画面更为丰富。画家还可以根据壁面布局的情况,对故事情节灵活作增减处理。故事画中常常会有一些场面成为经典场景而反复出现于同类经变画中。如报恩经变中的善事太子入海故事中,表现善事太子被恶事刺瞎眼睛之后,牧人赶牛经过时,牛王用舌头舐出善事太子眼中的毒刺。这一场面在第148窟甬道顶、第237窟的屏风画中都表现得十分精彩。画面中善事太子躺在地上,而一头牛小心翼翼地用舌头舐他眼中的刺,其他几头牛在旁边观看。画家把动物也表现得极有人性。结合故事的前后,这一画面应是令人感动的场景。

图6-13 树下弹琴图 莫高窟第85窟南壁 晚唐

善事太子流落到利师跋国为国王看守果园，弹琴自娱，公主被吸引而于树下听琴的感人场面，也是画家所乐于表现的。如第85窟南壁报恩经变中，表现太子在树下抚琴，公主对坐于旁。太子专心弹琴，公主含情脉脉地看着太子。周围的绿树静谧而富有抒情气氛，烘托出这浪漫的情景（图6-13）。

6. 挤奶图

维摩诘经变中表现阿难到俗人家中乞乳而遇维摩诘。莫高窟中唐第159窟屏风画中，表现一妇女在母牛身下挤奶，而小牛看见，想跑去吃奶，一少女拼命拉住小牛，不让靠近，母牛则回望小牛。这一场面把母牛与小牛之间的感情表现得真实感人。晚唐第9窟的维摩诘经变中，对这一场面也有精彩的表现。画面描绘一大宅院前，农妇在挤奶，阿难抚着牛背，而小牛犊也想凑上来吃奶，母牛回头看着小牛。一幅舐犊情深的画面，跃然眼前。

7. 肉肆图

佛教主张不杀生，楞伽经变却以屠夫屠宰的场面作为比喻，劝诫人们不要杀生吃肉。在第85窟的楞伽经变中，画家画出一幅屠夫卖肉的场面，一个屠夫正在案前切肉，旁边的案上还放着一只宰杀完了的动物，后面的房间里挂满了肉。在案桌边分别卧着两条狗，其中一条狗正看着屠夫的动作，似乎等待着屠夫给它吃肉或者骨头。屠夫动作有力，眼睛却瞪着边上那条狗，人与动物之间的神情传递颇有情趣，画面中透露出的浓厚生活气息，令人难忘。

在敦煌经变画中，表现社会生活的场面无限丰富，难以尽述。这些画面从社会历史方面来看，具有十分重要的研究价值；而从艺术方面来讲，同样表现了当时的画家们对生活的观察与表现。即使是前人已有描绘的画面，后代的画家们往往能够通过对人物动作、眼神、表情，以及画面环境等方面的表现，创作出很多精彩的新的画面，在已有固定模式的经变画中成为令人眼睛一亮的画作。

第四节
净土世界的空间

从中国绘画发展史来看，经变画最重要的意义就在于对空间构成的表现。在二度空间的画面上通过绘画形象来表现三度空间，是人类在绘画艺术中长期奋斗的一个目标。西方绘画在文艺复兴时代，随着自然科学技术的进步而产生了透视学，从而使绘画艺术表现出与摄影效果一样的真实感。而中国早在唐代就已经探索出一系列类似透视法的空间表现技法。但是，中国绘画审美思想中，对于过分写实的表现技术并不赞赏。中国艺术所追求的是在绘画中表现出生动的精神气度，即所谓"气韵生动"。这种美学追求，使唐代以后的画家们最终放弃了对透视技法的探索，而把精力用于对笔墨技法的追求。因此，虽然唐代在空间表现艺术上曾经达到极高的水平，但后世并未对其加以发扬，随着中原地区隋唐寺院壁画的泯灭，这样的表现技法也渐渐被遗忘。从敦煌壁画的经变画中，我们可以重新认识唐代绘画在空间构成上的重要成果。

如前所述，唐代经变画往往以建筑群来表现佛国净土世界，这些建筑都是以中轴对称的形式表现的，中央描绘一座大殿，两侧又有数幢殿堂，建筑物之间以回廊相通，通常在画面下部还要绘出平台。当然这里表现的建筑群也并不是唐代建筑的完整再现，可能仅仅是那时佛寺的大殿及相关的建筑。画家们主要是通过这些建筑来表现佛说法的场面，并以此来象征佛教净土世界。因此，虽然也有写实性，但也有很多想象的成分。相对于忠实地表现建筑，画家更多的是从绘画构成的角度来表现建筑的形体及其位置。但由隋入唐，建筑画逐渐写实并向三度空间发展，则是一个大趋势。

1. 三段构成

初唐的经变画大体上还保留着说法图的构成形式，但比起说法图来，空间的范围大大地扩展了。三段式构成就是说法图扩展以后的产物。经变画中按水平线分成三部分，中段是说法场面；下段描绘净水池和平台，平台上往往有乐舞形象；上段象征天空，有飞天等形象。如第221窟南北壁分别绘出净土变，两壁的构成一致都是三段式构成。中央部分是画面的中心，平台上绘出说法的佛及环绕的菩萨圣众；下部为净水池；上部为天空。中央的平台前有栏杆，把中段的画面与下段隔开。类似这样的三段构成在初唐的经变画中十分流行。但其中三段的内容却在逐渐变化。如为了表现舞乐的场面，下部的水池往往用池上的平台来代替。如第334窟北壁的阿弥陀经变，上部描绘天空，中央部分画出平台上的说法场面，下部在池上的平台中描绘舞乐场面（图6-14）。这样的构成在第331、335、340窟的净土变中都能看到。中央的说法图总是经变的主体，要占据很大的画面，下部的舞乐和上部的天空所占比例则有所不同。如第329窟的阿弥陀经变，天空的部分就很小；中部说法的场面较大，建筑物画得也较高；

图6-14 阿弥陀经变 莫高窟第334窟北壁 初唐

最下部舞乐的场面也较小。可是盛唐以后，舞乐场面所占的比例就越来越大了。

说法和舞乐的场面都离不开建筑的背景，而通过这些建筑背景就表现出远近空间的关系来了。在三段的最上部，通常是象征天空的。如第321窟，在佛说法的平台以上的画面，用深蓝色绘出天空，还描绘出很多飞天飞来飞去，使人感到空间的无限远。

2. 鱼骨式构成

如果按照透视分析的办法来分析唐代的经变画，就会发现画面中的消失点不止一个，而是沿中轴线形成无数的线条，这样的线条连起来，就像鱼骨一样，因此也有人把它称为"鱼骨式构成"[①]。

我们以盛唐第172窟北壁的观无量寿经变为例来看唐代壁画中的鱼骨式构成是怎样形成的。首先我们在画面的中央画出一根中轴线。由下而上，这条中轴线贯穿了小桥、平台、佛像、大殿等建筑。中轴线两侧的建筑都呈对称排列。于是我们把两侧的建筑形成的斜线与中轴线连接起来，就形成了鱼骨的形式（图6-15）。中轴线两侧的斜线大体上是平行的，不同的斜线与中轴线连接而形成的交点就有很多，说

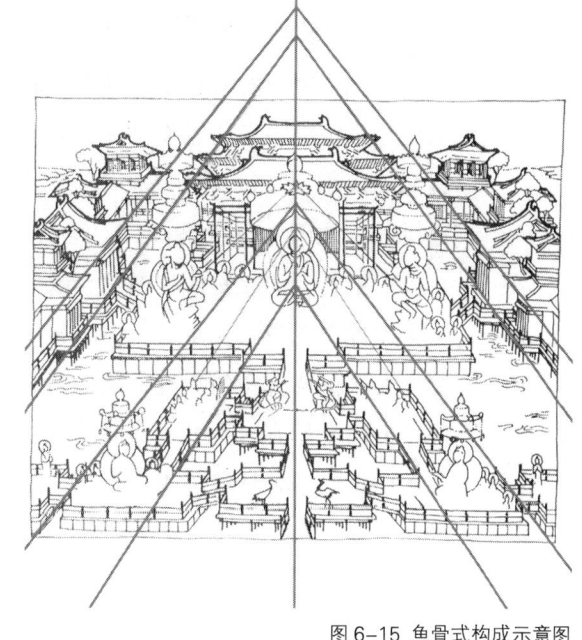

图6-15 鱼骨式构成示意图

---

① "鱼骨式构成"这个词最早是西方美术史家用来指文艺复兴时期佛罗伦萨画家杜乔的作品所表现的空间处理方法。日本学者小山清男氏在对日本古代曼陀罗画（经变）进行分析时，把它用于对东方美术的分析。见小山清男《幻影としての空间》，东信堂，1996年。

明作为透视的消失点不在一个点上，而是在不断地推移。这就是鱼骨式构成的特点。比起科学的透视法来，它还不完善，但在科学的透视法还未发现之前的8世纪，鱼骨式构成就是表现空间远近关系最有效的办法。欧洲从13世纪开始研究远近表现的方法，到了文艺复兴时代产生了科学的透视法。可是在中国8世纪前后就已产生了鱼骨式的处理方法，从而在绘画中熟练地表现空间关系。

鱼骨式构成在表现经变方面取得了巨大的成果，在唐代很快就得到普及。从莫高窟盛唐以后的经变画中就可以看出，大部分经变画几乎都采用了鱼骨式的方法。这在第45、171、148等窟的经变画中，都有成功的运用。这种以中央殿堂为中心，两侧配置宫殿楼阁等建筑，形成对称构成的经变画在当时成为了经变画流行的构成方法。

鱼骨式构成的方法，其消失点沿中轴线在向上延伸，说明视点在逐渐地上升。但问题还在于经变画中视点并不是按一定的规律移动的，于是就产生了很多矛盾。而当时画家的选择是，与透视相比，更优先考虑构图。由于经变画中人物众多，景物也较丰富，画面的构图就很重要。这里的"构图"也就是古代"绘画六法"中的"经营位置"。所以我们在画面中看到的人物或建筑物可大可小，可远可近，其配置的原则并不在于远近透视关系，而在于构图的需要。

如果仅从构图的角度来看，鱼骨式构成也可以理解成中轴对称的方法。但两者是有区别的。鱼骨式构成意在表现远近的空间关系，而中轴对称则可以不管远近透视。结果，唐代后期的经变画虽然有一些在透视方面更为进步，而更多的经变则是发展了中轴对称构图的形式，而把透视关系放在次要的地位。

3. 视点的问题

如果从科学的透视法来看，唐代经变画的透视表现有时是很混乱的。比如同一建筑物的上半部好像是仰视的角度，而下半部可能就描绘成俯视的。结果当然其消失点并不在同一点上。

从初唐的建筑画中可看出画家们对建筑的描绘手段尚未成熟，多刻画单体建筑，或将这些单体的建筑简单地连接起来，有些不自然。如第225窟南壁龛顶的净土变，两侧的建筑好像从极高的视点向下看，而中央的建筑则像是仰视所见的样子。位于建筑当中的佛像的视点，既不像中央的建筑也不像两侧的建筑。于是画面中至少出现了三个明显不同的视点。

第45窟北壁的观无量寿经变较为特别，中央的建筑物在透视方面有着明显的矛盾。但如果我们的视点稍微改变一下，就可以看懂画面的远近关系了。比如当你看画面左半部时，视点就在左侧，看画面的右半部时，视点就放在右侧。如果要按科学的透视法，只能确定一个视点，那么左右的透视关系就是矛盾的。但画家并没有采用科学的透视方法，他们是以构图的需要而不是以景物的真实来安排这些景物，从而使画面形成中轴对称。盛唐以后经变画中建筑，视点逐渐协调统一，形成俯瞰的视点。如第172、148窟的观无量寿经变就是代表之作。

在以建筑为主干的经变画中，人物的组合与排列也同样表现着某种空间关系，最单纯的是一些说法场面将人物排列成八字形而形成一定的远近关系。如第45窟正面龛顶上部描绘的释迦多宝佛说法的场面，两侧的菩萨较多，形成了二重的八字形排列。第205窟南壁的净土变也是以佛像为中心形成二重或三重的八字形构成。通过这样斜向排列的群像而表现出了一定的空间关系来。此外如第148窟的涅槃经变中描绘释迦为佛母说法的情节，释迦被描绘成半侧面的形象。在释迦的身后一列人物面向右，与之相对的一组人物则面向左，两组听法的人物正好形成八字形排列，而显示出一种空间关系来。

而在人物众多的经变画中，群像往往以佛为中心呈圆形组合，表现出更为丰富的空间层次。这在盛唐以后净土经变画中出现较多。如在第45窟北壁的观无量寿经变、第217窟北壁的观无量寿经变都可以见到。这种圆形排列进一步发展，尊像（人物）更为增加，经变画中形成了多组的群像。每一组中以某一佛像或菩萨为中心，其余的尊像或近或远，或聚或散，但都向着中心的尊像，好像星云一样。盛唐经变画规模较大，常常在上部描绘三组群像，又在下部两侧各绘一组以佛像为中心的群像，形成五组的构成。如第148窟东壁的观无量寿经变和第172窟南北壁的观无量寿经变就是其例。

通常对于佛、菩萨的描绘，往往视点稍低于水平线，以利于表现其崇高的形象；而对建筑的描绘一般则是从俯视的角度出发，这样更能表现出其复杂的结构来。

如上所述，从透视学的角度分析，我们会发现唐代不少经变画都存在透视的矛盾，使画面有不自然之感。但是，所谓"不自然"其实是现代人因为受到透视学的影响而产生的感觉，古代的中国人并没有这种感觉，他们已经习惯了这样"不科学"的处理手法。那时的画家们所追求的并不是像摄影那样的真实感。唐代经变画成功地以鸟瞰的视觉来表现规模宏大的建筑群和众多的人物，把雄伟的建筑与众多的人物协调在一起，体现出一个理想的完整的佛国世界，而且在画面中可以感受到一种佛教的庄严与净土世界的欢快气氛。这就是那个时代人们所希望的"真实"。

第五节
山水的境界

除建筑物以外，山水风景也是最能体现空间关系的要素。唐代以后山水风景常常出现在经变中，使经变画的空间表现更为丰富了。但是山水景物的空间构成关系与建筑的不太一样，二者在壁画中的表现有很大的差异。叙事性经变往往在画面中有机地配置一些与故事相关的山水景物。如第332窟的涅槃经变中山水风景就起着很大的作用。从某种意义上说，这铺经变的内容就是在一幅大型山水图中展开的。第148窟的涅槃经变也是以山水画来构建经变的成功之作。画面用连绵的山水组成巨大的背景，而其中的每一项内容都在这个山水图中描绘出来。这样的构成，体现出山水画在佛教壁画中的作用。

净土图式的经变中主要以建筑物作背景，由于建筑物都有明确的轮廓线，通过运用这些线而形成的诸如"鱼骨式构成"等方法，可以表现出远近关系来。在部分西方净土变和药师经变等以建筑为主体的经变中，有时也用山水来做配景，在建筑物周围描绘一定的山水树木，把建筑物无法体现的一些空间补充完整。如第172窟北壁的观无量寿经变，在建筑物后面画出一些远景山水，给人以无限远之感。这样的方法改变了初唐那种舞台式背景的不足，而使画面的空间表现达到完满。中唐以后综合处理山水与建筑的经变较多，通常以建筑物作为近景，山水作为远景，把远近空间有机地联系起来。如晚唐第 85 窟南壁的报恩经变就是把净土图放在画面靠前的位置，建筑的周围则是山水景物，这样就使空间显得十分辽阔。

弥勒经变在盛唐以后多以山水作背景来表现，并形成了固定的形式。第 445 窟北壁、第 446 窟北壁的弥勒经变都是以山水为中心而描绘出来的。第 33 窟弥勒经变在中央部分绘出须弥山，山上绘出宫殿，象征须弥山和兜率天宫的景象；而在须弥山下部的周围绘出绵延的小山，山与海仿佛从宇宙的高空向下俯视的景象，给人以无限远、无限辽阔的空间感。这样的描绘符合佛经的记载，但与通常的山水画不同，不是为了表现某一风景，而是要在视觉上造成一种空间感，把须弥山的世界（天国）和人间世界这两重世界统一在一个画面中。这样的表现也很符合古人所说"以大观小"之法。这种方法在盛唐第 446 窟也可看到。中唐时代的第 231 窟北壁东侧的弥勒经变，没有绘出像第 33 窟那样带有神秘色彩的须弥山，却描绘出云环雾绕的兜率天宫；近景中也是十分写实的山水风景，近处是平原，其中还描绘出动物在安静地或走或停。同样是将天界与人间描绘在同一画面中，第 231 窟的人间，其现实世界特征更强一点（图 6-16）。

图 6-16　弥勒经变　莫高窟第 231 窟北壁东侧　中唐

其他的经变画中，以山水风景为主体的还有十轮经变、金刚经变、楞伽经变等。从经变画表现佛国世界的目的来看，山水的表现就是要在画面中造成一个宏大的空间，从中展开众多人物的活动。第 321 窟的十轮经变、第

23窟的法华经变、第45窟的观音经变、第33窟和445窟的弥勒经变等等可说是成功之例。盛唐山水画的成熟，也使一部分画家不由自主地要表现较完整的山水画面。如在第217窟和103窟南壁经变画中就表现出相对独立的山水图①。似乎与经变画中央的净土世界分离了开来。这样从整体看，实际上背离了经变画表现的初衷。因为经变需要表现的是一种宏大的境界，如果山水的表现太实，境界就小了。如中唐第369窟南壁的金刚经变、第112窟的金刚经变与报恩经变，均以山水为背景，画家对山水的表现也比较成功，尤其是在第112窟，可看出水墨技法应用的成果（关于山水画的分析，参见本书第八章）。但这样的表现却失去了净土世界的那种亦真亦幻的境界。

　　印度、中亚的佛教美术虽然也表现背景，但主要是以人物为主的，尤其是雕刻作品中几乎看不出对空间的表现。而中国自南北朝以来，对于山水自然的品评与欣赏，促成了山水画的发展，同时也促进了画家们对空间深度表现的探索。东晋顾恺之，南朝宋代的宗炳、王微等都是以山水而著名的画家。隋代以后，建筑画也发展起来了，董伯仁、展子虔便是以画台阁（建筑画）而著称的。山水和建筑的表现都必须要考虑空间远近关系，敦煌壁画的经变画可以说就是对空间表现技法探索的重大成果。敦煌的经变画从隋朝开始出现，唐代兴盛起来，在空间表现方面形成了人物群像、建筑、山水等综合表现的方法。初唐开始在处理群像的同时，注重对建筑物的描绘。盛唐以后形成了鱼骨式构成的空间表现法，使净土图式经变画中对建筑艺术的表现达到极盛时代。另外，山水风景的运用也在表现佛国净土世界中，体现出其表现宏大空间的优势。

　　由于建筑画和山水画的成熟，唐代的经变画构成臻于完善。经变表现的是佛国之境，然而，这些建筑、山水则是人间的风景，它反映了中

---

　　① 第217窟与第103窟南壁的经变画，最初贺世哲先生定为法华经变，后来有的学者提出质疑，认为是佛顶尊胜陀罗尼经变；但近年施萍婷先生对这些内容重新考察，认为既非法华经变，也非佛顶尊胜陀罗尼经变。此图的主题内容仍有待于研究。

国人对风景审美的需要。从敦煌的经变画中，我们可以感受到唐代佛教艺术与中国传统绘画的相互促进。由于中国传统山水画、建筑画发展的成果，使佛教经变画在大空间表现上取得了重大成果；而也正是由于佛教对佛国净土世界表现的强烈需求，促使画家们利用传统绘画的各种手段来表现这样一个宏大的理想的空间——净土世界。于是，产生了成熟完美的经变画，这是完全中国式的佛教艺术，是唐代绘画的杰出成果。经变画的构成一直影响到后来宋、元、明、清时代，并影响到朝鲜半岛和日本。

第七章
人物画艺术

在敦煌壁画中，人物造型是绘画中最重要的方面。宗教绘画是造神的艺术，而神（这里指佛、菩萨、弟子及诸天等）的形象总是与普通的人密切相关。在人类历史上，不同的宗教总是会想象出各种各样超越于自然人的神灵，然而不论把神灵想象得如何离奇，当人们以视觉形象来塑造神时，也始终不能完全脱离人的形象。因为在社会生活中，能够与人进行交流、沟通，共同生活的，依然是人。所以，造神，实际上是把人的力量和才智加以理想化的结果。最终表现在视觉形象上，依然是人的形象。

佛教的特点在于佛陀释迦牟尼本来是历史上真实存在的人，他从一个王子通过修行走向了成佛的道路。古代印度的修行者相信每个人通过艰苦的修行，最终都会修成正果（于佛教来说就是成佛）。所以，佛教艺术中的佛陀和菩萨，从一开始就充满了人性。在古代印度早期佛教雕刻与绘画艺术中，佛就是修行得道者的形象。菩萨兼有贵族人物和出家修行僧人的形象。后来，由于佛教教义的发展，佛的"神性"在不断增加，佛教诸神也在发展。除了菩萨、佛弟子之外，还出现了天王、药叉、天龙八部等形象；仅菩萨的形象就有诸多，且往往具有超出常人的特征，如六臂、十一面、千手千眼菩萨等。但作为佛与菩萨或天人，其基本形象仍然具有普通人的特点。因此，佛教绘画中的佛像、菩萨像造型，实际上反映了人物画的造型特征。

既然在敦煌壁画中，佛、菩萨、弟子、天王等等形象是为数最多，表现也最为精彩的形象，那么，我们在讲人物画时，就不能不讲这些神（人物）的造型艺术特点。

第一节

早期壁画中的"西域式"人物画

在汉代和汉代以前,中国的人物画已经有了较长时期的发展。但是,我们还没有发现画家对人体表现(特别是对人体结构的表现)有某种规律性的技法,只是以线描对外形轮廓进行描绘。这一点直到魏晋时期的墓室壁画中,仍然没有突破。佛教绘画的传入,无疑是第一次传入了全新的绘画手法。尤其是在人物画上,出现了相对准确的画法。当时的佛教绘画理论虽然没有流传下来,但从克孜尔石窟、敦煌石窟的早期壁画中,我们仍然可以看出其与汉晋中国人物画传统不一样的画法。虽然,外来的人物画法,并没有完全为中国画家们所采用,但是,由于佛教艺术的冲击,画家们已经意识到了人体结构的重要性,开始探索人物画的规律。这样,在对外来艺术表现手法兼收并蓄的情况下,形成了中国式的人物表现方法。

《建康实录》曾记载了南齐谢赫说过的一段话:"连五十尺绢画一像,心敏手运,须臾立成,头、面、手、足、胸、臆、肩、背亡遗失尺度,此其难也,曹不兴能之。"①

这是古代画论中极少出现的与人体结构相关的言论。说明在谢赫那

---

① 张彦远《历代名画记》卷五,北京:人民美术出版社,1964年。

个时代，画人物开始讲究尺度，而有关头、面、手、足等如何安排是一个难题。以佛画著称的曹不兴在这方面是很擅长的。在那个时代，佛教艺术传入中国的时间不长，曹不兴擅长佛教绘画，必然会受到外来绘画技法的影响。

汉末以后，佛教大举传入中国，佛教雕刻与绘画艺术也同时传入了中国。由于各地的佛教寺院与石窟中必然要造很多佛像，而这些佛像又是中国的画家、雕塑家们以前所没有见到过的，可以想象，当时一方面从宗教的要求来说，一定要按照从印度、西域等地传来的样本进行模仿制作，另一方面，当时传入中国的佛像绘画十分有限，在样本不足的情况下，只能由本地的艺术家们根据佛经的要求，通过自己的想象来创作。所以在最初的壁画和雕塑中，一定会出现外来的艺术与本土艺术杂糅的状况。如在炳灵寺第169窟就可以看到对西域传来的技法尚未完全掌握，又同时带有浓厚本土风格的壁画。

敦煌由于地接西域，随着丝绸之路的繁荣，佛教很早就在这里发展，到了莫高窟开凿的时代，已形成了较成熟的壁画与彩塑艺术。从时代最早的北凉第268、272、275窟可以看出洞窟的彩塑与壁画有着完整的构思和细腻的刻画。只是由于时代久远，大部分壁画颜色脱落或者变色，这种褪色或变色后的面貌，常常会给人一种"稚拙、粗犷"的错觉。通过第275、263窟等洞窟中从重层壁画底层剥出的未变色的壁画（原貌），可以帮助我们了解最初的壁画效果。

从莫高窟第275窟西壁的胁侍菩萨那里，我们可以很容易地看到画家对人物的表现：菩萨上身裸露；下半身着裙，左侧略出胯；上身微向右侧，面朝左，使站姿微微呈"S"形（图7-1）。上半身晕染部分变色成为粗黑的线条，晕染的层次也看不出来。但这些粗线条，正可以帮助我们了解当初画家们对人体结构表现的一些技法因素。观察敦煌研究院美术工作者的临摹图（图7-2），可以看出菩萨面部造型，以眼睛为中心进行晕染，晕染的范围一直延续到面颊，沿面部轮廓边沿进行；上部发际边沿可看出表现卷发的形式。上半身的晕染,脖子上有两道,胸部被分为两个块面,腹部形成一个圆形块面,胸部以下以一个"U"形的弧线把腹部的块面与胸部两个块面连接起来。这样,上半身形成四个块面:胸部两个近似方形的块面、腰部较大的半圆形块面和腹部的圆形块面。无论身体如何动作,都可以分出这四个块面,这样就保证了人体躯干的基本造型。本窟的南北壁故事画中的人物形象以及站立的菩萨、天人等,基本上都是这样一种躯干的造型。四肢的形象是以关节部位为单位进行晕染的。需要说明的是,由于手指动作较细腻,通常只对手形作一个总体的晕染,在变色后的今天,往往只看到晕染的粗线条而看不到细部一个个手指的造型,这样也会使人产生错觉,误以为当时就画得较"粗糙"或者"稚拙",其实并非如此。

第272窟的菩萨像,在晕染方法上与第275窟有所不同。如龛内南侧的胁侍菩萨像,头部的晕染大体一致,但上半身的块面分隔有较大差异。脖子部分只有一道晕染;胸部被分成两个较大的圆形,以乳头为中心进行晕染;腹部形成较大的椭圆形,是以肚脐为中心进行晕染的(图7-3)。但

图 7-1 菩萨 莫高窟
第275窟西壁 北凉

图 7-2 菩萨(线描图)
莫高窟第275窟

图 7-3 菩萨 莫高窟
第272窟西龛南侧 北凉

像第275窟菩萨那样连接胸部与腹部的半圆弧形的晕染却没有了。从肌体块面的分割来看，上半身虽然也是四个部分，但却形成了与第275窟菩萨完全不同的效果。胸部不是方形，而是较大的两个圆形；腹部的圆形扩大了；胸部与腹部之间不再是半圆形，而只剩下不规则的形状。同窟的供养菩萨均采用同样的方法造型和晕染。北魏以后，第251、254、257、263等窟菩萨、天人的形象，大体与第272窟的晕染方法一致，只是身体逐渐拉长，身体结构的简化和形式化呈现出一个总的趋势。而第275窟表现的人体结构和晕染方法却再也没有出现过。

西魏以后的敦煌石窟壁画中出现了中原风格与西域风格并存的状况[①]。第272、251、254等窟壁画中那样的人物造型依然存在，但身体逐渐拉长，人物变得较瘦削。这是这一时期的总的特征。北周以后，以第428窟壁画为代表，西域式的人物造型再次成为主流。其人物的身体结构及晕染技法等，与北凉第272窟壁画中的人物一脉相承。只是在菩萨头冠、服饰及飘带等方面，表现出新的时代特征。但北周的大部分洞窟中人物画法已经采用了中原式与西域式结合的表现技法。那种纯粹的西域式晕染法逐渐减少。隋代以后，新的晕染技法就完全取代了早期的西域式晕染法。

在克孜尔石窟时代较早的第77、38等窟壁画中，可以看出其菩萨、天人的形象与莫高窟第275窟菩萨运用了十分相似的晕染法。如第77窟东甬道外侧壁的伎乐天人，面部晕染是完全一致的；上半身的结构是胸部被分成两个近似方形的块面，胸部以下像一个倒梯形与腹部连接起来，形成胸部较宽、腰部较细、体魄强悍的特点。不过，在克孜尔壁画中，这样的人体结构形成另一种趋向。这从第77窟后室券顶的伎乐天人就可以看出。上半身被分割成六个块面：胸部形成两个方块；腰部虽

[①] 段文杰《十六国北朝时期的敦煌石窟艺术》，《敦煌研究文集》，兰州：甘肃人民出版社，1982年。

然略有收缩,但从小腹上部或者是肚脐部分形成一个十字线,正好把这部分分成四个块面。这样的形式在克孜尔石窟壁画中十分流行。如在第17、38、80、110等窟壁画中都可以看到。尤其是一些洞窟变色以后,人物上半身的六个块面非常明显。如第17窟的菩萨形象以及故事画中的人物(图7-4)。这种人物肌体表现的方法,近源在于北印度的犍陀罗地区,远源于古希腊罗马的造型艺术。从犍陀罗的雕刻佛像中,我们可以看到较多的例证。如一件犍陀罗雕刻"梵天劝请"(图7-5),中央的佛像上半身斜披络腋,肌体大部分可以看到,从胸部到腹部大致分为六个块面。在英国博物馆所藏的一件约公元1世纪古罗马的青铜宙斯像上,也可以看出上半身明显被分为六个块面的情况(图7-6)。在古希腊罗马的雕刻中,类似这样的裸体雕像十分常见。这样的人物造型手法被犍陀罗所吸收,并应用在佛教雕刻和绘画中。虽然有的雕刻并不明显地分为六个块面,但从上半身的造型特点仍可看出来自古希腊罗马的影响。而克孜尔石窟中的人物造型,在继承了犍陀罗艺术的人物造型手法

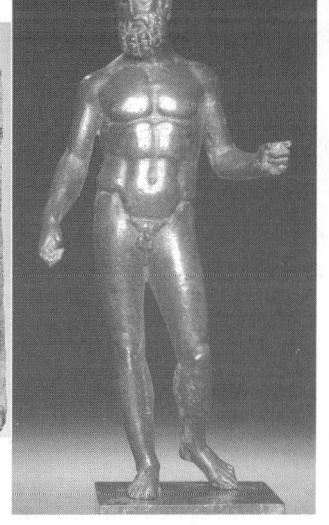

图 7-4　菩萨　克孜尔第 17 窟　　图 7-5　犍陀罗雕刻　梵天劝请　　图 7-6　古罗马雕刻　宙斯像

之后，逐步变得程式化了。

莫高窟第275窟菩萨的晕染方法，与克孜尔壁画并不完全一致。如把胸部以下至腹部的结构以圆弧形晕染代替，比起克孜尔那种明确块面的分割，就显得较为模糊。特别是在全身的人体比例上，缺乏龟兹壁画中那种严格的块面结构。相对来说，敦煌第275窟壁画中的人物形象在比例上存在着参差不齐的情况。如南壁的故事画中，右侧的人物显得短促，不合比例；上部的天人形象，上半身与下半身也不协调。总的来说，第275窟的壁画人物显然是在模仿龟兹壁画的技法，只是并未全部掌握龟兹的画法，显得有点概念化。无论如何，这样的技法表现出来的菩萨、天人等形象具有体格强健的特点，在一定程度上体现着龟兹人物画的风格。

但是，第272窟及北魏以后洞窟中的菩萨形象再也没有出现像第275窟菩萨那样的晕染法，而是按照某种已有的形式另行发展。这使我们感到来自龟兹的人物画法并没有全部被接受，而是产生了改变。这种改变是怎样形成的呢？

敦煌以东的石窟，炳灵寺石窟、天梯山石窟、文殊山石窟等处尚存少量的壁画。

炳灵寺第169窟时代较早的第2龛，残存1身菩萨，面部短而圆，左手提一净瓶。上半身晕染采用了西域式晕染法，肌体块面的分割类似敦煌第272窟菩萨的画法。胸部分割成两个近似方形，腰部没有收缩，腹部却有近乎菱形的晕染痕迹，但身体总的结构与莫高窟第272窟菩萨画法是一致的。

第12号龛的壁画中的佛和菩萨形象也采用了西域式晕染法。其鼻梁、眉棱等处以白色打底，只是表层晕染部分的颜色已经看不到了；但残存的白色与龟兹壁画和敦煌壁画人物面部的画法是一致的。不过胁侍菩萨的造型却并没有按龟兹的画法，且大部分包裹在衣服中，看不出身体的结构了。左上侧的2身飞天，上半身结构上胸部块面的分割较高，类似敦煌第275窟的画法，但由于褪色，无法看到晕染，也无法断定是否有过像敦煌壁画那样的晕染。

炳灵寺第169窟有西秦建弘元年（420）的题记，但在这个自然形成的大型洞窟中，不同的龛壁，完成时代以及绘画水准存在着很大的差异。从第2龛残存的壁画以及第6龛佛背光中绘制的天人等形象来看，画家对人物表现技法掌握得十分熟练；但在第11、12号龛等处的壁画中，不论是从佛、菩萨形象，还是从供养人像的表现来看，都显得技法不精、造型不准，而且往往中国传统的画法与西域式画法并列，表现出内地石窟草创期的特征。

天梯山石窟，有的学者认为就是北凉沮渠蒙逊所开的凉州石窟[①]。从考古调查来看，其确实有一些洞窟属于北凉时代的，代表北凉时代河西石窟的一些特点。从天梯山第4窟中心柱东向面和南向面的菩萨形象来看，造型上体格较瘦小，溜肩，胯部向前倾，使身体形成近似"S"形的样子；下半身较长，使全身显得较苗条；手臂与腿较僵直。与现存的龟兹壁画中菩萨的形象有很大的差异。至于晕染的形式，从南向面的菩萨来看，胸部分为两个方块，腹部形成较大的圆形。如果把胸部看作是一个块面，上半身似乎等分成了三个部分；但从外形来看，除了肩部较宽以外，上半身没有明显的变化（图7-7）。

天梯山第4窟壁画菩萨的形式，与上述莫高窟第275窟和272窟都不完全相同。但在第275窟南壁的一列小菩萨的形象上，我们发现与天梯山石窟十分接近的特征。笔者在考察早期菩萨像的裙饰时，曾提到过天梯山石窟第4窟菩萨的裙饰与第275窟南壁菩萨像的一致性[②]。第275窟南壁故事画下部的这一列菩萨，与北壁故事画下部的一列供养人相对画出。这些菩萨的画法与西壁及南北壁上部的菩萨及天人画法稍有不

[①] 敦煌研究院编《武威天梯山石窟》，北京：文物出版社，2000年。

[②] 赵声良、张艳梅《敦煌石窟北朝菩萨裙饰》，《敦煌研究》2005年特刊，2005年8月。

同，人物面部呈鹅蛋形，体形较为苗条，溜肩，肌肉的晕染并不强烈，与南北壁上部龛两侧菩萨那种强健、敦厚的体格相比，显然是另一种风格（图7-8）。这一列菩萨所占壁面不大，特别是每一身菩萨的体量较小，无法与南北壁上部佛龛两侧的菩萨形象相比，在全窟壁画中远远算不上是主要形象。这样的画法，显然也算不上是主流。但是，这种菩萨形象的出现，却反映了在以龟兹人物画法为主的第275窟存在着另类的风格——就是与天梯山石窟的菩萨类似的造型和表现手法。

如前所述，莫高窟北凉第272窟的菩萨与第275窟的不同，身体轮廓较圆，晕染也形成圆形的特点。这一点与天梯山石窟壁画菩萨有些接近。只是比起天梯山石窟壁画中的菩萨，第272窟的菩萨还显得强健、厚重一点——这是西域式菩萨的特点。在北魏以后的洞窟中，如第263、251、254等窟壁画中的菩萨、天人形象，是沿着第272窟的菩萨造型方法而发展的，其中无疑接受了凉州壁画人物造型方法的影响，形成了普

图7-7 菩萨 天梯山石窟第4窟 北凉　图7-8 菩萨 莫高窟第275窟南壁　北凉

遍的画法。人体结构上的特点是：上半身胸部形成两个较大的块面，腹部以肚脐为中心形成椭圆形，胸部与腹部之间肌体稍有收缩，但总的来说身体轮廓由胸部到腰、腹的变化不大，不像龟兹壁画菩萨那样起伏较大。但菩萨立像往往身体较长，尤其是双腿长而僵直，甚至有些夸张，胯部前倾，使身体大体呈"S"形弯曲。动态更加灵活多样，上身半裸，晕染厚重，是其主要特征。也有部分坐姿的菩萨，表现出较多的西域风格，或者是印度风格，如第254窟的尸毗王形象就是典型的一例。

第254窟北壁的尸毗王本生故事中，尸毗王的形象是画面的中心，这是画家精心绘制的主要人物。尸毗王左腿盘起，右腿自然下垂。这种游戏坐式表现出人物从容自然的神态。上半身微微向后倾，左手扬起，似乎在挡住正在追逐鸽子的老鹰，右手托着鸽子。整个身体呈"S"形弯曲。尸毗王的身体表现经过了精心的晕染，变色后的今天，依然可以感觉到色彩层次的丰富和刻画的细腻（图7-9）。面部鼻梁和眼睛有白色；沿眼睛周围，变黑了的颜色也依然可见晕染的渐变过程；上半身的晕染突出胸部的两块圆形肌肉，腹部可见弧形的晕染带。这样的块面分割在北凉第272窟也有出现。但以坐姿表现的菩萨，在造型上这样完美的，在莫高窟也并不多见。类似的造型，我们在克孜尔第110窟佛传故事画面中也可以看到，但其在躯体上的晕染部位与254窟的却是完全不同的。克孜尔壁画中人物上半身是按六个块面进行晕染的，较为准确地表现出人体结构，而且表现出健硕有力的体态；但莫高窟第254窟的尸毗王形象却显得更为自然，体现了一种亲切雍容的精

图7-9 尸毗王像 莫高窟第254窟北壁 北魏

图 7–10　菩萨　阿旃陀石窟第 1 窟

神面貌。如果与印度阿旃陀壁画相比较，在人物形态、结构及身体肌肉的晕染方法上，敦煌壁画的尸毗王形象与阿旃陀第 1 窟中的莲花手菩萨等形象非常一致（图 7–10）。当然，由于色彩成分的不同，变色情况也完全不同。印度壁画中看不出像敦煌或者克孜尔壁画中沿人体轮廓等部位形成的晕染带。这可能是由于印度壁画所用的颜料与中国壁画有较大的差异，而晕染的技法也存在细微的差别的缘故。

与阿旃陀石窟壁画的人物造型相比较，可以看到不论是龟兹壁画还是敦煌壁画，在人物造型或晕染法上，虽然受到印度的影响，但都不同程度地形成了形式化的方法。在龟兹壁画中，如前所述，人体上半身以六个块面分割进行晕染，这在很多洞窟中都普遍存在；在敦煌壁画中则形成了与龟兹壁画不同的晕染方法，也在北魏到西魏期间十分流行。对人体这样分块面进行晕染，不论是龟兹式的晕染法（分割成六个块面）还是敦煌式的晕染，都不是印度本来的方法，但它们的渊源又都可以追溯到印度。如果把龟兹壁画作为一种标准的"西域风格"，那么，敦煌北凉、北魏菩萨表现出的画法特征，则是在接受西域风格的同时又受到了来自凉州壁画的强烈影响，从而形成与龟兹有别的画法。

第二节
早期壁画中的"中原式"人物画

敦煌早期壁画中的佛、菩萨及佛教诸神像的绘制，经过了对外来样式的模仿、改造，最后形成新的艺术形象。其对人物（佛、菩萨等）的表现，反映了在本土传统画法的基础上不断地吸收外来画法的过程。这个"外来"的画法，实际上包括了来自西域（包括敦煌以西的龟兹、于阗地区以及中亚和印度等）的和来自中原的画法。如果说那些明显带有西域因素的绘画受到了"西域式"画法的影响，那么，除此之外，对敦煌壁画绘制产生影响的还有两个方面的绘画因素：一是汉晋以来流行于敦煌地区的人物画法；二是北魏晚期从中原传来的新样式。因此，我们在讲中原风格的同时，不能忽略汉晋以来已经在敦煌地区形成的人物画法。

敦煌自汉朝建郡以来，强大的汉文化就源源不断地传入了敦煌，并在敦煌形成了较深厚的文化积淀，从而为后来敦煌石窟艺术的产生奠定了文化基础，这一点前人已有深入的研究[①]。从敦煌出土的魏晋墓以及汉代以来与敦煌属于同一文化圈的酒泉、嘉峪关等地出土的魏晋墓中，就可以看到不少带有中原痕迹的壁画遗迹。如敦煌祁家湾369号西凉墓

[①] 史苇湘《丝绸之路上的敦煌与莫高窟》，《敦煌研究文集》，兰州：甘肃人民出版社，1982年。

出土的宴饮辇车图壁画砖，上部表现墓主人夫妇坐于帐内，前面有一人在表演杂耍；下部表现一女子坐于篷车上，前有驭者赶车。壁画中色彩较少，主要以线描造型，从线条的粗细可以看出用笔的力度变化，反映出中国传统以软毛笔绘画的特征。大部分壁画砖都表现打猎、骑射、庖厨、饮食、宴乐等生活场景，富有浓厚的社会生活气息。但由于这些壁画砖都置于墓室，一旦封闭，就不可能再有人见到，因此，一般不会进行细腻的表现，而往往是以简单的笔触，勾出大体的形象，色彩也较单一。但画家往往能通过寥寥数笔，就可把握住人物的动态和精神面貌，体现出生动的形象。这一点正是中国传统绘画的一大特点，即以线描为主要特征，以表现人物的精神气韵为最高目标。

佛教艺术传入敦煌，并在敦煌逐步形成了颇具规模的石窟艺术，但其不可能全盘按照外来的彩塑和绘画样式创作。从洞窟建筑形制等方面，我们已经知道覆斗顶窟的形式、中心柱窟的人字披顶、斗拱装饰，以及阙形龛形式等都是以传统样式对外来艺术形式的改革[①]。那么，在壁画绘制方面，是否也有传统绘画样式呢？莫高窟北凉时代第275窟的壁画，体现出较浓厚的外来样式特征，由于大部分壁画变色严重，我们难以对具体的色彩和线描进行分析。但在南北两壁的中部，以前有宋代砌墙挡住的部分，在搬迁宋代墙壁后，即可见一道北凉原作的色彩鲜艳的壁画。从这些未变色的壁画千佛、菩萨像、供养人像等形象上，我们可以看到虽然颜色是以西域式晕染法对身体肌肤进行由浅到深的晕染，但其中的线描仍可看出中国式的笔法。这些由中国的毛笔绘出的线条，具有粗细变化，并表现出画家用笔时轻重缓急不同特征。线条不是形体的附属物，线条成为造型的重要手段，这一点与印度或西域式绘画不同。如前所述，第275窟的壁画人物，总的来讲还是西域式的画法，虽然在笔法上流露出传统画法的习惯技法，我们可以把它理解为佛教壁画

---

① 参见本书第三章。

初期的特征。在北魏诸窟中，以劲健的铁线描配合凹凸晕染法表现出来的西域式人物特征就很成熟了。但在整个北朝时代的石窟中，往往在描绘佛像、菩萨像时采用西域式晕染法，而在画供养人形象时采用传统的画法。第263窟是建于北魏的一个中心柱窟，窟内大部分壁画都被宋代重绘的壁画所覆盖。近代不知何时，部分宋代壁画被揭起，露出了下层的北魏壁画。其中南北壁东侧下部和东壁的下部均有供养人画像。这些供养人主要以线描造型，虽然色彩较厚重，但基本上是平涂颜色，没有采用表现立体感的西域式晕染法，特别是面部表现，以粗细变化的墨线表现出眼睛和嘴角的微妙特征，从而体现出人物的感情世界。而这些供养人上部的千佛，尽管每一身佛像形体都很小，但画家依然按西域式的方法，对佛像肌肤部分进行严谨的色彩晕染，表现出富有立体感的千佛形象。显然，当时的画家是把佛像与供养人像分成两个类型来处理的，佛像是必须以外来的手法表现的，而供养人本来就是本地人物，人们已经习惯了传统人物的绘画形式，所以采用了与佛像不同的方法。

莫高窟北魏晚期到西魏的石窟壁画中，出现了新型的人物画法。北魏第260、263窟已出现了菩萨形象较为瘦削的特点。第435窟南北壁的菩萨像，更是身体较长，且飘带和衣裙表现出飘举的动态；同窟的人字披顶部飞天的形象也比较清瘦，长裙和飘带在上部形成有规律的飘扬状态。从第249窟佛龛两侧的菩萨也可看出，其身体很长，头与身长的比例接近了1:8，较为夸张。但以上诸窟的菩萨像均采用西域式画法，仅在形体结构上有所变化。

第285窟的壁画中出现了全新的佛像造型，在洞窟北壁、东壁的说法图，南壁故事画以及窟顶壁画中，不论是佛、菩萨形象还是世俗人物形象都一改北魏以前的作风，完全以中原式的人物面貌出现（图7-11）。这种新风格的突出特征在于人物造型修长，衣饰繁多。这就是所谓"秀骨清像"与"褒衣博带"的特征。在绘画技法上，其注重笔法，通过线描的变化来表现人物的肌肤和衣服、装饰物等的质感，特别是面部造型，对眼、眉、嘴唇的细微特征有细腻的表现，体现出中国人的性格和气质。此外还有如下一些特点：

图7-11　说法图　莫高窟第285窟东壁门南　西魏

图7-12　菩萨　莫高窟第285窟北壁　西魏

（1）衣饰表现的装饰性是中原新风格在外观上最大的特点。这时的衣服、飘带往往注重形式感，衣裙垂下的边缘和飘带末端都形成了尖角。这些尖角与实际衣饰的形体已经相去很远，显然不是写实性的表现，而成了一种装饰的需要。由于这些衣角与飘带形成有规律的排列，造成了形式上独特的美感。从绘画表现来说，与西域式画法讲究写实的立体感正相反，追求的是一种平面的装饰美。

（2）对动态与"气韵"的追求，往往通过眼神的变化、手势的动态以及袈裟的下摆飘举的形态，来表现其中的动感（图7-12）。菩萨则有的身体向后仰，有的画成侧面，显示出身体的动作；而嘴角的弯曲、眼睛的神态，更体现出细部微妙的神采与动态。配合人物精神因素的，还有衣饰的飘动感。菩萨长裙下角向两侧铺开，从身上垂下的飘带也在身体两侧形成很多尖角，这些尖角仿佛是在风中飘扬起来的样子，以此衬托出一种飘飘欲仙的气氛。至于说法图上部和窟顶飞动的飞天等形象则在周围描绘出大量的云气和飘散的花朵，以表现在天空中飞舞的样子。

(3) 注重线描造型，用笔劲健、挺拔，体现出力量感。第285窟窟顶表现天空中天人、神仙等的画面中，飞天的飘带和衣裙在天空飞动，流畅的线描表现出行云流水般的效果。而在东壁和北壁的说法图与供养人像中，也能看出对不同的对象，通过线描的轻、重、疾、徐表现出不同的质感和性格。总的来看，以线描的力度，表现出一种"动"的气氛，是本窟壁画的一大特色。即使是西壁的"西域式"人物，除了在色彩的晕染上采用西域手法外，其人物面部造型以及衣纹的表现，依然运用的是流畅而充满力感的线描。

第285窟有大统四年（538）、五年（539）的题记，与北魏晚期东阳王元荣出任瓜州刺史的时间最接近，因而推测极有可能是元荣从中原带来的新风格。关于北魏末至西魏时期敦煌壁画中出现的新风格，段文杰等先生曾作过深入的研究。段先生《敦煌早期壁画的时代风格探讨》一文中把这种中原风格的人物造型总结为："人物面相清瘦秀丽，额广颐窄，尖下巴，鬓髻飘飘，鬓发长垂，眉目疏朗，嫣然含笑，头顶花冠，脚登方头履，衣裙飘举。"并采用了中国式晕染ｗ法[①]。关于这种中原风格的来源，较多的学者笼统地把"中原风格"归结为顾恺之、陆探微的影响。如李文生先生《中原风格及其西传》一文中列举了南朝画像砖之例时，指出"这些都是顾恺之、陆探微'秀骨清像'一派风格的作品"[②]。段文杰认为中原风格是"始于顾恺之、戴逵，成于陆探微"。但是顾恺之大致生活在345—406年间，而陆探微生卒年不详，但他作为一个画家较为出名的时代大约在宋齐之时（约420—502）。这两人的时代相差近100年，二人的画风也不可能完全一样。

"秀骨清像"一词，本来是唐朝评论家张怀瓘对陆探微绘画风格的

[①] 段文杰《敦煌早期壁画的时代风格探讨》，《1987年敦煌石窟研究国际讨论会文集·石窟艺术编》，沈阳：辽宁美术出版社，1990年。

[②] 李文生《中原风格及其西传》，《1987年敦煌石窟研究国际讨论会文集·石窟艺术编》，沈阳：辽宁美术出版社，1990年。

描述:"陆公参灵酌妙,动与神会,笔迹劲利,如锥刀焉。秀骨清像,似觉生动,令人懔懔,若对神明,虽妙极象中,而思不融乎墨外。夫象人风骨,张亚于顾陆也,张得其肉,陆得其骨,顾得其神。"[1]这段评语是最得张彦远认同的。由于陆探微的作品没有一件流传下来,我们无法分析其艺术特点,但根据画史的评语,我们可以大致找到两个重要的特征:

一是用笔技法极高。陆探微的成就主要体现在他的用笔方面。"笔迹劲利,如锥刀焉"是最符合从谢赫到张彦远诸家的评价标准的。所以从南朝到唐代诸家都一致推崇陆探微。《历代名画记》中还记载了书法家王献之曾以作"一笔书"而著称,作为画家的陆探微"亦作一笔画,连绵不绝,故知书画用笔同法"。

二是人物造型清瘦,即呈"秀骨清像"的特征。除了前述张怀瓘对他的评价外,从谢赫、李嗣真、张彦远都没有太多的笔墨记录和描述这位画家具体的绘画。大约是由于艺术成就太高,已经无法用语言来形容了。但是陆探微画的人物清瘦而有神,则是被公认的特征。

崇尚清瘦,是魏晋以来流行的审美风气。顾恺之曾在瓦棺寺画维摩诘像,有"清羸示病之容,隐机忘言之状"[2],论者多以为这就是秀骨清像风格的源头。但从顾恺之的全部作品来看,恐怕清瘦并非主要倾向。时代较早的文献如《古画品录》、《建康实录》等书所记并没有讲顾恺之人物画的清瘦问题,而只是说画完之后"光耀一月余日"或"光明照寺",是指顾恺之画维摩诘像的华丽灿烂的效果。虽然,欣赏"秀骨清像"之美是从东晋到南朝一个总的审美倾向,但是在绘画中表现成熟并形成一种流行的技法,可能还是到陆探微才形成的。而且,由于陆探微的特点是"笔迹劲利",可以说达到了"骨法用笔"的最高境界。

---

[1] 张彦远《历代名画记》卷六,北京:人民美术出版社,1964年。
[2] 张彦远《历代名画记》卷二。

陆探微成名的时代与北魏孝文帝改革，大举学习汉民族文化的时代较近，在孝文帝改革的形势下，以陆探微为代表的南朝艺术便传入了北方，先是在北魏首都洛阳产生影响，继而在东阳王元荣赴瓜州之时，便传入了敦煌。问题是由于陆探微的作品没有被保存下来，我们依然缺乏认识陆探微一派画风的最直接的材料。南方也曾出土类似"竹林七贤图"等砖雕，加之龙门石窟及洛阳周边的佛教遗迹（也基本上都是雕刻），虽然在一定程度上可以反映陆派笔下人物形象及表现风格，但雕刻毕竟不同于绘画，所以，对于敦煌壁画中出现的"中原式"的新风格应属于陆探微一派，仅仅是依据当时的文化历史发展背景所作的判断，至于陆探微的绘画究竟是怎样的形式，就无从得知了。

从南朝到北朝，从中原到敦煌，一种绘画样式的流传，到底在多大程度上保持了原来的样式风格已无从得知。从莫高窟第285窟壁画中所见的人物形象来看，人物形象的清瘦，飘逸的神态，线描的强劲等特征，无疑与画史所载陆探微风格是一致的。但是，第285窟壁画中也表现出了过分形式化的倾向，如衣服和飘带出现的有规律的尖角，已经与服饰实际形成的褶襞相距甚远。这种过分形式主义的特色，反映了在对新样式的模仿中，由于对原作理解的不够而产生的形式化追求。对中原新风格要达到真正消化吸收，看来还需要一定的时间。

第三节
中原式与西域式画法的融合

虽然莫高窟第249、285窟大规模地出现了中原样式的画法，但在西魏的其他洞窟中却并没有像这两窟那样集中地表现出新风格，而是旧有的西域样式与中原样式并存，而且往往是西域样式仍占主导地位。北周以后，大部分洞窟都表现为西域样式与中原样式同时并存的局面，而此时的中原样式却出现了一些微妙的变化。

佛、菩萨等形象，完全按西域样式来表现的仍占多数（如第428窟），同时也出现以新画法表现的菩萨、天人等形象。如第461窟西壁绘出的佛龛两侧的十大弟子及菩萨，这些形象没有完全采用西域式晕染法，而是采用把西域式晕染与中原式晕染法结合起来的新方法（图7-13）。中原式晕染法在第285窟已经出现。西域式晕染是"染低不染高"，即在周围染出深色，在中央以高光突出立体部位；而中原式晕染法正好相反，是"染高不染低"，因为面部呈白色，就在高光部位染色，表现出面部红润的样子。中原式晕染法也见于北朝的墓室壁画，在西魏的洞窟中仅出现在一些供养人像和飞天形象中，尚未普及。而在北周已开始用中原式晕染法表现正壁的佛、菩萨形象。但画家似乎也并没有完全放弃西域式的方法，而是将两种方法结合起来使用。在第296、297、299、301等窟中都可看出，正壁佛龛内及龛两侧重要位置上的菩萨、弟子等形象都采用了这种新型的晕染法。

在飞天等形象的表现中，较引人注目的是西魏那种过分形式化的表现已经改变。西魏第285等窟壁画中人物的衣饰往往以整齐的飘带以及末端形成的尖角来表现，而在北周时期的壁画中，不论是飞天还是世俗人物，服饰和飘带表现得更为柔和而近于写实。如第461、290、296等窟中的飞天，线描更注意其流动、变化，那种为了强调其力量感而有意造成尖角的情况再没有出现。

线描表现更为深化与成熟，线描不再追求那种有规律的排列以及

图7-13 菩萨 莫高窟第461窟西壁 北周

由此形成的装饰风格，而是根据人物身体的变化、服饰不同的质感而产生转折变化，形成富有生命力的东西。这一点在第290窟人字披顶的佛传故事画和第296窟窟顶与南北壁的故事画中表现得最为典型与丰富。

当然，北周时期也有部分洞窟并没有采用新的中原式画法，而依旧采用了西域式的晕染法。但如第428等窟壁画中的西域式画法与北魏时期壁画的画法也不完全一样。其人物头部较圆，色彩晕染比起北魏的壁画也有简化的倾向。有的学者认为北周壁画的人物属于张僧繇"面短而艳"的风格。这恐怕有些附会。一是南朝画家张僧繇的作品没有被保存下来，难以比较；二是六朝至唐代的评论家对张僧繇的作品评价极高，却未言及其所画具体人物如何，仅有"顾得其神，陆得其骨，张得其肉"之说，主要是就绘画倾向与顾陆相比较而言的。讲张僧繇的人物

"面短而艳"是宋朝人讲的[①]。张僧繇作品唐代已较少见，宋代能见到的张僧繇作品已经极少了，仅从一两幅画上的某一特征判断其属于张僧繇的风格是不够的。敦煌壁画与张僧繇画风之间很难找出对应关系。

北周以后的壁画，开始融合中原式与西域式两种画法，这一趋势一直发展到隋朝。其人物面部和肌体的用色非常厚重，尤其从其面部晕染可以看出，既有西域式的晕染，也有中原式的晕染。而菩萨身上的衣饰也变得十分繁多，璎珞、臂钏等装饰物也十分丰富。为了表现其华丽，还往往以贴金的办法来表现璎珞。到了隋代，塑像也有了细致而华丽的彩绘，以表现菩萨身上衣饰的花纹。服装纹饰中出现大量的菱格纹、圆环联珠纹、狮凤纹等来自波斯的纹样，反映了隋朝与中亚、西亚诸国的交流。可以说隋朝文化具有国际化的特征。其在人物画法上，兼采中国传统技法与西域技法。在第419、420、427等窟的壁画中，不论是佛、菩萨还是佛弟子像，都有厚重的晕染。由于变色严重，已很难得知其原貌；但从变黑的程度，仍可看出其晕染的技法，正是西域画法与中原式晕染手法融合而成的。

除了有相当一部分隋朝壁画是采用色彩厚重的晕染法绘成的外，还有一部分隋代壁画是采用了以线描为主的办法来表现的，色彩较淡。第276窟可以说是一个典型的代表。此窟西壁佛龛两侧分别画出维摩诘与文殊菩萨做对谈状。隋代大部分洞窟中的维摩诘经变，通常维摩诘与文殊菩萨身旁都有众多的人物，画面比较拥挤；但此窟的维摩诘经变却仅画出主人公的形象，没有一个多余的人物。壁画中人物画得较大，龛北侧的维摩诘手持麈尾，嘴唇微启，正面向文殊菩萨做谈话之状（图7-14）；与之相对的文殊菩萨站于莲台上，双手在胸前打着手势，好像正与维摩诘讨论问题。画家以简练的笔法，表现两位智者的对谈。人物以土红线描表现，衣服及头光等仅用了土红、赭石、石绿、黄色等少数几

[①] 米芾《画史》载："张笔天女宫女面短而艳。"而类似的评语却不见于唐人或更早的画论。因此米芾所见作品所反映所恐怕并非张僧繇作品普遍的风格倾向。

种颜色。面部和肌肤基本上不加色彩的晕染，头部轮廓及须发、嘴唇与身上的衣饰等，完全通过线描的粗细、用笔的急徐变化来表现其不同的质感与效果。反映出画家在笔法应用上极高的造诣。这一点正是中国传统绘画非常推崇的"笔才一二而象已应焉"的效果。同窟南北壁的大型说法图也是人物画得较大，以线描造型为主，薄施彩色。如南壁的说法图中，迦叶一手托钵，一手持花，面侧向佛，嘴唇微张，形象鲜活；北壁说法图中的菩萨像面朝佛像，头微低，一手托举莲花，一手持净瓶，表现出恬静而虔诚的神态。总之，此窟的人物形象完全以线描为主来表现。画家通过人物的细微动态来表现其精神世界，色彩成了线描的补充形式。人物的传神是通过笔法来体现的。不过，像第276窟这样以线描为主、色彩简淡的人物画在隋朝并不多见，这样的绘画风格到了唐代才得以进一步发扬光大。

图7-14 维摩诘像 莫高窟第276窟西壁北侧 隋

第四节
写实精神与初唐人物画

阎氏父子（阎毗、阎立德、阎立本）在隋唐之际对中国艺术史产生过重大影响。因为他们都不是单纯的画家，还在建筑设计、器物的设计与制作方面具有很高的造诣，并在政府中担任重要职务。隋文帝时，阎毗以"技艺侍东宫"，深得皇帝的喜爱，后来官至朝散大夫、将作少监。阎毗是朝廷中负责宫殿建筑、仪仗、服装等方面制作的官员，善于制造，对于隋朝的辇辂车服制度有很大贡献。他曾参与征辽的战斗，立下军功[①]。阎毗之子立德（？—656），完全继承了父亲的才干，熟悉典章制度，能按规矩为皇帝制作衣服及相关的腰舆伞扇等物，为时人所称道。立德之弟立本（？—673年），于显庆年间继立德之后任将作大将和工部尚书，但在此前他已经体现出卓越的绘画才干。太宗曾让他画《秦府十八学士图》及《凌烟阁功臣图》。唐初的评论家彦悰说："阎师与郑，奇态不穷，像生变故，天下取则。"[②]把阎立本与郑法士相比，认为他们是天下绘画的楷模。李嗣真认为，在人物画方面，二阎是自北朝杨子华以后，开创一个时代的巨匠。即所谓"象人之妙，号为中兴。"按

[①]《隋书》卷六十八《阎毗传》，北京：中华书局，1973年。
[②]《历代名画记》卷九《唐朝上》，北京：人民美术出版社，1964。

《唐朝名画录》，阎立德、阎立本共同制作了如《职贡》、《卤簿》等图，阎立本还奉诏"写太宗御容"①。由于阎立德、阎立本兄弟在宫廷中的地位，他们可以接触帝王和大臣，可以画出符合相关制度的人物服饰。而在接触国外使节方面他们也有优势，可以画出职贡图这样的人物，使他们的作品具有典范的作用。他们绘出帝王图、职贡图后，粉本就会流传于各地，以至远在敦煌的佛教石窟中也可以看到当时流行的帝王图和外国人物图。

初唐莫高窟第220窟（贞观十六年，642年）、332窟（圣历元年，698年）、第335窟（圣历二年，699年）等窟的维摩诘经变中，都画出了帝王图与外国王子图（图7-15）。如果与波士顿美术博物馆藏《历代帝王图》比较，人物神态及绘画风格都存在相近的特征。帝王均着衮冕，左右有众多的大臣簇拥。尤其值得注意的是帝王服装上的所谓"十二章"纹样。按《周礼》，十二章包括：日、月、星辰、山、龙、华虫、宗彝、藻、火、粉米、黼、黻。自周代以来，十二章纹样用于皇帝和大臣的朝服。至于在朝服上绣哪几种纹样，各朝则有所不同。即使是天子之服（包括大裘冕、衮冕、毳冕等六种），也根据用途的不同，而对纹饰有所增减②。在冕服的发展中，我们注意到隋代在承袭了北周的冕服九章的制度时，增加了日、月、星辰的纹饰。"于左右髆上为日月各一，当后领下而为星辰，又山、龙九物，各重行十二……"③初唐承隋制，衮服绘十二章纹样正好在敦煌壁画中体现出来。莫高窟第220窟东壁北侧帝王的衮服上可以看到在两肩的位置上各画一个圆圈，一侧圆内有鸟形，另一侧圆内则画兔子。圆内有鸟为金乌，表示太阳，圆内有玉兔表示月亮，这是自汉代以来绘画中表现日月的基本样式。在服装上还可看到有

---

① 《唐朝名画录》，成都：四川美术出版社，1985年。
② 参见阎步克《服周之冕——〈周礼〉六冕礼制的兴衰变异》，北京：中华书局，2009年，第323—326页
③ 《隋书·礼仪志》，北京：中华书局，1973年。

山岳和龙纹。在前襟部分，有很多花纹，为藻纹；另外白色的小点形成小花形的，是为粉米。在袖口位置有类似"亚"字形纹样，是为黻。这样我们至少可以判断出壁画衮服上有十二章中的七种纹样，即日、月、山、龙、藻、粉米、黻。除了第220窟外，初唐洞窟中出现帝王图的包括第332、334、335窟。其中第335窟北壁帝王服饰上表现出十二章中的八种；第332窟有五种；第334窟的帝王图较特别，是画在龛内塑像后面的壁上，帝王未戴冕旒。在波士顿美术博物馆藏的《历代帝王图》中，冕服上画十二章纹样种树较多的是晋武帝，包括了日、月、星辰、山、藻、黼、黻七种，另外如吴主孙权、蜀主刘备、后周武帝的冕服上各有五种纹样，汉光武帝和隋文帝的冕服上各有两种纹样①。这样看来，在帝王图中可能无法看到全部画出十二章纹样的情况。当然，从历史记

图 7-15　帝王图　莫高窟第 220 窟东壁北侧　初唐

图 7-16　阎立本《历代帝王图》

---

①　参见陈文曦《阎立本的十三帝王图初探——以冕服十二章纹饰为基准》，《书画艺术学刊》第 4 期，台湾艺术大学，2006 年。

载看来，有些纹样本来就是绣在服装背后的，显然从只表现正面形象的帝王图中是不能看到所有的十二章纹样的。

以220窟壁画比较阎立本《历代帝王图》特别是晋武帝形象（图7-16），可看出其衮冕形制以及衮服上的所谓"十二章"纹样，都具有一致性。按莫高窟第220窟绘制的时间，阎立德、阎立本兄弟已在朝廷任职，阎立本虽还未担任右相，但其绘画已深得太宗欣赏，时时令其绘画，武德九年（626年）已为太宗画《秦府十八学士图》。这样的大作绘出，无疑会极大地提升阎立本在社会上的影响力。当时，二阎都有可能画帝王和外国人物图。以他们当时的影响力，这些图画的粉本很快就会流行于民间，甚至在佛教寺院和石窟中都表现出来了。因此，假如《历代帝王图》原本为阎立本所作，就应该作于7世纪前半期，从而影响到敦煌，而不应该是敦煌反过来影响到内地。

帝王的形象是普通民间画工难以想象的，一定有从宫廷中传出的粉本，才能知道其衣冠服饰的规矩。《太平广记》载："立德创《职贡图》，异方人物，诡怪之状。立本画国王，粉本在人间。"[①]反映了阎氏兄弟绘画在民间的影响力。阎氏兄弟的绘画中，与帝王图相提并论的往往有职贡图。职贡图是画外国人的形象，古代封建帝王把外国使节的来访看作是朝贡，对这类重大外交活动，也常常让画家画出形象。现在传为阎立本的《职贡图》藏于台北故宫。此外，北京故宫博物院也收藏一幅《步辇图》，同样表现外国使节的形象。这两幅画是否为阎立本的真迹，尚有较多疑问。但阎立德、阎立本兄弟画过《职贡图》这样以表现外国人为主的绘画，则是毫无疑问的。在敦煌初唐壁画中，在出现帝王图的同时，也同时出现了外国人物的形象，这不是偶然的。伴随着新形式维摩诘经变从中原传到敦煌的，应该是当时在长安一带深受推崇的阎氏兄弟的画风，其标志便是帝王图和外国人物形象的出现。

[①] 转引自陈高华编《隋唐画家史料》，北京：文物出版社，1987年，第40页。

敦煌壁画中帝王图的出现，意味着初唐二阎的绘画影响到了敦煌，而二阎的绘画并不止于帝王图，实际上是代表了初唐人物画风。从这个意义上讲，敦煌初唐壁画中人物画的成就反映了这个时代在中原画家影响下的绘画精神，包括对人体结构的总体把握和表现的多样性，对人物精神面貌表现的重视，通过对面部神态的细微表现来刻画人物性格特征，以及对色彩的成熟运用等等。而敦煌石窟在贞观年间出现了阎氏风格的帝王图与外国人物画，表明了敦煌在初唐时期与中原绘画的密切关系，在这个时代，敦煌一地的绘画绝不是一种地方风格，而是与中原完全一致的当时流行的风格。

虽然我们不知道唐代是否有像今天画写生的办法，但画家要描绘当时的人物，这是毫无疑义的。秦府十八学士，凌烟阁二十四功臣都是当时的人物，太宗皇帝为了表彰功臣，要让画家把他们的形象画在殿堂壁画上，没有充分的写实功夫，很难胜任。而在另外的关于阎立本的记载中，我们也知道，当皇帝在接见外国使节等重大活动时，常常会叫画师来画出当时的人物情景，就像今天的新闻摄影一样。可以想见，在没有摄影技术的时代，绘画担负着形象纪实的重任。而这种历史记录，对绘画的写实能力要求很高，如果画家根本就没有这种写生的能力，也就无法进行现场写生了。

从中国人物画的发展来看，唐代是一个重视造型的时代。"气韵生动"是六朝以来中国画家所追求的目标，但在这个时期，气韵是靠造型来表现的，所以李嗣真称赞阎立本"象人之妙，号为中兴"，强调的还是"象人"，也就是绘画的写实性。二阎之后，从初唐到盛唐间，按《历代名画记》记载，有王知慎（师从阎立本）、陈义、殷参、殷季友、法明等，都是很善于"写貌"的，并以在宫中画人物而知名。

对人体结构以及动态的表现，是唐代以后人物画发展的一个重要特征。维摩诘这个佛教界的重要人物，深受中国人的喜爱，东晋时代的顾恺之就因画维摩诘形象而著称。唐代的敦煌壁画中，维摩诘完全是一个中国文人的形象。第220窟的维摩诘，画家通过人物的身体姿势，以及对其面部（特别是眼神）的细腻刻画，反映了一个睿智的长者正在张口辩论的神态；与之相对的文殊菩萨则呈安详的坐姿，画家通过对其手的姿势和面部表情的刻画，表现出人物丰富的内心活动。两位主人公的身旁画出了包括帝王和各国王子等众多人物形象，雍容华贵的帝王仿佛正向前行进，而前呼后拥的大臣们则流露出不同的面部表情；表现各国王子的一组人物，有的神情专注地倾听，有的则相互窃窃私语。这些形象不同、神情各异的人物（图7-17），与早期那种西域（印度）式的人物在表现手法上最大的差异就是基本上抛弃了西域式凹凸法表现，而是以线描为主，配合相应的色彩晕染。而对于面部的细微表情与动态，主要以线的轻重变化来表现。有时往往不用色彩，充分展示出中国画线描的优势。画在文殊菩萨和维摩诘身旁的菩萨、天人的形象，也与下部的世俗人物展现出同样的精神风貌，其画法也一样。

人物面部表情，是画家尤其要着力刻画之处。通过人物嘴唇、眼睛

图7-17 外国人物 莫高窟第220窟东壁 初唐　　图7-18 菩萨 莫高窟第57窟 初唐

的细微变化,一颦一笑都富有了个性,表现出人物的逼真神态和精神面貌。除了第220窟外,很多初唐洞窟的壁画人物,特别是对菩萨、弟子的表现,同样也与世俗人物无异,体现出画家以形写神的成就。如第57窟南壁说法图中的菩萨和佛弟子像(图7-18),画家十分注重对人物眼神的刻画,或微向下视,或侧目轻睨,眼神的变化又与面部表情、身体动态结合,使人物脱壁欲出。第401、209等窟的菩萨像,不再是僵直地站立的,而是身体略侧向一边,通过手与腿部的动作搭配,辅以飘带的变化,表现出如在行走的姿态,从而使人物变得活泼。画家不仅仅在人物整体形象、动态的表现上追求神韵,而且在具体的面部五官、手臂、手指、双腿的表现等方面既追求写实又要求生动。尤其是对眉、眼、口、鼻等细微之处的表现,体现出画家高超的线描技巧。如第329窟东壁的说法图及供养人画像、第332窟的菩萨像、第71窟经变画中的菩萨等等,在初唐壁画中可以举出一大批表现人物的成功之例。

隋代以来,西域式晕染法渐渐与中原式晕染法相结合,画家对色彩的运用十分熟练,而到初唐,画面上已很难看出晕染之"法",色彩只是随着线条而渐次过渡,画家不再刻意表现色彩,却能使色彩按人物的肌肤以及不同的服饰表现出应有的效果。总的来说,线描成为画面中的主导。但这一切仍然是建立在对人物形态整体掌握的基础上的。

第五节

吴道子的笔法

隋唐以后，画家们更进一步通过形态、表情来揭示人物的内心世界。一般来说佛陀形象作为被崇拜的对象，保持着一贯的庄严而慈悲的形象，而菩萨的形象则表现出不同的个性。唐代营建的洞窟很多，其水平不免参差不齐，但有相当一批洞窟由当时的高手完成，不论是塑像还是壁画，都代表着一个时代的水准，也成为我们认识唐代人物画艺术的重要资料。

第217窟是盛唐洞窟的代表。根据考古研究，此窟建成的时代约为705—706年之间[1]，正是莫高窟由初唐进入盛唐的时代，其中的人物画艺术也表现出新的风格。西壁佛龛北侧的观音菩萨身体略呈"S"形弯曲，一手持花在胸前，一手提着净瓶；南侧的大势至菩萨两手交叠于腹前，神情雍容。两身菩萨都衣饰华丽，色彩丰富。尤其是纹样丰富的长裙，体现出一层层透明的质感。肌肤的晕染色彩较厚重，都变色严重，但从变色之中，仍能看出面部眼眉勾勒细致而严谨的笔法。佛龛内的塑像已失，而在头光图案之间，画出的菩萨、弟子形象，同样表现出高超

---

[1] 贺世哲《从供养人题记看莫高窟部分洞窟的营建年代》，《敦煌莫高窟供养人题记》，北京：文物出版社，1986年。

的水平。龛内北侧迦叶的形象，通过头部、脖颈的线描显得明晰而有力，眼睛的表现稍有夸张却表现出老僧睿智的神情（图7-19）。背光旁边的一个弟子头像，描绘出长长的眉毛，而在睫毛之间露出的眼神，却同样炯炯有神。南侧的阿难则是眼睛微闭，如在遐思。画在上部的菩萨像，用色较淡因而变色不太严重，面部的色彩与线描清晰可见。其有的嘴唇微启，似欲言说；有的双目半闭，面色慈祥。

第45窟的龛内也有类似的菩萨形象，成为塑像的补充。菩萨的面部丰盈，神情慈祥。值得注意的是，不论是第217窟还是第45窟的菩萨、弟子等形象，画家在以线描表现人物形象与神态时，除了通过笔法的灵活变化来表现质感外，还特别注重线条的颜色变化，有的地方用浓墨，有的用淡墨或其他颜色。如眉毛和眼睑上部通常以浓墨的勾线，而对面部其他部位则用较淡的颜色勾线，在嘴唇的中心也以浓墨勾形，配合红色的嘴唇，以强调其质感。

图7-19　比丘头像　莫高窟第217窟西壁龛内　盛唐

图7-20　维摩诘像　莫高窟第103窟东壁门南　盛唐

第172窟的人物造型与前述两窟的风格接近。龛内的菩萨和弟子像也画得十分精彩，但由于此窟变色非常严重，不仔细观察，很难了解其人物形象的细部特征。而此窟南北壁的观无量寿经变却是十分著名，其中的建筑及其在空间构成方面取得的成果，本书第六章有详细分析。从人物画艺术来看，两铺经变画中的菩萨、天人造型也同样取得较高的成就。如第172窟北壁观无量寿经变中的菩萨，她们或神情专注，听佛说法；或相互窃窃私语，目光顾盼；或手舞足蹈，做欢喜踊跃状，如此等等，不一而足。

莫高窟第103窟维摩诘经变中的人物描绘，体现着盛唐人物画的最高水平。此窟东壁南侧绘维摩诘坐于帐内，身体前倾，手持麈尾，目光炯炯，嘴唇微启，仿佛正与文殊论辩的样子（图7-20）。这一人物形象虽然在很多洞窟都有表现，但在此铺壁画中，画家强劲的线描，把人物神情姿态表现得如此鲜活，十分难得。人物面部的轮廓及衣纹的线条充满韵律，包括表现胡须的细线，似乎都与人物的精神密切相关。显然画家对自己的线描笔法极有自信，为了突出线的韵味，除了衣服上有赭色、黑色和绿色染出外，身体大部分都不用色彩。与维摩诘相对的文殊菩萨则神情安详，右手持如意，左手伸出二指，表现出从容对谈的姿态。如果说对维摩诘的描绘显示出一种强烈外张的力量，那么文殊菩萨的形象则显得松弛得多，安静、从容似乎更符合菩萨的个性。这一张一弛，使画面在对称中达到一种平衡。而在维摩诘下部的外国人物与文殊菩萨下部的中国帝王及大臣形象，同样也形成一种对比。外国人物排在前列的都是半裸的身体，仅着短裤，肌体外露，由于服装不统一，画面相对来说结构较松；而中国帝王及大臣们都衣着整齐，服装华丽，衣纹形成有规律排列的线条，给人以一种严密、紧凑的视觉感应。这一紧一松的对比，与上部两位主角的对比相呼应，使画面的构成疏密相兼，松弛结合，层次丰富而完整。

这种以线描造型为主，在画面中营造气势，具有感染力的人物画，令人想到唐代画家吴道子的风格。吴道子被称为画圣，唐代以来的画论中，对于吴道子没有不推崇备至的。其绘画最具特色，也最受推崇的，就是用笔。他能够不用圆规直尺而在墙壁上画出圆光和建筑，所谓"凡图圆光，皆不用尺度规画，一笔而成"，说明他运用毛笔的功夫是很深的。而更重要的是，他能够不满足于"象似"，而追求对神韵的表现，从而达到绘画的最高境界。吴道子的作品绝大部分都是寺院中的壁画，正如《唐朝名画录》引用《两京耆旧传》所说的："寺观之中，图画墙壁，凡三百余间，变相人物，奇踪异状，无有同者。"可惜一千多年之后的今天，长安、洛阳的唐代寺院都没有被保存下来，吴道子的作品我们也就无从得见。而在敦煌壁画中，如第103窟维摩诘经变这样的人物画风，却反映出类似吴道子的风格。在那个丝绸之路繁荣兴盛的时代，出于佛教寺院与石窟营建的需要，必然存在长安、洛阳等地的画家到敦煌作画，或者敦煌的画家到长安学画之后回到本地作画的情况。没有文献记载吴道子有到敦煌作画之事，但是吴派的画家，或者受吴派影响的画家到敦煌作画的可能性还是有的。

当我们对照《唐朝名画录》、《历代名画记》以及《酉阳杂俎》等唐代文献时，发现在唐代的长安、洛阳等地流行的那些经变画，在敦煌壁画中同样也是很流行的。而这些中国画家创作的经变样式，只能是由长安影响到敦煌的。既然唐前期那些由长安一带的画家们创作的经变画源源不断地影响到了敦煌，那么，在寺院壁画中具有那样广泛影响力的画家，他们的艺术技法与风格必然也会随着这些经变画而传入敦煌。因此，我们可以借敦煌的壁画反观唐代长安寺院壁画辉煌的状况，从中自然也就可以找到类似吴道子等画家的艺术风格。

吴道子画风的意义在于，线描不仅仅是用以造型的技法，线描本身的力量、流动之美也表现着一种气韵、一种精神。在莫高窟第103、217、199、158、159、112等唐代的代表洞窟的壁画中，都可以看到线描艺术的成功之作。如中唐第199窟龛外北侧的菩萨像（图7-21），面相丰润圆满，身体略呈"S"形，手托一玻璃器皿盛着的莲花。人物主要以流畅的土红线描画出，肌肤的色彩较淡，仅飘带与服装用石绿和石青染出，突出了衣饰勾勒的曲线，从而使人物充满活力而又显得十分典雅。第158窟南壁表现的涅槃经变中众弟子举哀的场面（图6-2）及北壁表现的各国

图7-21 菩萨 莫高窟第199窟西壁北侧 盛唐

图7-22 各国王子举哀图 莫高窟第158窟北壁 中唐

王子举哀图（图7-22），都体现出了线描的气势与形象的感染力。有人把吴道子画风总结为兰叶描。其实吴道子的绘画体现出来的绝不仅仅是一种描法，而是在线描中体现出来的精神气度。

第六节

雍容华贵的唐人风韵

莫高窟第130窟为大像窟，主尊是高达26米的大佛，其中的壁画也画得气势非凡。窟内壁画大都为西夏重绘，但在甬道南北两壁却保存了晋昌郡都督一家的供养人像。北壁为晋昌郡都督乐庭瓌及三个儿子的供养像，乐庭瓌手持长柄香炉虔诚向佛，头戴幞头，身着圆领长袍，腰系革带，足踏乌靴。前面两个儿子身着褐色圆领袍，持笏而立，小儿显然还未成年，穿白色圆领袍，双手合十而立。后面侍从四人各持物而跟随在后。南壁为都督夫人太原王氏及女眷的供养像（图7-23），夫人着华丽的红花长裙，肩上有帔帛，双手笼在袖中抱持香炉。身后女儿十一娘双手持花紧随其后，次女十三娘双手笼在袖中，她头上一枝凤形步摇引人注目。身后的侍女达九人。这两组供养图中，主要人物形象的高度均超过2米，乐庭瓌及儿子的供养像体现出一个地方官员的气势，都督夫人供养图中一家人华丽的着装，雍容的气度，体现着唐代贵族的风貌。

像这样规模较大的供养人像在唐代前期洞窟中并不多见，在盛唐洞窟中如第45、217等窟的经变画中，可以看到类似的人物表现。如第45窟南壁观音经变中就有形象丰盈的妇女，而北壁观无量寿经变的未生怨故事中的韦提希夫人的形象，也是唐代贵族妇女的形象。第445窟北壁弥勒经变中表现妇女剃度场面中，也可看到丰满型的妇女。她们与第130窟都督夫人供养图中的妇女形象相似。

壁画中的人物表现出丰肌腻体的特征，反映了"唐人以丰肥为美"的时代特征。唐人的丰满造型也可以从唐代各地出土的陶俑、唐三彩等造型中得到印证。从盛唐到中唐、晚唐，从供养人的形象上

7-23 都督夫人礼佛图（段文杰复原临摹） 莫高窟第130窟

看，以第130窟晋昌郡都督一家的供养人像为代表的画法，对后世影响很大，到晚唐时期如第156、196窟的供养人像都画在甬道两侧，人物形象高大，表现出雍容华贵的气度。不过，唐代壁画中人物形象造型并不单一，如在经变画中，菩萨、伎乐天人等形象，中唐以后就趋向于小巧精致的画法，脸型较圆而丰满，嘴唇较小，双目有神。莫高窟第112、159窟，榆林窟第25窟就是代表。在榆林窟第25窟西壁的文殊变、普贤变中仍可看到盛唐时代吴派画风那种豪放而流利的线描（图7-24），但人物的神态则相对趋于静态。在同窟的弥勒经变与观无量寿经变中，菩萨、天人的造型，脸型丰圆，体态娇小，线描严谨，色彩淡雅。莫高窟第112窟是一个小型洞窟，却在南北两壁各绘了两铺经变画，画中人物都很小，却表现得十分细腻、精致，人物造型与榆林窟第25窟相类似，在人物神态、动作的处理上更为生动。第159窟经变画中的人物形象，既能刻画出不同动态、不同表情的人物，又体现出圆熟的线描功

力。如西壁文殊变中的伎乐天人，或专注，或喜悦，或沉思，一举手、一投足，不同的姿态、不同的风韵，表现出画家高超的技法。

对于唐代女供养人的造型与神态表现，论者往往将其与传为周昉所作的《簪花仕女图》等作品中的人物相比较，其神态与风韵非常相似。周昉的人物画，当时被称为"周家样"，《历代名画记》将周昉与曹仲达、张僧繇、吴道子并举为佛画四大家①。然而第130窟的营建时代为开元九年至天宝初年（721—746）②，周昉活跃于画坛则是在大历至贞元年间（766—805）③，我们

图7-24　文殊变　榆林窟第25窟西壁　中唐

很难说第130窟的风格为"周家样"。但画史又载周昉"初效张萱，后则小异"。张萱于开元天宝年间供职于内廷，也就是成为了宫廷画师。画史对张萱的记载较简略，但大体都强调他善于画妇女和儿童。《唐朝名画录》说："画士女乃周昉之伦，其贵公子、宫苑、鞍马，皆称第一。"张萱的作品今已不传，但有北宋摹本《虢国夫人春游图》与《捣练图》传世，这两幅作品虽为宋人摹写，但从中仍然可见唐朝人物画风采。第130窟的时代正与张萱时代吻合。都督夫人供养人像体现了当时中原地区流行的张萱仕女画风。从张萱到周昉，唐代的人物画表现出体

---

① 张彦远《历代名画记》卷五，北京：人民美术出版社，1964年。
② 贺世哲《从供养人题记看莫高窟部分洞窟的营建年代》，《敦煌莫高窟供养人题记》，北京：文物出版社，1986年。
③ 余辉《中国巨匠美术丛书·张萱、周昉》，北京：文物出版社，1998年。

态丰满、雍容华贵的特点。而作为佛教绘画中独树一帜的"周家样"，恐怕也正是把这种世俗人物画引进到佛教绘画中，形成了新的佛教壁画的时尚。画史上还记载周昉"妙创水月之体"，也就是水月观音菩萨像。这是以中国式的审美精神和绘画形式来表现佛教艺术的又一创新。北魏到唐代的菩萨像，通常都表现出或庄严，或慈悲，或矜持的形象，因为是供人膜拜的，必须要表现其神圣庄严的特点。而水月观音则是把观音菩萨置于有水有月的一种自然山水环境中，仿佛是中国式的文人吟风弄月，这样的一种表现，显然是把观音菩萨作为中国式的士大夫文人来看待了。而这样的观音像一经创立，很快就在全国流行开了，说明深受中国人的喜爱。敦煌壁画中保存下来的水月观音，时代最早的为五代第6窟和第124窟。在藏经洞出土的绢画中，水月观音也有很多件，其中时代纪年最早的是后晋天福八年（943）的绢画。

结合画史来看，"周家样"对于佛教绘画的意义就是用中国式的审美精神来创作佛教艺术。这是佛教艺术的进一步中国化。从敦煌壁画的人物造型来看，早期的壁画中，佛像、菩萨像、天人像等与世俗的供养人像有很大的区别，不光是形象不同，连画法也不同。而到了唐代后期，佛、菩萨、天人的形象与世俗人物的区别越来越小，菩萨、弟子等形象与普通中国人没有两样。在佛教艺术的这个转变过程中，从阎立德、阎立本兄弟到吴道子、张萱、周昉等画家，都曾起过重要的作用。

本章针对敦煌壁画人物画发展中有重大影响的问题，略作分析，并希望通过将敦煌人物画与画史上一些重要画家的画作进行比较，来深入了解敦煌人物画在不同时期取得的重要成就。本章涉及的仅仅是敦煌人物画的极少部分，还有很多内容是需要深入研究的。而当我们通过画史所载的古代画家风格来比较研究敦煌壁画时，实际上面临着巨大的风险。因为像陆探微、吴道子等画家的作品基本上没有留存下来，现存传为顾恺之、阎立本等少数画家的作品，也基本上是经后人临摹的。那么，如果贸然认定某些壁画就是某个画家的风格，可能会出现错误。因此，我们必须从具体作品风格出发，结合相关文献记载去了解一个时代的绘画特点，通过相关的历史事实推导敦煌壁画中新风格的来源，并小心地应用那些可能是后世临摹的名画家作品进行比较。如果同时期在内地有相关的出土文物（壁画或者绢、纸本绘画），就可以进行有效的比较研究。尽管如此，墓葬壁画与寺院、石窟壁画也有本质的不同。因为墓葬的壁画仅仅是为死去的人所画，只要其后人认可，即可封闭，别人再不能看到；而寺院和石窟的壁画则是供人们随时观瞻、礼拜所用。两种不同的目的，决定了出资者对作品的要求不同，画家对作品所付出的努力也大不相同。

第八章
山水画艺术

在世界古代绘画中，把山水自然景观作为一项独立的绘画主题，并形成一套特有的技法的，可能只有中国。西方虽然也有风景画，但西方画家开始致力于风景画是17—18世纪，到了以柯罗为代表的法国巴比松画派出现，英国产生风景画家透纳和康斯坦布尔，已经是19世纪的事了。尽管如此，西方绘画的主流仍然是人物画。而在中国，早在4世纪的两晋南北朝时期，就已经出现了独立的山水画，并有专门画山水的画家。隋唐以后，山水画得到很大的发展，到五代以后，山水画就成了中国绘画的主流。山水画的形成发展，还伴随着中国传统思想中的山水审美意识的发展。中国特有的山水审美思想的发展，促进了绘画中山水表现技术的成熟，可以说山水审美是中国传统思想中的一个重要方面，它强烈地体现着人与自然和谐相处的意识。

第一节
中国传统山水审美意识

中国自古以来就强调人与自然和谐相处，绘画中往往喜欢把人物放在一定的山水背景中来表现；文学作品中描写人物、故事，也往往要以一定的山水风景来做陪衬。所谓寓情于景，情景交融，这样的例证在古代文学艺术中比比皆是。先秦时代的绘画我们很难看到了，但从《诗经》等文学著作中，仍可以感受到人们对于自然景物以及空间距离形成的美感的认识。如：

蒹葭苍苍，白露为霜，所谓伊人，在水一方。
溯洄从之，道阻且长，溯游从之，宛在水中央。

——《诗经·秦风》

这首脍炙人口的古诗，呈现给人们的是一幅意境悠远的画面。画面里有蒹葭（芦苇），有霜露，有河流（湖泊），有人物，特别是因为"伊人""在水一方"而产生的若即若离的美感，让人回味无穷。在屈原的《离骚》、《九歌》等诗中，同样可以看到写景的诗句。以《诗经》为代表的先秦文学中，已经大量使用所谓"比"、"兴"的手法，就是要通过自然景物来引起作者的思想情感，而不是直白地讲出作者想要讲的东西，从而使诗歌有了更深的文学性。汉代乐府诗中也有大量以景来表现作者情感的诗句。如：

青青河畔草，郁郁园中柳，盈盈楼上女，皎皎当窗牖。
——《乐府诗集》

涉江采芙蓉，兰泽多芳草，采之欲遗谁，所思在远道。
——《乐府诗集》

我们从这些文学性的描写中，似乎可以看到一幅幅富有田园气息的风景画。其呈现给人们的是人物与景物相交融的富有情趣的画面。这种因山水景物与人物感情交织在一起所形成的美感，在中国传统的审美意识中特别受到重视。情景交融，也许是传统诗文中所追求的较高境界。文学中因此而特别讲究对景的描述，如山水、树木、花草。而在绘画中，中国绘画就不是只画人物，而总要把人物放在一定的环境之中。在汉代的绘画（包括画像砖、画像石）中，我们看到在画面中，人物的形象总是画得较小，而要把山水、树木、房屋等构成景物的东西完整地表现出来。也许，在中国画家的眼里，人物只是山水风景中的一个要素而已。把人放在一定的环境中来表现，这样的思维定式，贯穿了中国古代绘画史。

敦煌石窟是作为佛教信徒修持和礼拜场所而开凿的，敦煌壁画都是与佛教相关的内容，但在北朝至元代的壁画中，大量的山水图作为人物活动的背景或者洞窟中的装饰而被绘制出来，反映了中国传统审美思想强烈地渗透到佛教绘画之中。敦煌壁画中山水画面数量之多，描绘之精，时代延续之久在古代艺术中是绝无仅有的，可以说展示出了中国山水画史的一个重要阶段。石窟这种形式，包括雕塑和壁画最初都是由印度经中亚而传入中国的，在印度和西域壁画中，虽也画出一些植物和简单的象征性背景，但绝没有像敦煌壁画这样大规模的山水画。敦煌早期石窟中，山水画多用作故事画的背景。唐代壁画中，随着经变画的流行，以山水画作为经变背景的越来越多，很多经变画都以大规模的山水为背景。唐代后期，屏风画开始流行，山水画也成了屏风画中不可缺少的因素。五代、宋以后，由于敦煌与内地的联系极少，中原山水画出现的新技法没有及时传入敦煌，壁画中没有反映出这一时间中国山水画产生的巨变。西夏时期榆林窟壁画中出现了大规模的水墨山水画，真实地反映出两宋时代水墨山水画的一些特征，是石窟壁画中很难得的山水作品。

中国山水画的形成是在六朝时代。其时，以顾恺之为代表的画家们开始创立山水画。南朝的宗炳、王微均以山水画而著称。到了隋唐时代，山水画便成为绘画的一个重要主题，名家辈出。唐代吴道子、李思训、张璪、王维等画家均对山水画的发展作出了重要贡献，形成自己的风格。五代以后，水墨山水兴起，山水画发生了重要的变化。隋唐时代的山水画色彩丰富，称为青绿山水，到唐末五代以后，水墨山水逐渐成了山水画的主流。北宋以后，画论中出现了"著色山水"这个词，说明那时大多数山水画是不用色的，如果用了色，就得专门强调是"著色"的。水墨画兴起以后，唐代流行的那种青绿山水就渐渐失传，宋代以后仿唐的所谓"青绿山水"，往往与唐代的青绿山水风马牛不相及。由于时代久远，隋唐时代的寺院、殿堂基本上已经不存，唐代那些绘于宫殿或寺院的壁画名作早已湮灭，而现在传世的绘画品较早的多为五代北宋，唐代绘画极其罕见。在唐代和唐以前名家山水画作基本无法见到的今天，人们对唐代和唐代以前山水画的认识就显得十分不足。而敦煌壁画提供了大量的北朝到唐、五代山水画的例证，对中国山水画史来说正好填补了一项空白。

第二节
北朝至隋代的山水画

敦煌北魏洞窟基本上都是中心塔柱窟，多在四壁下部画金刚力士，金刚力士的脚下画出一列起伏的山峦，通常用土红、石绿等色以粗线条画出轮廓，或全部平涂。这样的山形一直延续到隋朝。此外，在说法图中，还画出象征着佛所居的灵鹫山（如第254窟西壁的白衣佛），在第254窟南壁的降魔变、第263窟降魔变中还可见到表现魔军手托山峦的形象。这一类山峦的样式和画法，与汉代画像石、画像砖中的山峦的非常接近。

北魏时代壁画中山峦出现较多的第254、251、248等窟中，山峦的画法几乎都是近似三角形的形式，一面平滑，一面还有两三道波形线，山头与山头相连或叠压，并分别以红、黑、白、绿、蓝等色染出，色彩在这里仅仅起装饰作用。由于它的形状像连续的驼峰，有的学者把这样的山峦称作是"驼峰式"山峦。值得注意的是，就是在这看似千篇一律的山峦中，画家

图8-1　山水　莫高窟第254窟北壁　北魏

们却在努力表现一种空间感。从第 254 窟北壁的金刚力士脚下的山水可以看出，在山与山之间有水隔开（图 8-1、8-2），这样，近景的山与远景的山就有了区别，山峦就分出了层次。无论如何，这是画家们对山水空间层次表现的一种尝试。

北魏第 257 窟西壁画有著名的九色鹿本生故事画。在表现九色鹿从河里把溺人救出等情节中，描绘出山峦和河流。在长卷式画面的下部是长长的一列山峦。

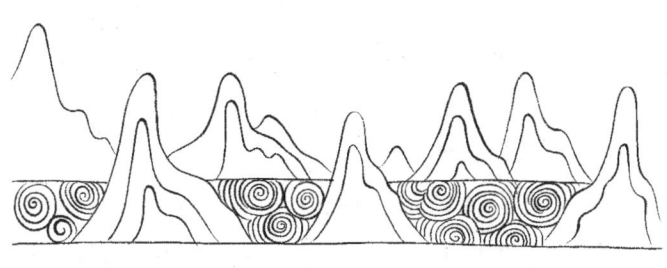

图 8-2　莫高窟第 254 窟山水（线描图）

画面的左侧因烟熏而模糊，但仍能看出一条河自左上部向右下侧流下，河水波纹用线描出，并以青绿色晕染。河水中九色鹿背负溺人向岸边走去，沿河两岸各画出一列斜向排列的山峦，画面的中部也画出几列这样斜向的山峦（图 5-4）。从故事画的意义来说，这些山峦在横长的画面中分隔出一个个场面，用于表现故事发展的一个个情节；而从山水画的意义来看，斜向排列的山峦与河流，是为了表现出纵深的空间感。

北魏末至西魏，中原的山水画新风也传入了敦煌。第 249、285 窟的壁画就体现出了中原传来的新风格。西魏第 249 窟窟顶四披除了画出阿修罗外还画出了中国传统神仙东王公、西王母的形象。阿修罗王的身后是高大的须弥山。须弥山的形状很独特，上部较大，下部较小。在须弥山上有一些宫殿，表现的是帝释天所居的忉利天宫。这样的须弥山形，最初出现在克孜尔石窟中，在北魏时期云冈石窟第 9、10 窟的浮雕中也能看到。第 249 窟的须弥山大体与云冈石窟的样式一致。本窟覆斗顶四披下部描绘出连绵不断的山峦，比起北魏时期的故事画来，其空间更大，山水树木得到更为自由的表现。对山头的晕染则往往通过同类颜色的深浅变化来表现山峦的层次。这种深浅相递变化更富有装饰性。窟顶北披画出一群活动于山中的野猪，野猪的上部又画出三座山峰，与下部的山峰相对，表现出一定的远近关系；在西侧的狩猎场面中，也有类似的表现。第285窟窟顶画出伏羲、女娲等中国传统的神话题材，其中山水的布局与第249窟十分接近，也是在窟顶四披的下沿画出山水树木。在这里，为主要表现在山中修行的禅僧，画出了僧人们在草庵里坐禅的形象。草庵外是起伏的山峦和树林，山中还有走兽出没。树木茂密，树叶连成一片，像一顶顶帽子罩在山峦上部的丛林上，具有浓厚的装饰意味。

第285窟南壁的五百强盗成佛图，描绘出五百强盗在山林中活动及听佛说法的情节。斜向排列的山峦分隔出一个个空间，表现各个场次。这样的手法在北魏第257窟已经出现。但在这个洞窟中，山峦排列所表现的空间更具体可感。而且画家有意从侧面的角度把房屋建筑的空间反映出来。这幅故事画中山峦所占的空间较大，树木大量出现，摇曳多姿的杨柳，亭亭玉立的竹林，以及很多不知名的树木，使山水景物变得丰富多彩。画家还在山峦和树林的旁边画出水池，池中碧波荡漾，水鸟嬉戏其间，别有情趣（图8-3）。这样的画面已不单纯是为了表现故事的背景，而是出于山水审美的需要。山水自然的美，开始在绘画中受到重视。

北周以后，横卷式故事画高度发达，作为故事画背景的山水也得以大量表现。如第428窟的萨埵本生和须达拿本生便是代表。这两铺故事画都是以三道横长

图8-3 山水 莫高窟第285窟南壁 西魏

的画面相连续,详细地表现故事情节内容。作为背景画出了连绵不断的山水和树木。连续的山峦斜向排列,在横长的画面中形成波浪式的起伏,同时把画面分隔成一个个小的单元。山头用石青、土红等色平涂,这些错落起伏的山峦从画面整体来看有一种装饰性。树木穿插于山峦之中,表现出各种不同的样式。如果比较西魏第285窟南壁故事画中的山水场面,第428窟的山水表现似乎有点倒退,差不多回到了汉画传统的那种山峦形式(图8-4)。说明这些故事画意在表现故事内容,而无意于山水景物的描绘。北周故事画中,山水画描绘较为详细的有第299窟窟顶北披的睒子本生,描绘了睒子在山中侍奉父母,却不幸被进山打猎的国王误射而死,由于睒子的善行感动了帝释天,终于被天人救活的情形。这幅画主要表现睒子在泉水边取水,被国王误射的场景:茂密的树林中,一条小溪流过,睒子在溪边取水,画面左侧国王及侍从骑马奔驰而来。一边是幽静而安详的山林,一边是奔驰而来的人马,这一动一静的对比,烘托出一种富有戏剧性的气氛,完美地表现出这个动人的故事。色彩浓丽的山水画则作为故事画的舞台背景,显示出十分重要的作用。

　　隋朝壁画中故事画更多,表现手法也更细腻而精致。在长卷式故事

图8-4　须达拿太子本生　莫高窟第428窟东壁　北周

画中，山水景物被广泛地描绘，其中树木刻画之精细与繁富是前代所无法比拟的。

隋代故事画继承北周的传统，依然用山水树木作背景；但山水树木在画面中所占的比重越来越大，人物相对来说画得较小。开凿于开皇四年（584）的第302窟，在人字披顶上画出了横卷式故事画萨埵本生和福田经变，作为故事的背景，赭色的山峦、绿色的树木分布在素面的墙上，显得质朴而简淡。这一时期不像北朝故事画那样把人物形象挤满画面，而是留出了一定的空白。画面上部还有天空中飞翔的小鸟。这些富于想象力的表现，使画面产生了一定的空间感。

隋代第303窟四壁及中心柱下沿的横卷式画面中，稀稀落落地分布着山峦和树木，树林中还画出鹿、羊等动物，或在觅食，或在奔跑，表现出山林自然的气息。树林的表现也很有趣味，有的整齐排列，有的则枝干弯曲，呈现出如舞蹈般的动态。树叶大都具有装饰性。驼峰式的山头也体现出不同的形态，山峦的用色简淡而和谐，除了赭红色以外，就是黑色、白色。山峦上由深到浅的着色方法，类似于后来的"皴法"之特点。北魏以来，在洞窟中的这一位置通常是画金刚力士的，山水是金刚力士的背景。而在这个洞窟，第一次描绘出没有佛教内容的山水。看起来最初是由于佛教的需要而画出山水作为背景，后来则抛开本来固有的佛教内容，成为纯粹的山水画了。在隋代303窟的壁画中，尽管山峦形象及色彩的表现依然遵循的是汉画的古老传统，但其山水画却标志着山水画的审美意识已超越了佛教主题的需要。

第419窟在窟顶人字披两侧画出须达拿太子本生和萨埵太子本生故事画，第420窟在窟顶画出法华经变。这两窟的画法非常相似。在山岳的表现上，比起北周以前那种光秃秃的山头来，隋代壁画中的山峦内容层次更为丰富。如第419窟的萨埵本生故事画中，山峦的上部画出一层绿色的植物，就像一顶帽子一样，其中画出细密的线条，如草，如苔。山峦重叠时，层次就变得非常丰富（图8-5）。这一手法，一直影响到唐代壁画中的山水表现。如盛唐第217窟的山头上就有类似的表现。这两窟的山峦都用石绿、石青、赭石等以及其他多种颜色混合染出。由于时代久远,壁画大多已经变黑,但当初一定是十分绚丽灿烂的。

第420窟窟顶西披,表现法华经变中群鸟听法的场面,佛坐在高台上说法,前面有很多鸟伸长脖子在聆听佛法。近景山丘后画有水池,水池中也有很多水鸟面佛静听。佛的身后是长长垂下的柳树,环境优美,衬托出佛法的庄严。

在同窟窟顶东披还画出观音救难的场面,右侧一条河流由远而近流下,河中有人遇难,

图8-5　山水树木　莫高窟第419窟窟顶东披　隋

河边画出慈祥的观音菩萨向河里伸手,正在搭救溺水者。曲折的河流上部细下部宽,体现出远近的空间距离。左侧是大海中有人遇难的情景,左边画出数人乘小船航行于大海而遇大风浪的危急状况,右边也画出数人乘船航行于大海。由于画家还未掌握描绘大海的技法,画出的大海仍像水池一样,如在水池中还画出莲花。左边对海浪的描绘,令人想起彩陶纹饰中的波浪纹,二者在这种图案化的处理方法上可以说是一脉相承的。

隋代壁画的另一大特色是房屋建筑大量进入了故事画的背景之中。从佛经故事画的内容看,除了情节展现于野外山林中的故事外,还有很多是情节发生在宫殿房屋内的。在早期壁画中,也有少量的建筑出现,而到了隋代,房屋建筑已成为壁画背景的重要内容,表明壁画写实化的倾向;同时,建筑物在构图中也起着重要的作用。如在第420窟法华经变中,由于房屋的作用,使壁画突破了横卷式构图的约束,由建筑物的

转折而形成的蛇行线,把画面分成一个个单元,构成一种独特的空间。在山水风景中,山峦通常都是圆弧的形状,而建筑则往往是直线和角形,这样山峦与建筑结合,直线与弧线交会,就使画面显得刚柔相济,多彩多姿。隋代画家展子虔等都很擅长画宫殿楼阁①,从敦煌壁画中也可看出隋代的建筑画很发达,反映了中原新画风的影响。

隋末第276窟在南北两壁与西壁交接处附近,分别画出奇崛的山峰,如北壁西侧菩萨的旁边,最下部是一个山坡(图8-6)。上部画出坚硬的岩石,顶部岩石向右翘出,显得很险峻。岩石用赭红线条勾勒,在有的部分染出石青和赭红色,表现出岩石的阴阳向背。在岩石上还画出一些树木。第276窟岩石与树木的画面表明画家不再停留在对山峦的概括性的、笼统的描绘,而是把山岩作为近景来刻画,强调岩石细部的质感。从第276窟南北两壁的说法图中,还可以看出对树木的具体刻画。北壁的菩萨身后的松树体现出挺拔直立的特点;西壁的梧桐树表现出枝繁叶茂的特征,每一片树叶都用线描具体地勾出轮廓;南壁的树类似槐树,树叶采用"介"字点法。画家在每一棵树粗壮的树干上,都仔细地画出了树的纹理。总之,第276窟的山峦表现具有划时代的意义,画家试图对近景作更为细致的表现,以区别于远景山水。这样,对空间关系的表现进入到一个新阶段。

图8-6 菩萨与山岩 莫高窟第276窟 隋

---

① 张彦远《历代名画记》卷八载僧悰言展子虔:"触物留情,备皆妙绝。尤善台阁、人物、山川,咫尺千里。"李嗣则言:"董(伯仁)展(子虔)同品,董有展之车马,展亡董之台阁"。这说明当时的画家展子虔、董伯仁均以台阁、车马见长。所谓台阁,是指宫殿楼阁等建筑。

第三节

唐代前期的山水画

唐代前期，随着中国与西域诸国的频繁交往，处于丝路要冲的敦煌发展为当时的佛教文化中心之一，长安、洛阳的艺术风格很快就能传到敦煌，从而使敦煌壁画艺术的发展与中原保持了较为一致的步伐。文献中记载的长安、洛阳一带佛教寺院壁画中的经变画等内容，绝大多数都能在敦煌壁画中找到，说明当时敦煌壁画艺术与中原寺院壁画艺术密切相关。当时，吴道子、朱审、韦偃等画家曾经在寺院壁画中画出独立的山水画，敦煌虽然还没有出现完全独立的山水画，但如第217、103、148等窟壁画中的山水画，已具有相对独立的意义了。

初唐第209窟南壁西侧、西壁和北壁西侧的故事画，都采用纵向布局的形式，作为故事画背景的山水景物被画得很大。南壁西侧，右边一重山占了将近四分之一的画面；左边主要画了三重山，其间以曲折排列的树木相连。近处是大河前横。两组说法图，分置于山与山之间，远处画了三座小山表示远景，云霞飘动，显示意境深远。树的形式，主要作为装饰，沿山的轮廓线画出，远处高大，近处矮小，甚至有的如小草一般。大约画家为了突出人物，又要考虑山、树的装饰作用，画树不按比例。这种山和树的装饰性，仍然承袭了早期山水画的特点，但已注意到了山水景物的空间层次感。色彩上改变了早期那种青绿相递叠染的方法，而用大面积的绿色染出，又以赭色相间，以表现层次。第209窟西壁佛光两侧，还保存赭红色线条勾出的山石轮廓，对照隋代第276窟的山水画，可以看出它们的一致性。大面积的青绿染色，烘染出草木朦胧的效果，使山水意境表现得更加完整。

第323窟南北壁中部均画佛教史迹画，但画家没有像以前的故事画那样按故事发展的顺序来构图，而是以山水统摄全图，在山水画分隔出的空间里，描绘一个个故事场面，山水画成了壁画构图中首先考虑的问题。南壁用两组山脉把壁面分成三段，其中穿插画出三组故事画。左侧的山脉呈"之"字形，左下部又有一组小山相呼应。右边一组山脉大体呈"C"字形，环抱故事画，壁画最右侧上部又有一组山崖与之相照应（图5-11）。在两组山脉之间，还有一组山峰耸立，把两组山脉连系起来，这样，两组山脉在横长的画面中形成了稳定的结构，主宰着全壁，使山水连成一气，绵延壮阔。远景的山水则通过曲折的流水相连系，由近景到远景，层次丰富而境界辽阔。

本窟山水画中最引人注目的是远景的画法。如北壁张骞出使西域图，近处描绘张骞辞别汉武帝的场面，人物画得很大；在左侧的山峦中，画出张骞与随从人员渐渐远去的身影，人物越远越小。人与山水比例协调，表现出自然的空间透视感。南壁的石佛浮江故事，描绘的是西晋时期，吴淞江中有石佛浮于江面，风浪大作，当地人民乘舟接石佛供奉于寺院，随即风平浪静的情形。画面中表现了三组人物。上部的远景中画出一些人看着闪闪的佛光，指指点点，这一组人物画得最小，只能看出大体形象，看不清面目；中部的一群人在江边遥礼石佛，这一组人物比起远景中的人物来，要大一点；靠下部的近景中，人们迎接石佛的到来，人物画得较大，较具体。这样由远及近，通过江水联系起来，表现出远近空间的关系，山、水、人物的比例都十分协调。由于山水的远近关系趋向合理，大大增强了画面的写实性，同时也使全壁的山水画具有了完整性。

看起来对远山的表现是画家的得意之笔，特别是远景中画出帆船，颇有意境。本窟北壁康僧会故事上部表现康僧会从海上来的情节，画出大海中一叶扁舟，隐约可见舟中数人（图8-7）。南壁的故事画中，上部远景中有几处画出了小舟，与山水相映成趣，表现了烟雨迷蒙

图8-7　海上远景　莫高窟第323窟北窟　初唐

的江湖景色。尽管线色脱落，但是仍可看出近处的波浪和远处的河流，特别是远景的点点帆影，颇有"孤帆远影碧空尽"的意境。由于变色比较严重，山水及人物的轮廓线都看不清了，远山的颜色都变成了黑色，因此有人误认为本窟壁画是"没骨画"，或者甚至认为是水墨画。这是因不了解敦煌壁画变色的情况而产生的误解。当时的壁画中都染出了绚丽的色彩，而且，按照唐人绘画的习惯，都是采用线描施彩的办法，并不存在"没骨画"。

值得注意的是第323窟还有几处表现云的场面。本来在早期的很多壁画中就已出现了云，但大多是描绘佛、菩萨及天人等乘云来去的场面，那样的云是佛、菩萨、天人等的乘骑，带有很强的想象性，并不是自然风景中的云。323窟北壁壁画中描绘了佛图澄举杯洒酒化雨，扑灭幽州城大火的神异故事。画面中高僧佛图澄举杯向上，一朵乌云向上升去；上部画出山峦的后面有一座城池，城池中火炎升天，上面的乌云化为大雨，倾盆而下。同窟南壁西侧，在远景中描绘出一朵云霞，由于变色，我们无法得知当时是什么色彩，但远山中的一朵云霞，的确是很美的。南壁东侧，表现隋代昙延法师祈雨的故事，城内昙延法师坐于高台

之上，正作法求雨，上部的天空中乌云滚滚，向中央聚集；中央部分的云中已降下了大雨。这些故事虽然充满了神话色彩，但画面中的情形却是按现实中的自然现象描绘出来的。大火燃烧、烈焰熊熊、乌云翻滚、大雨倾盆，都可以形成独特的风景。唐代画家们最早注意并描绘出了这些自然奇观，这些都是中国绘画史上的珍贵资料。

建于大历十一年（776）的第148窟，是盛唐后期规模较大的洞窟。在本窟的巨型经变画中，山水画也体现出空前的水平。特别是在西壁、北壁画出的涅槃经变和天请问经变中，成功地画出气势壮阔的山水，空间表现又与人物故事情节完美地结合起来，实在是佛教壁画中不可多得的山水佳作。

本窟的涅槃经变共画出10组画面、66个情节，人物数百，山水也极其壮观。其顺序先是从南壁西侧开始，由西壁全壁到北壁西侧，主要画面在长达16米左右的西壁上。西壁的南侧，表现释迦在双树林入般涅槃的情形。画面在空旷的原野中展开，远处有山崖耸立，中部引人注目的是画出雄伟的城楼，表现拘尸那城。这样高大的城楼与西安附近出土的懿德太子李重润墓壁画中的城楼建筑很相似，虽然敦煌148窟壁画比李重润墓壁画要晚70年左右，但那种雄强的大唐风格是一脉相承的。由这一组建筑，形成了画面的一个高潮。城门外是一片开阔的原野，远景的山峦绵延相接，一直连到城楼后面，近景的缓坡也在这里交接，景物的远近空间关系表现得十分真切。北壁的"分舍利"场面，可以说是这铺经变画的高潮。众多的人物围绕在堆放舍利的台前，背景的上部，山势表现得十分雄奇，在辽远的原野后面，危崖耸立，其中还画出一片白云遮在半山腰。画面上部，与青绿重彩的山峦相对的是橙黄色的彩云，仿佛是夕照中的晚霞，具有一种动人心魄的力量（图8-8）。从这铺涅槃经变，我们可以看出唐代壁画表现故事，不仅仅停留在把故事内容图解出来，而且更注意壁画作为美术的一种视觉感受。这铺经变画充分调动山水画的技法，体现出雄奇壮阔的意境，达到了画面美的顶点。

第217窟南壁西侧的壁画，旧说是《法华经·化城喻品》的内容，但近年来对此内容颇有争议①。不论其经典依据是什么，画家通过一幅山水画来展开故事情节则是没有疑问的。画面的顺序大体是上部从右至左，再从左至右（图8-9）。右上角是危崖耸立，有二人骑马一远一近行进。透过山崖，可见远方曲折流淌的河流，境界辽远。中部两座高峰之间，一道飞瀑涌泻而下，山下的旅人被这大自然的奇景所吸引而驻马观赏，马匹则半掩在山后。左部也是一条曲折的河流，在近处被山崖遮断。下面的山峰，悬崖突出，青

图8-8 山水 莫高窟第148窟西壁 盛唐

图8-9 山水 莫高窟第217窟南壁 盛唐

---

① 第217窟南壁的内容与第103窟南壁内容一致，最早由施萍婷、贺世哲先生定为法华经变（施萍婷、贺世哲《敦煌壁画中的法华经变初探》，《中国石窟·敦煌莫高窟》第3卷，文物出版社，1987年）。2004年，日本学者下野玲子发表论文《敦煌莫高窟第217窟南壁经变新解》（《美术史》第157册，2004年10月），认为是佛顶尊胜陀罗尼经变。其后，施萍婷、范泉《关于莫高窟第217窟南壁壁画的思考》（《敦煌研究》2011年第2期）又对此经变进行重新研究，认为既非法华经变，也非佛顶尊胜陀罗尼经变。

藤蔓草悬垂。有三人仿佛是长途跋涉而疲惫不堪，一人牵马，一人躺倒在地，一人在水边欲饮水解渴。中间靠右是旅人向一座西域城堡走去，路旁桃李花开，春光明媚。画家渲染了一路曲径通幽、草木葱茏的秀丽景致，使之成为"可居"、"可游"的游春图景了。这幅山水画，主要表现了四组山峦：左侧一组山峰刻画颇细，以石绿和浅赭相间染出，峰峦上的树形除了沿用过去那种装饰性的树形外，又相应地描绘了树的枝叶细部，还画了许多悬垂的藤蔓。右侧是潺潺的流水。中部是一组平缓的山丘，与左侧的山崖相映成趣，画家用很单纯的笔法勾描，平涂石绿色并刻画了不同的树木，花开烂漫，一片春色。右上一组山最引人注目，飞流而下的瀑布，虽已变色，但仍使人感到充满生机，仿佛点睛之笔，是画面中最传神之处。左上部的远景，尽管不如前面几组富有特色，但在画面的构图上是必不可少的，它把左侧近景山崖与右侧一组山峦有机地联系在一起，在两组山崖之间还画出一行大雁飞向远方，使山水显得较有纵深感。

　　第103窟南壁西侧的壁画主题与第217窟是一致的，而画面表现更像一幅独立的山水画（图8-10）。上部远景中，绘一群人从右向左前行，前面一人牵着大象，大象驮着很多行李，后面一人戴风帽，骑着毛驴，身后又有二人步行跟随。下部描绘近景山水，左侧是一座险峻的悬崖，上面垂下青藤翠蔓，岩石间一道水流凌空而下。崖下是曲折的河流。与左侧的悬崖相对，右侧也是一座高耸的山峰，山脚下旅行的人们在这里休息。

　　在第103、217窟的山水画中，画家们充分调动了山水的各个要素，山峰、河流、瀑布、树木、藤蔓等都各得其宜，表现得十分协调。山峰有耸立的危崖，有平缓的小丘，有近景的岩石，有远景的峰峦；河流也各有曲折，远景河流细细如线，近景中波浪翻滚，还有山崖上喷出的瀑布、泉水，体现出透明之感；树木更是种类繁多，开花者如桃如李，近景中柳树婆娑，松树挺立，悬崖上青藤垂下，草丛茂盛。从野外到城里，人物来来往往。这一切构成了完美的山水人物图。

以莫高窟第217、103窟为代表的山水画，线描细腻，以青绿色为主，画面绚丽灿烂，这样的山水画也就是画史记载的"青绿山水"。唐代李思训（653—718）、李昭道父子以画青绿山水著称。《唐朝名画录》盛赞李思训"山水绝妙"、"国朝山水第一"。《历代名画记》说李思训"其画山水树石，笔格遒劲，湍濑潺湲，云霞缥缈，时睹神仙之事，窅然岩岭之幽。时人谓之大李将军其人也"[①]。从这些记载中，我们看到李思训一派山水画的

图8-10　山水　莫高窟第103窟南壁　盛唐

特点在于：注重以线描勾勒，注重明亮色彩。这两点也就是青绿山水的一般特点。这样的山水画在唐代是很受欢迎的。敦煌壁画唐代前期的山水画在画法上与画史所载的青绿山水是一致的。莫高窟第217窟约开凿于景云年间(710—711)，大致与李思训同时或稍晚，受到李思训一派山水风格的影响是很自然的。从敦煌壁画中我们也可以探索唐代青绿山水的发展状况。

第172窟观无量寿经变中的山水画与别的山水画不同，画家在重重楼阁的两侧画出山水景物，却并不画成高山的样式，而是画出一望无际的原野，其间河流曲折而下，画面上部留出部分空白。在象征着净土世界的建筑物后面，表现出了真实的空间透视关系，体现出画家驾驭山水

[①] 张彦远《历代名画记》卷九，北京：人民美术出版社，1964年。

的熟练程度。在净土世界的两侧还以条幅的形式画出了未生怨和十六观的内容,条幅的上部皆画出山水场景,具有相对的独立性。"日想观"是《观无量寿佛经》中所说十六种修行方法即"十六观"之一,即通过对落日的观想,进而使意念进入到佛国净土世界。壁画中则通过描绘自然的山水景物来表现这样的观想场面。在第172窟北壁的日想观中,右侧画出高耸的山崖,韦提希夫人坐在山下;左侧一条河流环绕,上部画出淡蓝色的远山及彩云。青绿色画出的远景中的原野,与近景中赭红色的山崖形成强烈的对比,华丽而不流俗,充分显示出唐代山水画的高度成就。同一内容,在本窟南壁也有成功的表现。另外,在盛唐第320窟北壁表现这一内容的壁画中,也可看到完整的山水场景(图8-11)。

第172窟东壁北侧的文殊变上部山水也表现出了相似的空旷的风景。图中共画出三条河流,由远而近流下,在近处汇成滔滔洪流。画面左侧是一组壁立的断崖;中部有一处低矮的山丘;右侧是一组山峦,一条河流沿山峦自远方流下,近处表现出汹涌的波浪,远处河两岸的树木越远越小,与远处的原野连成一片,表现出无限辽远的境界。河流的表现引人瞩目,特别是对波浪的表现,画家通过色彩明暗、光影强弱的对比效果,表现出波浪的汹涌澎湃之势。(图8-12)

盛唐石窟的青绿山水大多是从中原传来的粉本,或丘峦秀丽、绿树环合,或烟封雾锁、山水迷蒙,或大海扬波、舟楫帆影……这些都不是西北地区的自然风光。但是敦煌的画家们在受到内地山水审美意识深刻影响的同时,却自觉

图8-11 山水 莫高窟第320窟北壁 盛唐

不自觉地把西北的风光融入了青绿山水画中,尽管经过了美化加工,但仍能寻其端倪。如第172窟的山水对于辽阔原野的表现,显然依托的不是南方的自然风光。仔细观察壁画沟壑的特点,就会发现,这种仿佛断裂的沟壑,在西北很多地方都可以看

图8-12 山水 莫高窟第172窟东壁北侧 盛唐

到;在敦煌附近就能找到类似的景观,只是由于干旱,现在没有那样汹涌的流水了。而在唐代,莫高窟附近曾有过"左豁平陆,目极远山,前流长河,波映重阁"①的景色,这就为当时的画家们提供了素材,并激发他们的灵感,进而创作出这种富于地方特色的山水画来。

---

① 莫高窟第148窟《唐陇西李府君修功德碑》,录文见于李永宁《敦煌莫高窟碑文录及有关问题》(一),《敦煌研究》试刊第1期,1981年。

第四节
唐代后期的山水画

经过盛唐的发展和完善，山水画在中唐以后更加丰富了，几乎每个洞窟都画有山水景物，凡能够表现山水的地方，画家都尽量画出相应的山水。尽管山水仍然是人物活动的背景，在佛教石窟里始终没有取得独立的地位，但这一时期山水画大量普及，已经成为壁画中不可缺少的部分。一些经变如观无量寿经变、法华经变、金刚经变、楞伽经变等已经形成了与佛经内容相适应的固定的山水模式。盛唐时期取得很高成就的全景式青绿山水画，这一时期得到进一步发展。这一时期，水墨画技法传入了敦煌，给壁画中山水画艺术带来了新的气息。这些具有水墨画特征的山水画为我们探索唐代水墨山水技法的兴起和发展，提供了重要的参考资料。唐代后期山水画描绘较多，且有特色的洞窟有第112、154、468、361、369、85、9窟等。

第369窟南壁西侧的金刚经变，主要表现佛在灵鹫山中说法，周围环绕众多的菩萨和弟子。画面上部主峰耸立于画面正中，两侧层峦叠嶂，与主峰共同构成如金字塔一般的形式，充满了宗教的庄严感。同窟的南壁东侧经变画中，却把中央空出来，表现平缓的原野和丘陵，两侧分别画出山崖，形成平远的景色。这两铺经变画的构图形式，虽然在唐前期已经出现了，但本窟对山峰的表现十分突出，画家通过山峰表现出了佛教的气氛，把山水的境界与佛教的境界统一起来。比起唐前期的山水画来，那种鲜艳的青绿颜色用得较少，大多仅用赭色染出；线描也用极淡的色彩勾出，以致在很多地方如果不仔细，往往看不出轮廓线。这是唐代后期山水画的一个倾向。

第231窟北壁的山水画也是这样，画家在北壁弥勒经变的上部两侧，分别画出山水景物：右侧是一组高耸的岩崖，在两处峭壁之间，有一条河水曲折地流出，近处的河道越来越宽，山脚下绘出修行的草庐。靠近中部的山峦，阳面是一个缓坡，有几只鹿悠闲地吃草，上部的远山也烘托出辽远的效果。左侧的山峦较平缓，通过河流的曲折线条表现出苍茫的原野，远景中还有几只鹿。对于远景的处理，加强了写实性，表现出深远的意境。比起盛唐第148窟气势壮阔而强烈的气氛来，第231窟更多地表现出安详而宁静的风格。同窟南壁的法华经变及西壁的文殊变、普贤变中都画出了山水画。如文殊变中的山水在文殊菩萨的身后，远方耸立着几座峻峭的山峰，山的峰顶都比较尖，山峰的顶部以石青色晕染，山峰之间还有白云缭绕。近处的原野上画出树丛，色彩明快。画家把画家平远与深远的景色结合起来，使画面富有真实感。

晚唐第85窟东壁门上部画出萨埵本生故事，这个故事是北朝最流行的题材之一，唐代以来单独画出的极少，此窟是作为金光明经变的一个部分画出的。故事被画在经变的旁边，采用了连环画的形式，但没有像早期壁画那样分段画成长卷形式，而是以山水为骨干，均衡地分布情节，山脉相连，很难分隔开来。山峦的画法与唐前期的山水画相比，有了一些微妙的变化：首先是山的形状由圆润变为坚硬，山头多为角形，注重对岩石的刻画。在色彩上，唐前期是以石绿为主，而这里则以石青为主了。中唐以后，壁画的色彩趋向于简淡，但进入晚唐以后，青绿重色再一次受到重视。尽管如此，色彩简淡的倾向似乎是难以阻挡的潮流，同样是青绿山水，唐前期那种色彩丰富而绚丽的视角印象、山势雄浑的境界不复出现。

第9窟窟顶经变中也画出了连绵的山峦，但山峰与山峰之间的联系显得不太自然，由远景山峰到近景平地间也缺乏一个有机的过度。不过峰峦显得坚硬，近景岩石的表现加强了，这是新的倾向。

中唐第112窟是一个小型洞窟，在南北两壁各画出了两铺经变。北壁的报恩经变和南壁的金刚经变里都画出了山水画。报恩经变上部画的是"论议品"即鹿母夫人的故事。左侧画出一座山中有一大石窟，窟中一人在修行，窟外一鹿正在饮水；右侧也画出石窟内一人修行，窟外一女子行走，身后有很多莲花，前面有一王者正骑马经过。画家着意刻画了山崖和岩石，体现出一种幽静的气氛（图8-13）。画中的山水是全新

图8-13　山水　莫高窟第112窟北壁　中唐　　　　图8-14　敦煌绢画　佛传故事　唐

的样式，山头几乎都是尖锐的角形，轮廓线转折强烈，似乎表现岩石的特征，颜色也极为清淡，仅用少量的石绿。值得注意的是，在墨线勾勒之后，又用淡墨渲染，这样的方法是水墨画的特征。第154窟也有同样的表现，在该窟东壁门北侧的金刚经变及北壁观无量寿经变中，山水都以水墨画出，虽然也用石绿染出，但颜色并没有遮盖墨线，这种特征在中唐的代表窟榆林窟第25窟壁画中，也可以明显地看出。

敦煌壁画中的水墨山水画显然受到了长安一带流行画风的影响。在藏经洞出土的唐代绢画中，水墨山水画之例也很多。如英国博物馆所藏的一幅有公元836年题记的药师经变，右上角的峰峦较尖，有水墨晕染，薄施青绿色，显得浑厚凝重。另一幅时代大体相近的报恩经变，画面构图与敦煌壁画一致，即中央画出净土图，两侧以条幅的形式画出佛教故事画，图中描绘须阇提父母从山间走出，左侧是峻峭的山崖，二人行走在山下的平地上。山崖以浅赭色染出受光面，阴面以水墨晕染，与莫高窟第112窟的画法一致。由于壁画与绢的质地的差别，绢画更能体现出水墨画的优点。而且，从绢画中，我们更能清楚地看出笔墨的方法。所以，从绘画的效果上看绢画的水平往往高于壁画。在另一幅英国博物馆所藏的佛传故事画中，山水的表现具有盛唐时期的很多特征，如山峰以圆润的线条勾出轮廓，青绿色较重等等；在构图上，画面左半部画出耸立的山崖，右侧画出远景，山势的布局与盛唐第320窟北壁日想观等壁画山水的构图完全一致（图8-14）。但轮廓线表现出转折顿挫的笔意，墨色有浓淡渲染的效果，包括山峰上面的树丛的样式，都显示出新的时代特征。同时还可以清晰地看出皴法的运用。绢画与敦煌石窟壁画相比，壁画的渗透效果较差，颜色往往涂得很厚，而绢画的颜色相对较淡，往往露出起稿的线条，或者当时就是一次起稿后，不再描线。受绢画影响，中唐以后的壁画也往往用较浓的墨线起稿后，施淡彩，不再画定型线。

第五节
屏风画中的山水

　　中唐以后的经变画通常在上部表现净土世界，下部以屏风的形式表现经变中的具体故事或相关细节。这种以屏风形式表现的画作被称为屏风画。屏风画为山水画的表现提供了新的场所。虽然壁画都是以连屏的形式来描绘佛经故事，但每一扇屏风都具有一定的独立意义，画家可以利用屏风自由地进行山水布局，这样就使屏风画的山水呈现出无限丰富的状况。第159窟五台山图的屏风画比较独特（图8-15），金字塔形的五台山图画在屏风的中央，这是否就是当年吐蕃到内地求得的五台山图呢？由于屏风画呈纵向的画轴形式，通常都是把画面分隔成几段，表现故事情节；但彼此之间也不是截然分开的，而是用山水把全画面有机地联系起来。从山水画的角度来说，其在构图上更趋向于完整了。如第231窟龛内表现萨埵太子舍身饲虎的屏风画，实际上有三个场面：下面画出萨埵太子山中见到饿虎的情节；中央画出萨埵太子舍身饲虎的场面；上部画出亲属为萨埵太子起塔供养的情节。由于人物较小，山水成了壁画的主体。屏风画的中心是萨埵太子饲虎的场面，山水表现以此为基准展开。下部的场面为近景；上部的画面被处理为远景；中央则详细描绘山水景物，右侧是突兀的悬崖，悬崖下面是一片平地，地上画出众虎围绕萨埵太子啖食的场面，画面左侧画出一组低矮的山峦。中央这部分的山水布局，显然是延续了盛唐以来的样式，在山水构图上十分完整，山与树木、人物十分和谐。在色彩的运用上，山崖的顶部有较淡的石青色，下部的山坡和原野都用石绿画出，其中又以赭色相间，表现阴阳向背。大量的石绿色把画面统一起来，造成均衡的效果，虽然不像盛唐山水画那种鲜明、强烈而富有感染力，但对山水细部的处理则有所进步，不论是岩石的皴笔还是淡墨晕染都比较自然，形成了一种新的山水结构。

从构图上来看，通常每一扇屏风中要画出2—4个情节，因此往往利用山水或建筑分隔出一个个小环境，从中描绘故事情节。第238窟龛内的屏风画，表现善事太子入海求宝的故事，构图较疏朗，通常一扇屏风里描绘3个场景。如西壁南侧的屏风画，下部是表现一群牛走过，中部是山丘和树木，上部在山崖旁有二人做对谈状，最上部是远山及远景的树丛（图5-14）。分开来看，可以看作是两个场景，合起来看，山水风景由近及远，又是一幅完整的山水画。这样的屏风画，数量不少。相比之下，情节较少的屏风，山水布局相对较为完整。如第54窟龛内西壁的屏风画，只有两组说法场面，画面左侧画出山峰及树木，右侧则是平缓的山坡，上部画出远山，色彩极其简淡。第468窟龛内的屏风画也是较为成功的例子。这里每一扇屏风都画出两组说法图，全画面呈平远景色，没有雄伟高大的山崖，在说法场面中只画出一两棵老树，两个场景之间以曲折流下的河流分隔开来，

图8-15　五台山图　莫高窟第159窟西壁北侧　中唐

画面最上部画出远山，由远及近画出疏疏落落的树丛。这样自然和谐的山水意境，代表了这一时代的风格。

中唐第154窟龛内两侧的屏风画大多没有画出人物情节，似乎是没有佛经内容的山水画。当时，龛内本来曾有一些菩萨和弟子的塑像，这些屏风式的山水画是作为菩萨或弟子的背景画出的。现在塑像已失去，壁画完全露出来了，但往往左侧或右侧有一半的空白，使山水画看起来不完整。但由此我们也知道在唐代后期的确出现过没有佛教内容的纯粹的山水画。在第156窟的维摩诘经变中，我们还可以看到维摩诘像身后画出的一组屏风，屏风上都绘有山水画。这大约是当时现实生活的真实写照。屏风在唐代贵族家庭流行，而屏风中画山水则是十分普遍的。

第六节

五台山图

五代到北宋，正是中国山水画由着色山水向水墨山水转变的重要时期。但这一时期由于西北地区的政治形势非常严峻，敦煌与中原的往来十分困难，文化艺术的发展处于相对停滞状态。曹氏统治者仿照中原王朝在敦煌设立了画院，这一时期壁画都由画院的画工们制作，从而形成了一种敦煌地区的"院体"画风，也使这一时期的绘画具有一定的保守性。

这一时期值得一提的是第61窟的五台山图。五台山位于山西省境内，山有五个顶，称为"五台"。由于海拔较高，山中气温很低，即使在盛夏也很凉爽。这些特点与佛经所记载的文殊菩萨所居的清凉山十分一致。早在南北朝时期，佛教信徒们就把五台山与文殊菩萨联系在一起，产生了种种传说，这样就使五台山的佛教寺院越来越兴盛。到了唐代，高宗还专门派使臣会颐去五台山检验佛迹，会颐命随行人员画出了《五台山图小帐》带回。于是，五台山图连同五台山信仰就在全国传播开了。远在西南的吐蕃赞普也曾派人到唐朝求取五台山图。日本遣唐高僧圆仁曾专门访问过五台山，在他回日本时，还把五台山图带回了日本，可见五台山图流传之广。

敦煌壁画中最早出现五台山图是中唐时期的第159、361等窟，可能与文献记载的吐蕃遣使求取五台山图有关，这几幅五台山图都被画成屏风画的形式，也许就是模仿唐代会颐随行所创的《五台山图小帐》的产物。五代时期榆林窟第19、32窟中的五台山图都是作为文殊变的背景画出的，由于山水的面积很大，使全图具有山水画的意味。榆林窟第32窟的文殊变是以文殊菩萨在五台山化现为中心画出的，中央画文殊菩萨骑狮子从云中化现，四周则画出五台山和山中的寺院；与之相对应的普贤变，也画出普贤菩萨化现于云端，周围画出山水及毗沙门天王决海的情节。两铺壁画都褪色严重，皴法及晕染效果已看不出来了。

　　莫高窟第61窟的五台山图可以说是五台山图在敦煌发展的最高表现。此窟开凿于947—951年[①]，主要供奉文殊菩萨，所以也叫"文殊堂"。西壁配合文殊像画出巨幅五台山图，全长13.45米，高3.42米。画中详细描绘了东起河北正定，西至山西太原方圆五百里的山川地形及社会风情。画面左侧为南台、西台，下部为太原城至五台山的道路，上部画毗沙门天王、阿罗汉等赴会的情景；右侧为北台、东台（图8-16），下部分别画出由河北道镇州（今河北省正定县）到五台山的道路。全图以中台及其下的文殊真身殿、万菩萨楼为中轴线，两边各有五座大寺分布在东、南、西、北四台之间。南下角是太原城，靠近中部有河东道山门；与之相对的北下角是镇州城，靠近中部有河北道山门。这样通过大山和大型建筑构成骨架，使画面形成了一个基本对称的格局。这样的布局无疑是受到了经变画对称构图的影响。山水画表现基本沿袭了唐代以来的传统表现手法。五座主峰呈金字塔形，山头较柔和，令人想起董源山水画中常见的稳重而庄严的山峰。不过，在近景表现中，这种情况有所变化，画家笔下的山峰变得尖锐，皴法则类似斧劈皴，笔力雄健。

　　在藏经洞出土的绢画中也有一幅五台山图（EO.3588，法国吉美博

[①] 关于第61窟的开凿年代，参见赵声良《敦煌石窟艺术·莫高窟第61窟》，南京：江苏美术出版社，1995年10月。

物馆藏),其创作时间大约在曹氏归义军晚期,画面中央是文殊菩萨,背景画满了山水,即五台山。这幅山水画是以着色为主的,山的轮廓线较柔和,山峦的形状较单调,以绿色晕染,树木的画法也有图案化的倾向。

图 8-16　五台山图(局部)　莫高窟第 61 窟西壁　五代

第七节

西夏的水墨山水画

敦煌石窟开凿的最后阶段即西夏至元代,壁画中极少出现山水画。而在榆林窟第2、3等窟中便出现了这一时期的山水画面,特别是第3窟的大型水墨山水画,标志着崭新的时代风格,代表了敦煌壁画晚期山水画的主要成就。从中人们可以看出敦煌艺术与中原艺术之间的某种联系,对于中国山水画史的研究来说,具有特别的意义。

榆林窟第3窟是一个大型洞窟,窟中央设佛坛,四周分别绘有观无量寿经变、阿弥陀经变、文殊变、普贤变以及密教的曼荼罗、千手千眼观音变等。

洞窟西壁门北侧的文殊变高375厘米,宽50厘米。画面的上部,集中描绘了山水景物(图8-17):中央主峰较为突出,呈"品"字形布局,在雄伟的山峰下画出寺院殿宇建筑,突出了宗教气氛。主峰的前面画出两峰相对如阙,右侧的山下有一个山洞,两扇厚重的大门半掩,从中透出一道神秘的光来。主峰右侧画出一道虹桥,上有7人徐徐前行。这些景象都与五台山的各种传说有关。如在莫高窟第61窟的五台山图中,就有"化金桥现处"、"金刚窟"、"那罗延窟"等题记。本图所绘也应是类似的内容。在主峰的右侧又辅以三重山峦,由远及近,使主峰显得厚重、丰富。右下部接近大海的地方,画出水滨浅滩上的岩石和树木。左侧的壁画有部分脱落，不过从中还是可以看出构图的意图。远处的山峰与中央的主峰相对，明显地形成主客对照；房屋建筑大多掩映在山峦和树木之中，并多作侧面描绘，与主峰下描绘的建筑正面相对，形成宾主揖让之势。左侧下部突出一组山岩，把近景和远景联系起来；同时又于近景和远景之间画出云雾和树木等，体现出迷蒙的空间感（图8-18）。

图8-17　文殊变中山水　榆林窟第3窟西壁门北　西夏　　　　图8-18　山水　榆林窟第3窟西壁门北　西夏

门南侧的普贤变高365厘米，宽204厘米。上部主要画山水（图8-19），以中轴线分为两个部分，左半部分两座雄伟的山峰占据了画面的主要位置，在两峰之间，有一道瀑布泻出。画面左侧在主峰后面可以看到作为远景的云雾缭绕的树丛，由远及近逐渐可以看到淡墨画出的山峰及流水。近处画出巨大的岩石，水从岩石上流下。在左侧下部则画出一片台地，于其中画出唐僧取经图，又与上部的山水遥相对望。画面中央的一组山峦，看起来具有照应左右两侧的作用，在两侧的山岩下都画出巍峨的楼阁殿宇；在山峰左下部的山岩下，则画出简单的茅屋及有栅栏的院落。

图 8-19 普贤变中山水 榆林窟第 3 窟西壁门南 西夏

右半部的山水较单纯，但见一座山峰耸立，近处的山脉蜿蜒而上与其相连，其间陡峭的岩崖十分险要。山左侧画出云雾中的树丛与画面左半部的山峰相接，在靠左侧的山峰中画出亭阁及殿宇，与这一片景色相呼应。其中又以淡墨画出溪水，具有深远之感。画面右侧用淡墨画出平远的景色，下部是绿树及茅屋、栅栏。通往这些房屋可以看见岸边树丛旁的小路，近岸边画出巨大的岩石。

若从全图来看，由于画中心是以文殊、普贤为主的人物，上部的山水画在彼岸应为远景，但画家并不限于一个视点，从而使山水分别体现出一定的远近关系，表现出"高远"、"深远"、"平远"景色的不同特点，并且主要以水墨画成。

唐以来的山水多以青绿重彩绘出，在莫高窟还未出现完全的水墨画。不仅敦煌稀少，即便在内地的寺院石窟壁画中，水墨画也极为罕见。而这里的壁画山水则完全由水墨画出，具有十分重要的意义。

普贤变中央主峰耸立的宏大构成是五代北宋以来华北系山水画的主要特征。我们在五代荆浩的《匡庐图》、北宋范宽的《溪山行旅图》等作品中可以看出这种被郭熙称之为"高远"的构成。由荆浩等画家所创的山水画样式在 10 世纪中叶已影响及于北方各地，此后更晚的时期，西北地区仍沿袭这种构成方式。

普贤变左侧的那种纪念碑式的山峰构成，以及水边的巨石、两峰之间流出的瀑布等画法，与范宽的《溪山行旅图》十分接近。画史记载范宽画作的特征是："峰峦浑厚、势壮雄强、枪笔俱均、人物皆质。"①"山顶好作密林……水际作突兀大石。"②又北宋以来，"齐鲁之士，惟摹营丘；关陕之士，惟摹范宽"③。可见，范宽在西北地区的影响是很大的，榆林窟壁画的作者学习继承范宽的方法，也是极自然的事。

而榆林窟的壁画创作显然还有许多新的手法，如在多重山峰中表现出相互揖让、向背的关系，以及由此体现出的深重、繁复的层次；又如以山中的泉水、溪流，以及大海波浪、森林云雾等丰富的场景，有意表现出高远、深远、平远的复杂空间的画法，虽不见于范宽的作品，却与郭熙的手法接近。

郭熙是北宋华北画派的集大成者，其代表作《早春图》对于"三远法"的熟练应用取得了很高的成就。该图以主山为中轴线，山势主要呈"S"形走向，并在其中穿插表现高远、深远、平远的景色。山势错落有致，并以墨的浓淡来表现近景与远景的对比。山头如云雾般柔和而富有生气，是郭熙的特征。上述普贤变中，主峰突出，右侧的山脉大体呈"S"形走向，山势蜿蜒；文殊变的左侧山峰与主峰的照应以及在山顶创作上运用小竖点的笔法等，都是近似郭熙的方法。

但从普贤变山水全图来看，构图上却有"X"形特点。山水画中"X形"构图是南宋李唐、马远、夏圭等画家作品中常见的构图形式④。所以，从某种意义上说，榆林窟第3窟的山水画又具有南宋绘画的特征。

树木的画法则更多地体现出江南山水画的影响。普贤变左上部山水中，山峰左侧云雾中的树木与米家山水画法十分相似，从米友仁的《潇

---

① 郭若虚《图画见闻志》卷一，北京：人民美术出版社，1963年。
② 米芾《画史》。
③ 郭熙《林泉高致集》，《画论丛刊》（上），北京：人民美术出版社，1989年。
④ 小川裕充《宋元山水画における构成の传承》，《美术史论丛》第13号，东京大学大学院人文科学研究科，1997年。

湘图卷》，以及题为舒城李氏所作《潇湘卧游图卷》中，都可看到类似的树木画法。类似的表现手法，在元代李容谨《汉苑图》、佚名《明皇避暑宫图》等作品中也能见到，说明这样的画法到元代依然流行。

同一洞窟门上部的维摩变中还残存一幅山水小景图，堪称没骨山水画。其纯用淡墨晕染，右侧画出山中有一所房屋，屋子前有曲栏，曲栏环抱的大约是水池。中央的两座山峰墨色浓重，画面左侧作远景。总的来说是一幅平远山水图。这幅画的风格与米友仁的《远岫晴云图》相似。

文殊变山水图中还表现有挺拔的树，笔法刚硬。这种具有书法笔意的画法，在南宋山水画中常见。如马远著名作品《华灯侍宴图》中的树木，树枝的画法充满了书法趣味和舞蹈般的韵律。而这样的树也不完全是现实生活中的写生，恐怕是艺术家想象外加满足画面装饰性需要的结果。此外，如普贤变中部山中楼阁附近的树木，仅画出树干，以横长的点表现树叶，这种画法在传为李唐所作的《文姬归汉图册》中多处可见。

总之，榆林窟第3窟西壁壁画，从全壁山水的构图来看，具有五代北宋山水画的特征，类似范宽和郭熙风格的气势宏伟的大山水；但从细部岩石、树木等方面看又有很多南宋以后的新样式，表明其时代不会早于南宋。金灭北宋后，占领了北方大部地区，北宋的画家有不少流落北方，虽然南方的山水画已经产生了很大变化，但郭熙画派在北方依然继续，直到元代以后，仍产生着广泛的影响。金及元代的画家在学习郭熙派山水的同时，形成一种样式化的倾向。特别是元代以后，部分画家以北宋李成、郭熙为师，吸取其构图的技法，但在很大程度上抛弃了写实的精神，而移入了主观的成分，表现出形式化的倾向。论者将他们称为"李郭画派"①。榆林窟第3窟壁画山水反映的正是"李郭画派"的特征。

榆林窟第2窟西壁门两侧分别画出水月观音图。虽然不是直接表现

---

① 铃木敬《元代李郭派山水画风についてのこミの考察》，《东洋文化研究所纪要》第41册，东京大学东洋文化研究所，1966年。

山水的，但作为水月观音的背景，山水画成为画面的重要内容。值得注意的是，两幅水月观音都采用对角线构图的方法，如北侧的画面中，观音菩萨坐在左侧的岩石上，面朝右上方，右上部画出一弯新月，下部是清澈的绿水。画面从左上部到右下部形成一条对角线，右上部是天空，画面十分空旷；左下部则是人物和岩石及树木等，画面很满（图8-20）。这样"虚"与"实"截然分开、对比强烈的风格，正是南宋马远、夏圭山水画的特色。马远、夏圭等画家探索出了"意到笔不到"的原理，充分发展了中国画的空白处理技法，使山水画更具有魅力，被当时的人戏称为"马一角"、"夏半边"。而壁画历来的传统都是以"满"为特征的，很少留出空白。这两幅水月观音图却大胆地采用了传自南方的新的技法，在画面中留出大面积的空白，这在中国石窟寺院的壁画中是十分独特的。画中岩石和彩云都具有装饰画风。树木、竹、花草及流水的笔法都体现着南宋院体画的风格，说明这些壁画的作者绝不是边陲之地的普通画家，完全有可能是来自中原的高手。

敦煌壁画中的山水画，并不是独立的山水画，而是在佛教主题（故事画、经变画等）中作为背景而绘出的。因此，不能作为独立山水画来看待。因为画家的目的并不是画山水，而是首先要满足对佛教内容的表现，山水只是处于"配角"的地位。但由于唐五代以前中国

图8-20　水月观音　榆林窟第2窟西壁北侧　西夏

山水画传世作品极少，而在敦煌石窟中则有大量的山水画迹得以保存下来，从这些山水画迹的发展变化，我们可以探索出中国山水画发展变迁的重要信息。很多画迹又与绘画史上一些画家的风格相印证，从而使我们可以勾勒出一部4—14世纪线索相对明晰的中国山水画史。这也就是敦煌山水画的重要意义所在。

第九章
装饰艺术

装饰艺术，广义地说，在石窟建筑中如何设计石窟的形制，如何安置其中的塑像，如何安排壁画内容等等，都属于装饰的范围；从狭义的方面看，就是石窟中那些没有明确主题要表达，纯粹从视觉美观出发而设计的部分。庞薰琹先生说过："装饰画和绘画的分别，就在于装饰画是为了装饰某些东西的，它不是一种独立的欣赏性的作品。"①如龛楣、窟顶图案，龛沿或佛坛周围的边饰图案等。很多人把装饰艺术仅仅理解为狭义的装饰图案。实际上佛教石窟一经建立，就必须要考虑全窟的装饰问题。因为石窟是建筑、雕塑与壁画结合的艺术，如何使雕塑、壁画与建筑形制相协调，从艺术的角度营造出一个佛教的世界，这是石窟营建的重要环节。佛教石窟是随着佛教在中国的传播而产生的，最初的石窟一定是努力取法于印度及西域的样式。但是石窟不同于一幅画、一件雕塑，它不可能从印度或中亚被带来。中国的工匠只能根据外来的僧人们所讲述的样子，来再现印度的石窟。然而，由于地质环境的巨大差异，恐怕也只能因地制宜，造出中国式的石窟。因此，在洞窟形制方面，敦煌石窟形成了本地的特点。随着佛教一步步中国化，佛教石窟艺术逐步形成中国的特色，其在敦煌石窟中不同时期的变化，都与中国艺术史的发展密切相关，反映着装饰艺术的时代精神。

---

① 庞薰琹《中国古代装饰画研究》，上海：上海人民美术出版社，1982年，第126页。

第一节

早期石窟的装饰艺术

一、佛教天国的理念

佛教认为,世界是由无数的大千世界组成的,也就是所谓"三千大千世界"①。这些世界多如恒河之沙,而每一个世界的中心则是须弥山,往上就是天堂,有很多层次,包括三十三天;往下就是人间;然后就是地狱,也有不少层次,最下有十八层。佛教讲轮回,认为人死后总会不断地轮回,直到由于长期修行或行善事,达到一定的积累,便可进入极乐世界——佛教的天国。那时,人就会脱离人间的轮回,而永远地生活在天国。所以,对于信众来说,佛教的天国就是最美好的地方。

因为佛陀和菩萨、天人等就是生活在极乐世界的,所以,寺院、石窟中除了雕塑或绘制佛像外,还往往要表现佛教的天国世界。在石窟的顶部,表现天国世界是最常见的。印度和中亚的石窟,窟顶除了一般装

---

① 据《俱舍论》卷十一等佛经记载,一个小世界以须弥山为中心,周围环绕四大洲及九山八海,而上下从色界之初禅天至大地底下之风轮,其间包括日、月、须弥山、四天王、三十三天、夜摩天、兜率天、乐变化天、他化自在天、梵世天等。一千个这样的小世界,称为小千世界;一千个小千世界称为中千世界;一千个中千世界称为大千世界。这个大千世界因为是由小、中、大三种世界组成,故而称三千大千世界。

饰图案外，总是要表现佛、菩萨及天人（飞天）等形象，并描绘出天象图景或天宫形象。巴米扬石窟的东大佛窟顶还画出了乘着马车的太阳神像，反映了古希腊罗马的影响。在克孜尔石窟中心柱窟的拱顶中部，往往画出天象图，如第17、38、80窟等。特别是在第38窟，可以清晰地看出日天、月天、风神、双头金翅鸟等形象。其拱券顶的两侧在菱格形中画出本生故事和因缘故事，东壁和西壁的上部与拱顶相接处，还画出了天宫伎乐。显然，第38窟东西两侧壁上部到拱顶的绘画，表现的就是天与天国的景象。

敦煌石窟的建筑与克孜尔石窟完全不同，中心柱窟改成后部以方柱为中心，前部在顶部造成人字披顶的形式。这种形式，实际上是以印度塔庙窟的理念为指导，按汉民族传统建筑形式对其加以改造而成的中国式的支提窟。这样的洞窟中，窟顶后部平顶多以平棋图案加以装饰，前部人字披顶则往往绘出莲花与化生形象。化生，是指从莲花中化出而进入佛国世界的人，是进入佛教天国的最初形式。洞窟四壁的上部与窟顶相接的地方，画出天宫伎乐形象，从这一点可以看出其受到了克孜尔壁画的影响。

二、中国式的神仙世界

西魏以后，覆斗顶窟就渐渐成为敦煌石窟中最流行的形式。西魏第249窟可以说是一个标准的覆斗顶窟，窟顶为一个倒斗形，顶中心为藻井，有四面披，洞窟正面开一大佛龛。令人注目的是窟顶的内容，除了佛教的须弥山外，还画出了中国传统神话中西王母和东王公的形象，并有相关的风、雨、雷、电诸神，以及朱雀、玄武等中国传统神怪形象。为什么要把中国传说中的神怪形象绘在佛教石窟中呢？这实际上反映了古代中国人对天，对宇宙的认识观念与印度传来的佛教宇宙认识论的一种交融现象（图9-1）。

同世界上许多文明古国一样，中国古代对世界的产生有很多神话传说，如伏羲、女娲创造世界之说，人可以经修炼而成神仙的传说等等，西王母、东王公的故事是其中比较流行的一类。自汉代以来的墓室壁画及画像砖、画像石中就有很多关于东王公、西王母、伏羲、女娲等诸神的形象。将他们画在墓室里，实际上

图9-1 莫高窟第249窟窟顶四披 西魏

是希望死者能够成仙，到西王母这样的神仙所在的地方去。

佛教传入中国后，佛教所说的天国世界，按中国人的理解，正与传统的神仙思想一致。如果比较莫高窟第249窟与酒泉丁家闸五号墓顶部的壁画内容（图9-2），就会发现二者在内容和布局上惊人的一致。墓室中一边绘西王母，一边绘东王公，周围还有飞马、飞鹿、九尾狐等神兽，在四披的下部画有一列山峦。如果说山峦象征着人世间的现实世界，那么，山峦上部的天空中显然就是天国世界了。第249窟窟顶南披绘西王母，

图9-2 西王母 酒泉丁家闸五号墓墓顶 东晋

北披绘东王公，在四披的下部也绘出一列山峦。至于山中的动物等形象，也是汉代以来绘画中常见的形象和风格。在西魏第285窟顶东披还画出了伏羲、女娲的形象，与第249窟同样也是中国式的天国景象与佛教天国的结合。

三、藻井形式的源流

佛教石窟要表现的是佛教的天国，但是天国的概念最终是来自对人间生活的美化和想象。所以在洞窟的顶部，艺术家们还是按照古代建筑的形式来表现的。北魏流行中心柱窟，窟室中心有一个中心塔柱，是象征佛塔的形式。前面的窟顶为人字披顶，后部为平顶。人字披是

图9-3　平棋　莫高窟第251窟窟顶　北魏

模仿中国传统建筑的屋顶形式而来的，平顶部分装饰着象棋格一样的图案，称为平棋（图9-3）。平棋图案和每一个单元都是仿照藻井的形式而绘的。西魏以后，中心柱窟减少，较流行的是覆斗顶窟，洞窟的顶为覆斗形顶，顶部中心为一个方形藻井，藻井四面以斜坡的形式延伸到四壁。这样，洞窟形成了一个空间较大的殿堂形式。这种覆斗顶窟成为隋唐以后洞窟最普遍的形式。

敦煌石窟中的藻井通常是从方形井心向内叠涩进三层，每一层内部的方形都作45度转角，称为叠涩式藻井。藻井的名称汉代就已出现，如张衡《西京赋》中叙及殿堂的装饰，就写道："带倒茄于藻井，披红葩之狎猎。"李善注："藻井，当栋中交木方为之如井干也。……孔安国《尚书》传曰：藻，水草之有纹者。《风俗通》曰：今殿作天井，井

者，东井之像也，菱，水中之物，皆所以厌火者也。"[1]王延寿的《鲁灵光殿赋》中描绘鲁灵光殿中藻井："圆渊方井，反植荷蕖。"[2]可知汉代的宫殿建筑在顶部设置藻井。但从这些文献中，我们只知道藻井为方形，并绘有莲花等纹样，至于是否有45度转角的叠式结构等空间上的特征，却无法得知。从现存的考古遗迹来看，沂南汉代画像石墓中有方井内作45度角叠涩之例；但是在中原汉代以前的建筑遗迹中，叠涩式藻井并不是普遍存在的形式。

从考古发现来看，时代最早的叠涩式藻井是帕提亚王朝的尼萨（位于今土库曼斯坦的阿尔哈巴德市附近）宫殿遗址所存的藻井，时代约为前2世纪—3世纪（图9-4）。在印度的山奇大塔附近寺院遗址中，也可见到顶部为叠涩式藻井的形式，该寺院时代较晚，大约为7世纪以后。

将叠涩式藻井作为佛教石窟的装饰，最普遍的是巴米扬石窟。据樋口隆康等研究人员的调查，巴米扬石窟中有叠涩式藻井的洞窟有30多

图9-4 尼萨宫殿

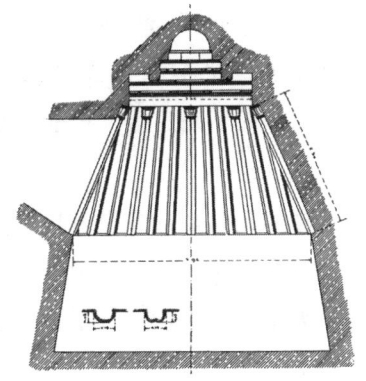

图9-5 巴米扬第733窟立面及藻井平面图

---

[1]《文选》卷二，上海：上海书店，1988年，第19页。
[2]《文选》卷十一，第153页。

例①。大部分洞窟的平面为正方形，还有一部分平面为八边形。而藻井的形式，有相当一部分叠涩式藻井的中央为向上突起半圆形的穹顶形式（图9-5），也有少数为平顶。藻井以三层叠涩的较多，也有相当一部分为四层叠涩的。巴米扬石窟中出现这么多的叠涩式藻井，一定与当地的建筑传统文化有着密切关系。克孜尔石窟中也有很多洞窟的窟顶出现叠涩式藻井。有的虽是中心柱窟，但在洞窟前部的窟顶设置藻井，如第132、207等窟。有的是方形窟，窟顶藻井往往叠进六层甚至七层，如第165、167等窟。在克孜尔石窟附近的克孜尔尕哈石窟也可看到有叠涩式藻井的洞窟（如第32窟）。按宿白先生的石窟分期研究，克孜尔第132窟为第二期的石窟，时代当在395（±65）年—465（±65）年之间，最晚到6世纪②。

　　从上述例证来看，佛教石窟中出现的叠涩式藻井，其来源应为中亚。它是随着佛教的传播而传入中国的。敦煌石窟接近西域，叠涩式藻井出现较多，到了中原的石窟中，就不再是最普遍的形式了。敦煌石窟中除了北凉第272窟和268窟的藻井为浮塑以外，其余各窟都是以绘画的形式表现叠进，没有空间上的凸起。也就是说，敦煌壁画中的藻井已成为一种装饰，而不是建筑空间意义上随着叠进而逐步上升的藻井了。

　　中国传统建筑多采用大屋顶的两面坡形，屋顶形成一个人字形。在洞窟中，这样的建筑形式并没有功能上的意义，仅具有装饰性。因此在外来的佛教石窟中装饰人字披顶，可以说是强烈的民族文化意识作用的外在反映。人字披顶上仿照木结构建筑浮塑出中梁和两边的椽子以及两头的斗拱等形式，使这种传统式建筑装饰更有仿真效果。在人字披的椽间通常描绘莲花、忍冬纹以及化生的形象。

---

① 樋口隆康编《バーミヤーン 京都大学中央アジア学术调査报告》第1卷，东京：同朋舍，1984年。
② 宿白《克孜尔部分洞窟阶段划分与年代等等问题的初步探索》，《中国石窟·克孜尔石窟》第1卷，北京：文物出版社，1989年。

四、天宫与天人

在四壁的上沿表现天宫的形式，在克孜尔石窟就可以看到；在印度和犍陀罗的雕刻中，也常常以建筑的形式表现佛国世界的天宫。这些建筑显然是世俗的人间的产物，每个地方的人都会把自己所见的以及所想象的华丽高贵的建筑形式用于表现佛国世界的天宫。但在佛教发展传播中，最初出现的一些建筑形式，往往会成为一种模式而向外地传播。圆拱形门窗以及凹凸形的栏墙，是早期佛教艺术中较为流行的表现天宫的形式。在印度本土和犍陀罗的雕刻、壁画中都可见到这样的建筑形式。其在克孜尔石窟中得到继承，然后又影响到了敦煌早期壁画。

北凉时期第272窟的窟顶四边画出的天宫伎乐，在一个个圆拱形的门窗中现出半身形象，下面是凹凸形的栏墙。在克孜尔石窟，每一个门窗中都有两身伎乐，一男一女，相互眉目传情（图9-6）。而敦煌壁画中，天宫伎乐每一个门窗中只有一身。克孜尔石窟中的天宫形式，拱门较低，人物仅露出从头到胸的上半身；而敦煌壁画中的天宫形式，拱门较高，伎乐大都可以看到下半身的裙子。但敦煌壁画中对拱门建筑的表现显得有些形式化了，显然敦煌的画家对那种外来的建筑样式没有太多的感受。北魏晚期到西魏时期的第435、248、249窟壁画中的天宫形式，则出现

图9-6 天宫伎乐 克孜尔石窟第38窟

图9-7 天宫伎乐 莫高窟第435窟北壁 北魏

了圆拱形与汉式屋檐相互交错的情况（图9-7）。实际上，早在北凉第275窟就已经出现了以汉式城阙表现弥勒所居的兜率天宫的形式。按中国古代礼制，阙是规格很高的建筑，通常用于天子的宫门。以阙表现天宫，反映了中国古人对佛教天国的理解。以中国式的建筑形式表现天宫伎乐所在的宫殿，也是佛教中国化的表现。

在克孜尔石窟中，天宫伎乐仅露出上半身来，实际上是一种写实性的表现；而这一点在敦煌壁画中也作了改变，人物露出了大部分，这样就可以把乐舞伎的动作表现出来。中亚和西方的艺术受古希腊罗马的影响，强调的是写实性，即以眼睛所见的情况来描绘；而中国艺术讲究完整性，不论是风景、建筑、人物，都喜欢表现出其完整的形象，风景是全景式的。所以，在北周和隋代壁画中，天宫建筑的形式没有了，只剩下下部的栏墙。这样，没有了天宫形式的约束，天宫伎乐变成了飞天伎乐，在天空中一边自由飞动，一边演奏乐器（图9-8）。按过去的分类习惯，天宫伎乐与飞天伎乐是被分成两类的。实际上，她们都是"天人"[1]。当伎乐站在天宫中舞蹈的时候，就被看作是"天宫伎乐"，而当伎乐飞起来时，就被看作是"飞天伎乐"。她的天人身份并没有改变，改变的只是动作姿态。而之所以由站立状舞乐形式，变成飞动形式，则完全是因为由于天宫建筑的遮挡，不能完整地表现人物形象的缘故。当这些伎乐

---

[1] 参见赵声良《飞天新论》，《敦煌研究》2007年第3期。

形象以飞天伎乐（而非天宫伎乐）的形式出现时，天宫建筑也就不需要了，天人的形象保持了完整性，符合了中国人的欣赏习惯。但下部的栏墙还保留，因为它是天宫的象征，栏墙以上部分，就是佛国的天界了。

图9-8　伎乐飞天　莫高窟第290窟　北周

五、忍冬纹的变化

忍冬纹，国外学者多称之为茛苕纹（Acanthus）或帕尔梅特（Palmette，棕榈叶纹）①，最早源于古埃及和两河流域文明，可能是由棕榈树叶抽象变形而成的，在古希腊的建筑和陶器装饰上被广泛采用，后经中亚随佛教艺术而传入了中国（图9-9）。在克孜尔石窟壁画中出现很多。而且已有多种变形和组合形式，如单叶波状忍冬纹（第67、77、163、198窟）、双叶波状忍冬纹（第83、172窟）、双叶环抱忍冬纹（227窟）、龟背状忍冬纹（第17、192窟）等等。这些丰富的忍冬纹样在敦煌早期壁画中都可以看到，表现出明显的传承关系。

但是敦煌壁画中的忍冬纹远比克孜尔石窟中的丰富得多，不仅在变形和组合的种类上丰富得多，而且在风格上产生了很大的变化。说明敦煌在接受了这种外来图案纹样之后，对其进行了很多改变和创造。

---

① 有关忍冬—卷草纹，前人研究颇多，日本学者立田洋司《唐草纹样》（东京：讲谈社，1997年）较为集中地探讨了棕榈纹样经西亚及中亚的传播，并与印度莲花纹样等结合而传入中国及日本的过程。中村元、久野健监修《佛教美术事典》（东京：东京书籍，2002年）也有对忍冬纹的解说。近年，苏州大学的诸葛铠先生也曾对此作过探讨。

图 9-9　古希腊装饰陶罐　（前 4 世纪）
英国博物馆藏
图 9-10　忍冬莲花纹　莫高窟第 431 窟　北魏

一是吸收汉代以来的云气纹那种轻盈、飘逸的精神，使龟兹壁画中那种体形较肥厚的忍冬纹变得清秀瘦长，舒展流畅。这种加长了的忍冬纹的效果与北魏末到西魏初期人物画中流行的秀骨清像的风格是一致的。另外，在佛背光中也常常采用忍冬纹的变形形式，使它具有与火焰纹类似的效果，用以表现背光的光芒。

二是与莲花纹样相结合，创造出新的忍冬莲花形式，有时还把禽鸟等动物组合在忍冬纹中。由于莲花中常常要绘出化生的形象，忍冬莲花与化生童子便成为一种主题常常被描绘在藻井、龛楣、人字披等位置（图 9-10）。这样，忍冬纹就不仅仅是一种边饰，而是作为主体内容被描绘在人字披、龛楣等处。

第二节

隋代石窟的装饰艺术

对于敦煌石窟来说，隋代是一个急剧变革的时代。旧的形式依然存在，而新的形式却不断出现。新旧杂陈，正显示出这个时代文化交融的复杂性与艺术家丰富的创造力。

隋代的洞窟虽然出现了不少新的形制，但石窟作为佛国世界的象征这一主旨并没有改变。莫高窟第302、303窟都是中心柱窟，然而，中心柱却被改变为须弥山的形式。须弥山概念如前所述，在克孜尔石窟壁画中已出现了须弥山的形象，在云冈石窟第10窟也有浮雕的须弥山形象。莫高窟第249窟窟顶西披也画出须弥山的形状。而把须弥山作为一个洞窟的中心，却是前所未有的。隋朝艺术家直接把中心柱的形式改为须弥山的造型，反映了其将洞窟表现为佛国世界的思路。

不过，这样的洞窟仅有此二窟。隋朝另外两例中心柱窟第292、427窟却有着另一种改变。如第427窟洞窟规模较大，中心柱正面不开龛，而是塑出一佛二菩萨。在洞窟南北壁人字披下也各塑出一佛二菩萨。这样中心柱正面的佛像与南北壁的佛像共同形成三组佛像。这三组佛像十分高大，给人以强烈的震撼力。配合这样的构成，四壁及顶部的壁画大都画出密集排列的千佛，从而突出了彩塑佛像的存在感。

隋朝大部分洞窟为覆斗顶窟，通常在正面开龛造像，也有部分洞窟为三壁三龛形式。还有的洞窟不开龛而贴壁建佛坛,把塑像置于佛坛上。这同样是为了突出塑像的存在感。隋朝壁画往往把内容较丰富的故事画、经变画绘于窟顶,而四壁多绘千佛,形成图案般的效果。这样也是为了突出彩塑。部分洞窟以连续的佛说法图布满四壁,如第390窟、244窟等。说法图的表现可以看作是千佛的扩大,是表现佛国世界的另一种形式。

综合隋朝洞窟的装饰来看,艺术家显然十分注重突出主题。为了突出佛像的感染力,往往会综合调动彩塑与壁画的手法,从而营造出强烈的宗教气氛。

隋朝的藻井图案,也在努力摆脱对建筑藻井形式的模仿。有的藻井完全放弃了对叠涩式交木形式的表现,而是在四方的结构中,表现出莲花、飞天等形象。如第407窟窟顶藻井,中心为一朵大莲花,花瓣共四层,花心则为三兔造型。环绕莲花有12身飞天旋转飞行。藻井的四周为菱格纹,菱格纹外沿为垂鳞纹,最外沿为三角形垂帐纹。而在菱格纹、垂鳞纹、垂帐纹中都点缀着忍冬纹和莲花纹。细腻而精致的装饰,体现出华丽的效果(图9-11)。第401窟的藻井则是以绿色为底,中心画一朵大莲花,周围有4身飞天和4只凤鸟(孔雀)旋转飞舞。四边有圆环联珠纹装饰,外沿则有垂鳞纹与三角形垂帐纹。在垂帐纹的四角又各画1身化

图9-11 藻井 莫高窟第407窟 隋

生。这个藻井色彩明快,构成简练,形象活泼。第 314 窟的藻井中央为大莲花,莲花周围四角各画 1 身坐在莲花上的化生童子,在童子之间又画出莲台上的摩尼宝珠。在这些莲花之间,是交错连续的忍冬纹。外沿则画出忍冬纹带饰和方格纹、三角形垂帐纹等。第 311 窟的藻井与之相似。

从以上几例藻井来看,藻井中央以莲花为主依然是装饰的固定结构。而在其中表现天人,从而通过天人来象征天国世界,是藻井装饰的主旨所在。化生是刚从莲花中生出的天人,表现的是进入天国世界的过程。飞天,同样也是天人。有的也会增加描绘凤凰、孔雀、龙等祥禽瑞兽,以及摩尼宝珠,这些同样是佛国世界才有的景象。第 427 窟的人字披顶上有一条横贯窟顶的装饰图案带,其中有描绘莲花及化生的图案:莲花由翻卷的枝蔓连接,形成"S"线状延伸;莲花上有的托着摩尼宝珠,有的坐着化生童子;化生童子则演奏着不同的乐器。总之,藻井或人字披顶的图案有的复杂,有的简单,但其象征佛国净土的主旨不变。

在诸多装饰纹样中,值得注意的是联珠纹图案。前人对此已做过很多研究,认为是来自波斯的图案纹样。与之相关的还有菱格纹样、狮凤纹样。它们除了被大量运用于边饰图案中,在一些菩萨的服装上也有出现。如第 420 窟彩塑菩萨的裙子

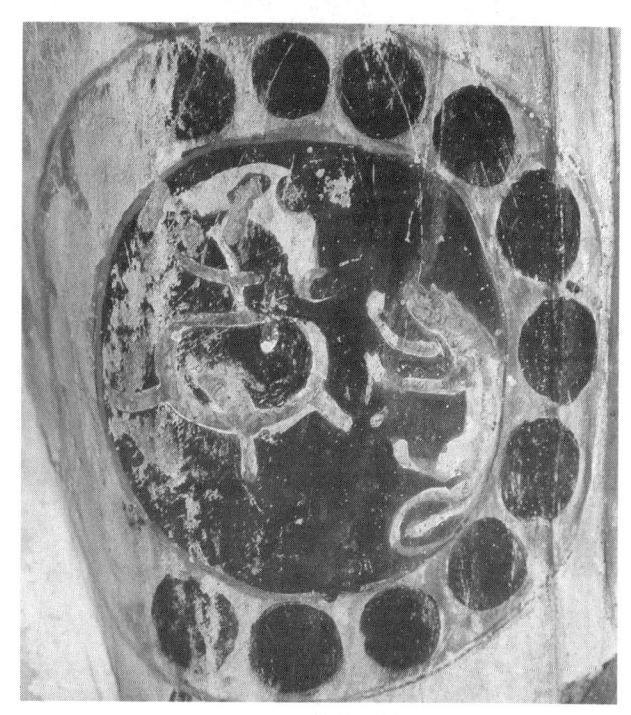

图 9-12 联珠狩猎纹 莫高窟第 420 窟 隋

图 9-13 背光图案 莫高窟
第 420 窟西壁龛内 隋

上，就有圆环联珠纹，在联珠纹中有蹲狮形象或猎人射虎的形象(图 9-12)。第 427 窟的彩塑菩萨的僧祇支及裙子上有菱格纹样，菱格中有狮凤纹样。第 425 窟的联珠纹中还有飞马图案。隋唐时代还有不少出土的丝织品中有类似的联珠纹图案。包括与联珠纹交织在一起的动物图案，也同样受到来自波斯的影响。

隋朝的装饰图案，在表现上较引人注目的是色彩的运用。如第 427 窟四壁及顶部的千佛，往往 4 身佛像形成一组，色彩按绿、白、蓝、褐有规律地改变，上下之间交错排列，从而使整体图案由于这些佛像色彩的变化而产生出斜向的色带，具有光影变化的效果。第 420、402、397 等窟中都可见到类似的千佛，只是色彩的排列会有相应的变化。这样的表现本来是北魏以来壁画中常用的手法，而在隋代，由于所用色彩对比较为强烈，而且如前所述，为了突出塑像等，往往在洞窟四壁和窟顶画出大面积的千佛，这样的光感给人留下强烈的印象。

再如第 404 窟四壁上部对天宫栏墙上的飞天形象的表现，背景的色彩以蓝色为主调，由浓到淡，上部颜色深下部颜色浅，表现出类似天空光线变化的效果。第 427、420、419 等窟中表现天宫栏墙上的飞天形象也运用到了这样的手法，只是因为变色，大部分底色都已变成深褐色；但从变化之后的壁面上仍可看出画家对底色色彩过渡的处理。

头光的表现更能显示出画家对光的表现。第 420 窟南、西、北三壁佛龛内的佛光，427 窟与 292 窟中心柱南、西、北三面佛龛内的佛光都表现出画家高超的色彩表现技巧。如第420窟西壁龛内的佛光（图9-13）：头光部分圆环中心为莲花形，外沿为石绿底色中的忍冬纹。石绿底色由浅到深表现出一种变化，而忍冬纹则被画成较细的叶片并呈圆形旋转的动态。向外第二层则在红色底色中画出千佛形象。第三层又是忍冬纹，这一层底色为石青色到石绿色的过渡，忍冬纹依然表现为旋转的叶片。与圆形头光相连的背光纹饰也与前者相同，内层为绿色背景中的忍冬纹，第二层为千佛，第三层为蓝绿相间底色中的忍冬纹。每一层纹饰边缘的交接处都以金色画出。佛光的最外层为火焰纹，以石青、石绿、白色、黑色（可能是变色所致，原色难以判定）相间画出。这样的佛光改变了历来以红色火焰纹饰为主的佛光形式，更加显得金碧辉煌。尤其是石绿底色、石青石绿交错的底色的颜色过渡，表现出一种神秘的光感。这正是隋朝画家所追求的效果。

第427窟中心柱西向龛内的佛光也具有同样的效果。其中有的部分以鲜艳的红色为底色，而以白色线条勾出忍冬纹图案带；而且，随着底色的由浅转深，勾描忍冬纹的线条颜色也随之而深浅变化，形成极为自然的光线变化效果。

第三节
唐代石窟的装饰艺术

唐代是敦煌石窟艺术发展的高峰，不仅石窟营建的数量多，而且，在建筑、雕塑、壁画艺术上都达到了很高的水平。唐代石窟中由于经变画的流行，通过大画面的经变表现佛国世界成为时尚。洞窟整体与其说是表现佛国世界，不如说是表现现实社会。成组的佛像在龛内排列，以佛为中心，两侧分别有弟子、菩萨、天王等形象，有的洞窟还塑出胡跪的供养菩萨。这样有等级、有秩序的排列，多少带有封建制度中的等级意识色彩。由于大部分洞窟采用覆斗顶窟的形式，洞窟的布局也呈现出固定格式。

唐代前期的洞窟，通常在南北两壁绘出整壁的经变画，在东壁则于门的上部和两侧分别绘出说法图，或者绘出对称构图的维摩诘经变。这样，将佛像集中于洞窟正面龛内，另外三面壁都是描绘佛国净土内容的经变画，全窟就营造出一个更为宏大的佛国世界。唐代后期的洞窟在装饰效果上有了较大的改变，正面的佛龛往往被造成方形盝顶龛，这是对中国传统帐形的模仿。这样一来，佛像也就相对被塑得较小。而南北两侧壁的经变少则2铺，多则4铺或更多。在每一铺经变下部又以屏风画的形式把经变的相关内容画在其中。于是佛龛呈方形，四壁的经变画为一个个方形，其下部屏风画仍然由方形构成。全窟就统一在这严谨的方形构成之中。这样一方面有严谨而精致的效果，另一方面也体现出一种因单调、统一而形成的气势。晚唐以后流行在覆斗顶窟的中央设佛坛的形式，佛像形象被造得较大，佛坛上的雕塑就成了一窟的中心，壁画的单一装饰更突出了佛像的存在。这样的装饰风格一直延续到五代、宋朝。西夏和元代的洞窟有所改变，主要是中心佛坛有的按曼荼罗式的布局来设计，增强了实用性。

唐代洞窟总的装饰风格较一致，而壁画中经变画成为这个时代的主旋律，其他方面的绘画相对来说不太引人注意。而图案装饰则仅仅限于窟顶藻井和佛光以及龛沿等方面的边饰。尽管如此，唐代的图案也是各时期最为纷繁而富有创造性的。

一、藻井装饰

初唐的部分洞窟中，藻井的形式继承了隋代的样式。如第329窟的藻井，以莲花飞天为中心，中央为一朵大莲花，周围有4身飞天围绕莲花旋转，底色则以深蓝色染出，象征天空。方井的外沿分别画出卷草纹、垂鳞纹和三角形垂角纹。总的来说，与隋代的藻井结构非常相似。但是在垂角纹的外沿，又画了一道装饰带，四面各画3身飞天与藻井内的飞天一样沿逆时针方向飞动。于是藻井就似乎扩大到了帷幔外面的天空，比隋代的藻井显得更有空阔之感了（图2-11）。第322窟的藻井也有类似的倾向。此窟的藻井中央为缠枝葡萄纹和石榴纹，外沿分别绘团花纹、垂鳞纹、联珠纹及三角形垂角纹。在帷幔的外沿则以浅蓝为底色，上画飞天，白色的云朵与飞天悠然飞舞（图9-14）。像这样在藻井外沿绘飞天装饰带的样式，在初唐较为流行，第375、373、387等窟的藻井都有类似的结构。而藻井中心的图案，除了旧有的莲花纹、联珠纹、垂鳞纹、垂角纹外，出现了不少新的纹样，如葡萄纹、石榴纹等。旧有的莲花纹也往往将莲瓣作了变形，变成了桃形或卷云形等。莲花经过这样的变形，往往呈放射状构成，形成花瓣丰富、色彩斑斓的一朵大

图 9-14　藻井　莫高窟第 322 窟窟顶　初唐　　图 9-15　藻井　莫高窟第 320 窟窟顶　盛唐

花，只是已很难被看作是莲花了。而直至隋代一直很流行的忍冬纹则已被缠枝卷草纹所取代。

　　进入盛唐，藻井图案往往是用一朵大花填满中央，这时的花朵大体已失去了莲花的特征，花瓣越来越丰富，通常称之为团花图案，或称宝相花。周围的边饰，除了卷草纹样外，多用一整二半团花图案。第 320 窟藻井底色为红色，中央为团花图案，一层层的花瓣以蓝色、绿色与红色相间画出，层次丰富，色彩艳丽（图 9-15）。藻井外沿依次为半团花纹、菱格纹、一整二半团花纹、垂鳞纹、三角形垂角纹、垂铃纹。比起初唐的藻井来，藻井更加图案化，形象的东西减少了，抽象的内容增加了。大部分盛唐的洞窟藻井都是类似的表现。这样的装饰，可能还是为了突出洞窟中最有生气的那些经变画，藻井图案相对来说已成为洞窟中的陪衬。

　　尽管如此，藻井设计仍然体现着画家的匠心。第 172 窟的藻井中心部分与其他洞窟一样，由团花纹等组成；而外沿部分则由垂铃纹与网幔组成；边沿部分则易方为圆，形成一个很大的伞盖状。而在方形覆斗顶的四披，圆与方的交接处就形成了四个角。画家在四个角上各画了 1 身飞天。这样，由于圆形的伞盖与方形的覆斗顶之间的变化，以及飞天的创意，使这个藻井显得格外活泼，充满生机。

唐代后期的藻井大体延续前期的样式，没有大的变化；但图案往往作简化处理，团花的花瓣也没有那样密集而丰富。部分洞窟的佛龛改成了盝顶形，顶部为长方形。盝顶通常以棋格团花的形式表现，一个方格画一朵团花。这也成为后代的模式。

二、佛光装饰

隋朝的画家们已经尝试把佛光画得有光感；唐代壁画中表现佛与菩萨、天王的佛光，也往往通过色彩的浓淡变化来表现光的效果。尤其是在经变画中，在人物、景物众多的情况下，菩萨、天人的头光表现出透明效果的，在第172、217窟的观无量寿经变，第103窟的维摩诘经变等壁画中都可以看到。但在同样的经变画中，对主要的佛像和菩萨像，头光往往以华美的图案来表现。

在洞窟中，龛内的塑像头光往往是精心绘制的。如第217窟的龛内中央佛的背光：头光中心为莲花形，外沿一圈为团花图案，背光也为团花图案。最外层的火焰纹由蓝、绿、红三色相间画出，每一层的边缘都以贴金的形式来表现。龛两侧菩萨的头光，因塑像已失，得以看到全貌（图9-16）。头光中央为莲花，其外沿为桃形莲瓣组成的纹样，再外则为一整二半团花图案。最外缘为红色的火焰纹。佛光的特点因为是要表现光，历代都离不开火焰纹。但唐代的佛光却不像早期那样以火焰纹为主，而是以团花和卷草纹样为主，不

图9-16　头光　莫高窟第217窟西壁龛内　盛唐

强调火焰，主要还是为了突出一种华美的装饰性。即使是主尊佛像的背光，火焰纹相对所占比例较大，也是以青绿色与红色相间，以减轻火焰纹的动态，渲染的是一种典雅、华贵的气度。第320窟北壁经变画中主尊佛像的背光，甚至完全不用火焰纹，而采用方胜纹作为背光的外缘，以卷云纹作为头光的外缘，并均以绿色染出。在第217、148、445等窟中的经变画中，都可看到主尊佛像有类似的头光。也有部分洞窟中的经变画，主尊佛像不绘头光，如第45窟北壁观无量寿经变。表明了唐代画家不拘泥于固定格式，充满了创新精神。

第四节

晚期石窟的装饰艺术

唐代以后，历五代、北宋，经回鹘、西夏，直至元代，这个阶段对于敦煌石窟的历史来说，已经进入了晚期。其时间跨度虽然较长，但洞窟的营建却没有唐以前那么多。而从装饰方面看，却有不少新的形式，反映着不同的时代特征。

晚唐五代的洞窟多在覆斗顶窟的中央设佛坛，佛坛后部有背屏与窟顶相连。除了窟顶藻井与佛背光的装饰外，对于佛坛的装饰则是这一阶段的新形式。据相关研究，佛坛上最初是装饰有木制围栏的，但现在窟中无一保存下来。在佛坛的周围还装饰有壶门，壶门内绘出伎乐天或者花卉。

北宋到西夏期间的洞窟装饰有一个很大的变化，就是全窟的壁画包括经变画中的建筑、人物等等都有图案化的倾向。如第328窟为宋代重绘，南北壁均为经变画，但只在中央部位画佛说法的场面，周围铺满画面的则是均匀整齐排列着的听法菩萨。第16窟的甬道两侧画菩萨像，均形象高大，排列整齐。这样的壁画装饰，大多以石绿为底色，形象较少变化。唐代以来那种经变画的个性化表现看不到了，大部分洞窟壁画都显得大同小异。这样的装饰风格可能具有某种强烈的宗教因素。比如在伊斯兰教的寺院中，完全采用植物纹样装饰，而所有的表现都会因其整齐的排列而不被特别注意。这样，就可以使信众的目光集中于宗教表达的中心。

在榆林窟，西夏的洞窟虽少，但其装饰手法却是十分的丰富多彩。密教的曼荼罗与传统的经变画往往被放在一壁同时表现（如榆林窟第3窟）。

元代，出现了完全以藏传佛教艺术为表现内容的洞窟，如莫高窟第465窟。洞窟的形式是在窟中央设圆形佛坛。这个佛坛最初是按曼荼罗的构成来表现的，但现在坛上的塑像已失，难以了解其详。而窟顶与四壁的壁画，全部是密教的曼荼罗艺术。仅从形象上看，曼荼罗是最具有装饰性的画面；但是在洞窟中，曼荼罗又有着密教很多难以言传的意义。

在敦煌石窟晚期艺术中，藻井图案仍然是装饰艺术的重要方面。把中国人最喜爱的龙和凤表现在藻井中，是这个时期较流行的做法。早在隋代，藻井中就已出现龙的图案，如第392窟的双龙藻井。但在隋唐时期，藻井中装饰龙的总体还非常少。到了五代、北宋以后，藻井中画龙、凤就很平常了。有一条龙形成团龙的，如第35、76窟等；也有两条龙形成双龙图案的，如第55、400窟等。第130窟的藻井中则画了五条龙，是十分精彩的五龙藻井（图9-17）。

图9-17 藻井 莫高窟第130窟窟顶 宋

中央的圆形花内有一条团龙；外面的四角各有一条龙，两条龙头向东侧，两条龙头向西侧，均呈对称形画出。五条龙采用浮塑并描金的办法表现，颇有立体感。藻井外沿则分别画出联珠纹、半团花纹、方胜纹、卷草纹等。藻井外的四披画团花图案。五龙藻井与唐代的大佛交相辉映，形成绚烂的装饰效果。第 16 窟是晚唐所建的大型洞窟，壁画为宋代重绘，其中窟顶的藻井为龙凤藻井（图 9-18）。中央莲花内有一只凤凰，四角各画一条龙，这四条龙均朝着一个方向呈逆时针旋转。龙、凤均采用浮塑描金的办法做出，中央的团花内以绿色为底色，四周则以红色为底色，红、绿、金三色形成绚丽灿烂的效果。

图 9-18　藻井　莫高窟第 16 窟窟顶　宋

榆林窟西夏洞窟的装饰与莫高窟略有不同。第 2 窟为团龙藻井，中央一条龙盘成圆形，环绕这条龙又画出一道五彩叠晕的圆环，这个圆环以锐角形套叠，造成一种旋转的趋向。在圆环外画出卷云纹。其外的图案分别有回纹、联珠纹、卷草纹、菱格纹等。图案一直铺满四披。第 10 窟四壁的壁画均已被毁，而窟顶的藻井却被保存了下来（图 9-19）。中心为八瓣莲花，每个花瓣上有一尊佛像，连同花中央的一尊佛像共九佛。由中心向外，一层一层的图案带一直铺满了窟顶四披，分别有回纹、禽兽卷草纹、龟甲套联纹、联珠纹、莲荷纹等。那种按几何纹形式组成的"回"形纹样通常被称为回纹。在这个藻井中，艺术家将"天"字和"国"字组合在回纹中，显然是想要表达"天国"的寓意。卷草纹也是唐以来最流行的纹样。但在这个藻井中，画家巧妙地把凤鸟、鹦鹉、翼马、狮、象等鸟兽都组合进了卷草纹图案中。此外，如联珠纹本来也是较常见的纹样，但在这个藻井中，画家在每个一圆珠上都画出相应的曲线，从而使珠子具有立体感。可以说，这个富有创意的藻井体现了敦煌晚期石窟中装饰艺术的重要成就。

图9-19　藻井　榆林窟第10窟窟顶　西夏

第十章
敦煌艺术的继承与创新

20世纪的中国，经历了太大的变革。在对旧制度的革命之后，传统文化也被不断地否定。特别是"五四运动"带来了一股否定传统的思潮，传统绘画尤其受到怀疑与批判。20世纪上半叶，一批批中国的画家到国外留学，希望通过学习外国的绘画来改变中国绘画。然而，令人深思的是一些在欧洲学成归来的卓有建树的艺术家，却往往反过来学习和研究中国传统艺术。他们在与西方绘画的比较中认识到了中国绘画的优势。徐悲鸿回国后转而画国画，并取得了显著的成就。常书鸿回国后义无反顾地投身于敦煌石窟的保护研究事业。20世纪40年代前后，在中国的画家们开始重新反思中国传统之时，敦煌艺术开始被介绍出来。人们认识到了像敦煌艺术这样，由古代无名艺术家们创造的艺术，有极强的生命力。直到今天，敦煌艺术仍然是艺术家们取之不尽、用之不竭的艺术源泉。张大千、王子云、常书鸿、关山月等富有眼见的画家们看到了这一点，并身体力行，到敦煌进行临摹、研究，不仅自己学习，还把敦煌艺术介绍给世界。敦煌艺术已成为这个时代中国艺术家进行创新重要源泉。

第一节
常书鸿的理想

早在1933年，还在法国留学的常书鸿就曾著文，热情洋溢地探讨中国绘画的前途及中国画发展的方向等问题。在《巴黎中国画展与中国画前途》、《中国新艺术运动过去的错误与今后的展望》等文中，他对中国绘画的发展方向提出了很多具体的批评与设想，体现出作者对中国艺术发展的热切关注之情。尽管很多具体的想法也许不完全合乎实际，但常书鸿作为一个艺术家，他在试图找出一条适合中国美术发展的道路。

在常书鸿的自传《九十春秋》[①]里，他提到了一件事，就是在巴黎街头，一个偶然的机会，使他看到了关于敦煌艺术的画集（伯希和编的《敦煌图录》），并进而到了吉美博物馆，看到了那里收藏的被伯希和劫走的大量敦煌绘画。这件事不仅仅刺激了他作为一个中国人的强烈爱国心，更重要的是他从这些艺术品中看到了中国传统艺术的精华所在。这是他在以前对中国传统艺术的认识中闻所未闻、见所未见的。正是这一点促使常书鸿放弃了巴黎安逸的生活，而下决心回到祖国。因为他要整

---

① 常书鸿《九十春秋》，杭州：浙江大学出版社，1994年。

理要研究这些古代的艺术品，更重要的是他要把这些伟大的艺术品介绍给世人，让所有学习中国绘画的人们知道真正的中国艺术精华是在敦煌。

常书鸿认为："敦煌是一个大画廊，陈列着从两晋到元代1000多年间的艺术代表作，它们的作者主要是'画工'、'画匠'，没有社会地位，住的是邻近和野人洞差不多的山洞，靠着对宗教的虔诚，一代代毕生从事于壁画和彩塑的创作。他们并不留恋什么残山剩水，也不主张什么胸中丘壑，而是切切实实地描绘社会生活和理想中的佛家世界，使人们喜闻乐见。他们的笔触刚劲有力，线条流畅自如，刚柔相济；用色厚重而明快，描绘精致而完整，造型更是生动完美，美轮美奂。画工所形成的淳朴而浑厚的画风与后来中国文人画的绘画风格，是两种不同的风格和路子，我认为这是中国艺术的正宗和主流"。①

几乎与常书鸿在法国进行艺术思考的同时，著名画家傅抱石在1935年《文化建设》第5期上也发表了类似的看法。他认为中国文人画艺术虽然有其娴雅精致之美，但不免小气，无法成为中国这样一个伟大民族的代表。他认为要想找到中国民族艺术的代表，应当去找像敦煌艺术、云冈石窟这样宏大的富有人民性的艺术。②

这些思想家、艺术家的看法，可以说代表了20世纪30年代那一代文化精英们对中国传统艺术的一种共同认识，即中国传统艺术绝不仅仅是如宋元以后的文人艺术那一条涓涓细流，以敦煌石窟、云冈石窟为代表的这些古代无名艺术家的作品才体现着中国古代文明的辉煌成就。对于绵延了1000多年，保存着500多座洞窟的敦煌艺术，在中国艺术史上应当占有的重要地位，常书鸿看到了，画家张大千、傅抱石、林风眠等

---

① 常书鸿《九十春秋》，杭州：浙江大学出版社，1994年，第74页。
② 傅抱石《中华民族美术之展望与建设》，《傅抱石美术文集》，上海：上海古籍出版社，2003年。

也看到了。

在1948年发表的《从敦煌近事说到千佛洞的危机》中①，常书鸿提到法国将培养艺术人才的美帝西学院（Vill Medicis）设在罗马，并专门选拔一些艺术人才送到那里学习。因为罗马有大量古代宫殿和教堂，保存着古希腊罗马和文艺复兴以来艺术巨匠的作品。学员在那里可以受到较好的艺术熏陶，三年期满后，即可回到法国为艺术界服务。常书鸿的一个伟大抱负，就是要以敦煌艺术来推动中国绘画的改革，来促进中国美术走向现代，走向民族化的道路。他把敦煌看作是中国传统艺术的中心，他所理想的敦煌艺术研究所（最初设想是建立"敦煌艺术学院"），就是要建成像法国美帝西学院那样的一所中国的"美帝西学院"——由教育部聘请对敦煌艺术有兴趣的教授或选拔研究生到这里作专题研究。这样，敦煌就成为一个培养艺术人才的基地。凡是要学习和研究中国古代美术的，就可以到这里来，从这里了解到中国古代最纯正的艺术。而酝酿成立敦煌艺术研究所的于右任等人最早的提案其实就是要成立"敦煌艺术学院"，是把研究、保护与培养人才结合起来的一个设想。可以说，当时的有志之士对敦煌艺术的意义之于中国有着许多共识。

由此我们可以理解常书鸿先生之所以孜孜以求，甚至在某种程度上放弃了自己心爱的油画创作，而尽全力在荒漠中建设敦煌艺术研究所，正是从继承并弘扬这一伟大的传统艺术，以期创立中国自身的新的民族艺术这一愿望出发的。因为，他已经看到中国新美术的发展绝不是靠一两个有名的画家就可以改变的，而是要培养一大批真正懂得中国传统艺术的人才，逐渐创立新的时代艺术。

在中国传统艺术发展中，逐渐形成了以敦煌艺术为代表的民众的艺术和文人士大夫的艺术这两大系统。而宋元以后，在中国的特殊历史发

---

① 常书鸿《从敦煌近事说到千佛洞危机》，原载《大公报》1948年9月10日。后收入《常书鸿文集》，兰州：甘肃民族出版社，2004年。

展中,文人艺术占了主导地位,民众的艺术则趋于衰微。直到20世纪以来,随着民主运动的兴起,中国文艺界的精英们对中国文艺进行反思,才开始挖掘出那些长期以来被忘记了的民众的艺术。这是一个十分艰难的历程,它伴随着中国民众对中国自身传统认识的深化。从1900年敦煌藏经洞被发现,敦煌石窟为世人所了解,到张大千等人到敦煌临摹壁画,及至常书鸿创立敦煌艺术研究所,经历了40多年时间。从1944年由政府设立研究所,并在以常书鸿为首的几代艺术家、学者们孜孜不倦的努力下,又经历了六七十年,到今天才可以说,敦煌艺术已逐步深入人心;作为人类文化遗产,作为祖国传统文化艺术的一个重要代表,敦煌艺术在中国美术史上的地位已不可动摇了。然而,如何继承这一文化遗产并将其用于民族艺术的创新,却不是一件简单的事,它需要全社会的共识和广大艺术家的共同努力。常书鸿虽然早已预见到了敦煌艺术对于中国新时代艺术创新的重大意义,并且尽全力推动对敦煌艺术的继承与创新,但由于时代和社会各种因素的制约,他的理想可以说尚未完全实现。

图10-1 常书鸿《临摹工作的开始》
布面油画 1944年

常书鸿自己是学油画的,而且在法国,他努力追求的是传统学院派的画风。回国后他一直坚持不懈地进行油画创作。到敦煌创办敦煌艺术研究所后,他一方面投入了极大的精力组织同仁们开展敦煌石窟的保护与临摹、研究工作,一方面自己也创作一系列作品。画于1944年的《临摹工作的开始》(图10-1),画面中以敦煌壁画为背景,表现两位少女正在观看手中画出的小样。前面一人穿着朴素的毛衣,系着围裙,显然是工作装;后面一人则完全是黑色的衣服。右下角的桌子则具有装饰图案的意味。全画面显然是采用了敦煌壁画的色彩与构图风格来表现的；而以富有青春活力的少女为表现对象，则隐喻着画家对敦煌艺术事业充满希望。常书鸿在他后来的创作中，不断地融入传统的观念，融入敦煌艺术的因素（如装饰性色彩、平面性构成等等），形成了自己富有特色的个性风格。如《三危山落日》画的是从莫高窟向三危山方向看到的景色（图10-2）。近处是莫高窟前的土屋，远景是夕阳照射的三危山。明亮而爽朗的色彩、俯瞰的视角，令人想起敦煌唐代经变画常用的构图手法。常书鸿曾以九层楼为中心画过很多雪景图，其中最令人难忘的还是《雪朝寒鹊》（图10-3）。九层楼高耸在积雪中，显得苍凉而雄伟。楼前雪地里，一个农夫牵着毛驴在行走。近处的地上有几丛小草，两只喜鹊站在细细的草上，好像在相对吱喳。雪景是静态的，但在画面中，你差不多可以听到喜鹊的叫声和人与毛驴走在雪

图10-2　常书鸿《三危山落日》　布面油画　1947年

图10-3　常书鸿《雪朝寒鹊》　布面油画　1949年

上的脚步声了。其20世纪50年代出访印度时所画的《印度德里海德拉巴》（图10-4）、《大树》等作品，尤其体现了富有东方情调的画面构成和色彩关系。

在中国，"油画民族化"常常成为一个争议的问题。但不管主观上

图 10-4　常书鸿《印度德里海德拉巴》　木板油画　1959 年

愿意不愿意，中国画家画出来的油画，与欧洲画家所画的总是有着明显的不同。这是因为生活环境、审美传统等诸多的不同而造成的结果。佛教艺术在中国成了中国式的艺术，敦煌壁画的发展已经证明了这一点。常书鸿的油画创作表现出画家努力探索油画在中国的发展道路。由于常书鸿先生一生的主要精力投身于敦煌石窟的保护与研究事业，他的油画作品没有机会在社会上广为传播。尤其是有人把常书鸿称为"敦煌守护神"，使大多数人仅仅关注他在敦煌石窟保护方面的贡献，而常书鸿在油画艺术上所取得的成就反而少有人知道了。

第二节

张大千的成就

自20世纪30年代后期到40年代,一些画家开始陆续到敦煌实地考察、临摹学习。他们不仅通过对古代艺术的学习使自己在绘画艺术上开阔了视野,开辟了新路,而且通过他们举办的一次次敦煌壁画临摹品的展览,远在西北边陲的敦煌艺术也被介绍给了世人,在中国民众中特别是在美术界产生了极大的影响。1938年,画家李丁陇到敦煌临摹壁画,并于次年回到西安,举办了"敦煌石窟艺术展",在当时引起轰动。特别是其中高2米、长15米的《极乐世界图》巨幅长卷吸引了观众。1941年初,李丁陇又到成都和重庆举办了展览,并与张大千相识。正是因受其影响,张大千也产生了要去敦煌的打算。

1941年画家张大千带着儿子张心智,侄儿张彼得,学生肖建初、刘力上等人来到敦煌,开始了壁画临摹工作。在到达敦煌之初,张大千先率领弟子们清理窟内的积沙,为洞窟作了编号;经过反复观摩,大致分出了洞窟的时代。在敦煌文物研究所编号没有公布之前,张大千的敦煌石窟编号被学术界普遍采用。张大千虽然没有专门写论文研究敦煌壁画,但是他的一些记录和谈话,反映了他对敦煌壁画的深刻认识,至今仍然是富有启发性的。他说:

> 两魏疏冷,林野气多;隋风拙厚,窈奥渐启;驯至有唐一代,则磅礴万物,洋洋乎集大成也;五代宋初,蹑步晚唐,迹渐芜近,亦世事之多故,人才之有穷也;西夏诸作,虽刻划极钝,颇不屑踏陈迹,然以较魏唐,则势在强弩矣①。

1941年,张大千临摹了第一批壁画临品,就托人带了20幅到成都开办"西行记游画展"。这年冬天,张大千在兰州稍事修整,第二年初春再次来到敦煌。画家谢稚柳也与张大千同来。谢稚柳在临摹壁画的同时,对石窟内容进行了详细的考察,后来写成了《敦煌艺术叙录》。张大千还专门到青海请了当地绘制唐卡的喇嘛来帮助他临摹壁画。从1941年到1943年,两年多的时间里,张大千及其弟子们克服无数困难,足迹遍及莫高窟、榆林窟,临摹壁画200多幅。张大千采用的临摹办法是尽可能地复原壁画的原貌。他根据自己对壁画的考察和推断,按照自己认定的壁画"原貌"来恢复那些绚丽的色彩。1944年,"张大千临摹敦煌壁画展"相继在成都、重庆等地展出,引起了社会的关注。

著名历史学家陈寅恪盛赞张大千的成果。他说:

> 自敦煌宝藏发现以来,吾国人研究此历劫仅存之国宝者,止局于文籍之考证,至艺术方面,则犹有待。大千先生临摹北朝唐五代之壁画,介绍于世人,使得窥此国宝之一斑,其成绩固已超出前人研究之范围,何况其天才独具,虽是临摹之本,兼有创造之功,实能于吾民族艺术上别创一新境界,其为敦煌学领域中不朽之盛事,更无论矣②。

---

① 引自叶浅予《张大千临摹敦煌壁画画册序》,《张大千临摹敦煌壁画》,成都:四川美术出版社,1985年。

② 同①

张大千在敦煌临摹壁画的意义，一方面，对于敦煌艺术研究来说，其临摹敦煌壁画在四川等地大规模展出，产生了巨大的社会影响，吸引了越来越多的艺术家和学者们关注敦煌，研究敦煌艺术，从而促进了敦煌学研究的发展，也使更多的人开始重视以敦煌石窟为代表的中国传统艺术。可以说在推动中国现代美术发展的进程上，张大千功不可没。而以其对敦煌石窟更为详细的编号即张氏编号代替伯希和编号，并写成内容总录性质的《莫高窟记》（虽然直到20世纪末才得以出版），对于中国敦煌学来说也是重大的贡献。另一方面，对于张大千个人来说，对敦煌壁画的临摹是他绘画艺术发展的重要阶段。经过敦煌艺术的熏陶，张大千在人物画方面形成了新的风格，在山水画、花鸟画上则采用极为大胆的泼墨泼彩法，尤其是山水画表现得十分雄浑而层次丰富。

长期以来，人们对张大千在敦煌临摹壁画这件事评价很高，而对于张大千是怎样继承敦煌艺术，创作出新的作品却论之甚少。原因在于不少人拘泥于表象，认为只有在绘画中表现出敦煌的某些形象（比如飞天、菩萨之类）才算是继承了敦煌艺术。而对于张大千那些与敦煌主题毫不相干的山水画、花鸟画，却看不到其中对敦煌艺术精神的汲取。

作为艺术的继承，绝不是亦步亦趋，或对表现样式的照搬。欧洲文艺复兴时代，达·芬奇、米开朗基罗等艺术家大力提倡学习古希腊罗马艺术，然而他们自己的作品却并不是对古希腊罗马艺术的照搬。从庞贝壁画中是找不出类似《蒙娜丽莎》或《岩间圣母》这样的形象的。然而，谁又能否定达·芬奇的这两幅作品有着古希腊罗马艺术的精神呢？因此，讲到继承与创新，对敦煌艺术精神的感悟和认识才是最重要的。通过敦煌壁画领悟中国传统艺术中的气韵与笔法、色彩与构成等方面的因素，从而创作出新的富有时代感的作品，才是对敦煌艺术的继承和发扬。因此，那些依照敦煌壁画中的菩萨形象而画成的现代仕女图之类的作品，其实只是对敦煌艺术的浅层次的学习与模仿。而灵活运用厚重而鲜艳的色彩，画出富有中国精神的莲花；以重彩配合水墨技法，表现出雄浑而淋漓的山水风光等等，那样的作品才是真正读懂并掌握了敦煌艺术精神之后的创新之作。台湾学者巴东在他的著作《张大千研究》中就以张大千作品《慈湖图》为例，说明敦煌艺术对张大千的熏陶：

>……山顶上青绿重彩之设色造形，透出象蓝绿宝石一般炫目瑰丽的视觉效果，宛如佛相菩萨头后的圆形背光，极具宗教性之庄严象征，足见大千画作之创作理念深受敦煌佛教艺术之影响。①

其实，倒不一定要用敦煌壁画中的佛、菩萨的圆形背光之庄严法相来比拟张大千的作品，实际上张大千在晚年的绘画已经把敦煌壁画中那种恢宏的气度和绚烂的色彩自由地运用于山水画、花鸟画中了。这是对传统艺术的融会贯通。绝不是某一笔、某一形所能表示的。如作于1981—1983年的巨作《庐山图》（图10-5），除了表现出横卷山水的宏大构成外，有时以墨线的皴法来表现山的轮廓，有时却又用水墨或重青绿作酣畅淋漓之泼染，这种形与色的变化，最令人想到敦煌壁画中那些金碧辉煌与斑驳陆离状况相间的画面。那种历史的沧桑感与华丽而细致的表现相结合的构成，正是某些敦煌壁画的视觉效果。没有这样的视觉体验，从明清以来绘画传统中绝不会产生出这样的作品。不仅山水画如此，在张大千彩绘荷花作品中也常常可以看到类似的效果。如作于1975年的《泼墨钩金红莲》（图10-6），由泼墨表现出的深浅不同的墨色中，却有金色勾描的莲花。这不是一般性的写意与工笔对照的表现，在混沌的画面中偶然出现那样精致而艳丽的形象，犹如敦煌隋唐壁画中所见——在大量变色的模糊的壁画中却保存着那么一两个完整精美的菩萨或者天人形象。正因为周围壁画的剥落与模糊，使得那完整的画面被映衬得那样的突出和醒目。明清以来的画家们并非没有用泼墨乃至泼彩

---

① 巴东《张大千研究》，（台湾）历史博物馆，1996年，第164页。

的，但像张大千这样色彩表现强烈、艳丽，却又能达到对比中的统一，作品气度恢弘、壮阔，而又不乏精致的，却是前所未有。

图 10-5　张大千《庐山图》（局部）　纸本彩墨　1981—1983 年

图 10-6　张大千《泼墨钩金红莲》　纸本彩墨　1975 年

第三节

与敦煌结缘的画家们

随着张大千等画家们对敦煌艺术的学习与传播，中国越来越多的艺术家们开始去了解和学习敦煌艺术。有的是由政府及相关机构组织的考察，有的是以个人的身份到敦煌学习的。

一、王子云与"西北艺术文物考察团"

1940年，受当时的国民政府教育部派遣，画家王子云率"西北艺术文物考察团"赴中国西北考察古文物艺术。1940年12月—1941年2月，考察团考察了古都西安和洛阳龙门石窟；1942年3月，进入甘肃、青海一带考察；1942年5月，考察团成员陆续到达敦煌。直到1943年5月，考察团分两个阶段在敦煌进行了近一年时间的考察。参加者有王子云、雷震、邹道龙、卢善群。他们除了进行壁画临摹，还对洞窟进行考古记录，并拍摄照片。同时还对相关的历史考古资料进行了收集。考察团在敦煌的重要收获《敦煌莫高窟现存佛窟概况之调查》，曾以教育部西北艺术文物考察团名义发表于《说文月刊》1942年第3卷第6期。考察期间，考察团曾以在各地考察收集的资料以及照片、临摹品陆续举办过7次展览。其中1943年10月在西安举办的"西北艺术文物展览会"，可谓盛况空前。据当时的媒体报道，三天之内参观"人数逾十万"，引起了艺术界、学术界的广泛关注。

在敦煌的考察，使王子云认识到像敦煌这样的艺术宝库应该由国家管理起来并作为艺术教育的基地。1942年，王子云向国民政府提出了"设立敦煌艺术学院"的建议。而在王子云等人考察敦煌石窟的前后，中央研究院西北史地考察团的劳干、石璋如、向达等学者都曾与王子云结伴工作，他们在其后也都分别发表了有关敦煌石窟研究的重要著作。

二、关山月与韩乐然

到敦煌莫高窟考察、临摹敦煌壁画，是关山月艺术生涯中最为重要的一次临摹活动。1943年初夏，关山月及夫人李小平与赵望云、张振铎从成都出发，前往敦煌。途中分别在西安、兰州举办"赵、关、张画展"，筹集旅费①。然后坐车经张掖、酒泉，出嘉峪关再入祁连山，深入到祁连山牧区的藏族和哈萨克族牧民中，体察西北少数民族牧民的风俗民情，写生作画。等到了敦煌莫高窟，已近中秋。刚成立的国立敦煌艺术研究所筹备委员会副主任委员常书鸿先生热忱地接待了他们。②

关山月这次临摹敦煌壁画共82幅，一直被他视为珍宝，先后在成都、重庆、广州、上海、南京等地展览过，现在由深圳关山月美术馆收藏。

关山月在敦煌的临摹，不是客观地表现对象，而是按照他所感受到的敦煌壁画的色彩与韵律来绘的。有人说他是"写"敦煌壁画。实际上他的目的是要表现出对敦煌壁画不同时代艺术精神的领悟和把握。这一点对他以后在人物画创作方面产生了重大的影响。特别是1947年他在南洋写生并创作了许多作品，其中便渗透着敦煌艺术的某些特征（图

---

① 程征《中国名画家全集·赵望云》，石家庄：河北教育出版社，2002年，第32、252页。

② 常书鸿《敦煌壁画与野兽派绘画——关山月敦煌壁画临摹工作赞》，《关山月临摹敦煌壁画》，翰墨轩出版有限公司，1991年。

10-7)。关山月在临摹敦煌壁画之后，对中国传统绘画产生了新的认识。他说：

图10-7 关山月《印度姑娘》 纸本设色 1948年

> 我自从看过敦煌壁画之后，对于绘画的自身工作，起了更大的信念。中国绘画，自文人画复兴以后，绘画几乎成了一般文人的游戏。……自从五四运动以后，各个部门，都察觉这个病源，便高声疾呼，要根据社会人生做背景，要抓住现实为中心，至绘画方面，自然也不能例外。民国初年，高氏昆仲早已看准了他们自己的使命，一直摇旗呐喊了三十年，渐渐博得一般人的同情协助和鼓励，便奠定了一个很稳固的基础。年来以西画技巧渗入国画境界者日众，从事创作者日多，并不断地有许多成绩表现出来，这当然是一个很好的现象。艺术本来没有国域……回顾一千多年以前的壁画，就可以给我们一个很宝贵的答案：中国画面渗有西画的技巧，一千多年前的古人早已在干着，我们今天这样做，不过是一种还原罢！①

画家吴作人也有过类似的谈话。他说："我们现在的这个时代正是中国新艺术面目孕育的时代，正是在作风与内容上谋新出路的时代，正是要尽量吸收外来的影响来创造自己。而这种接受外来影响来建立新生

---

① 关山月《敦煌壁画的作风——和我底一点感想》，《风土什志》第1卷第5期，1945年。

命、新形式的观念,因敦煌古壁画的启示而更确信。"① 反映了敦煌艺术使众多的画家们或对中国传统绘画产生了信心,或认为其对于吸收外来艺术以改革当时中国绘画具有很大的启发作用。

敦煌壁画对于关山月的绘画产生了深远的影响。有的学者认为关山月学习敦煌壁画之后,重视"画面装饰趣味的舒展,块面结构增强而线结构减弱,以往在画面中处于补充作用的色彩和墨线一起充当画面的主角"②。也有的学者总结了学习敦煌壁画在促进关山月国画人物画创作方面体现出的三个特点:一是促进了对线性语言的探索和运用;二是促进了对人物姿态的观察和表现;三是促进了对人物组合关系的处理技巧③。这些不仅是关山月个人对敦煌艺术学习的收获,也将对今天的艺术创作有所启示。

韩乐然(1898—1947),朝鲜族,早年在东北地区从事美术教育,并积极参加反日民族运动。1929年秋,韩乐然赴法国勤工俭学;1931年,考入巴黎卢佛尔艺术学院;1937年回国。其后积极参加抗日统一战线工作。1943年至1947年,韩乐然两赴敦煌,两赴新疆,临摹敦煌壁画,于古高昌国遗址考古,细致考察研究拜城克孜尔佛洞遗迹。他于甘肃、青海、新疆作油画、水彩写生,并曾有新疆考古五年计划,建立西北博物馆之设想,但最后却没能实现其夙愿。1947年7月30日,韩乐然自迪化(今乌鲁木齐)赴兰州途中因飞机失事遇难。韩乐然可以说是中国研究克孜尔石窟寺艺术之第一人,不仅在洞窟上留下了宝贵的题记,留下了韩氏的编号,还留下了数十件临摹品。这些壁画临摹包括敦

---

① 吴作人《中国画在明日》,原载1946年上海《时代日报》,转引自《吴作人文选》,合肥:安徽美术出版社,1988年,第200页。

② 陈俊宇《寻新起古今波澜——关山月临摹敦煌壁画工作的意义初探》,《敦煌研究》2006年第1期第11页。

③ 王嘉《模仿与创作的双重义本——关山月临摹敦煌壁画新读》,《时代经典——关山月与20世纪中国美术研究文集》,南宁:广西美术出版社,2009年,第138—166页。

煌莫高窟壁画和克孜尔千佛洞壁画,以克孜尔壁画居多,油画、水彩兼有,并以油画居多。

据常书鸿的回忆,韩乐然于1945年和1946年两次到敦煌写生,并就敦煌艺术和新疆的壁画和他相互交谈过。常书鸿看过韩乐然画的水彩画。常书鸿在后来记述道:"看着他的画,每一幅都充满了光和色的明快,毫无呆滞和生涩之感。他那纯熟洗练的水彩画技法,已达到了炉火纯青的程度。"当时,常书鸿还请韩乐然为敦煌艺术研究所的同仁们作了一次"克孜尔千佛洞壁画的特点和挖掘经过"的讲演。常书鸿认为韩乐然的工作对敦煌艺术的研究作出了贡献。

三、潘絜兹与董希文

潘絜兹与董希文都曾在敦煌工作过,在敦煌艺术研究所建立之初,与常书鸿先生一道为敦煌艺术研究事业作了开拓性的工作。潘絜兹(1915—2002),浙江宣平人,1932年考入北京京华美术学院,学习工笔重彩人物画;1944年到敦煌艺术研究所从事敦煌壁画的临摹和研究工作。后来潜心于工笔人物画创作,不论是在笔法上还是在色彩上,都充分发扬了他在敦煌临摹壁画所获的成果。如他创作的《石窟艺术的创造者》(图10-8),便是直接以他在敦煌石窟临摹的切身感受而画出的。画幅虽然不算大(110cm×80cm),但使人感到场面十分宏大,除充分表现了敦煌石窟艺术的某些特点外,画家还试图展示古代石窟营建时的相关人物——供养

图10-8 潘絜兹《石窟艺术的创造者》
纸本设色 1955年

人与画家，及画家中的师傅与弟子们的关系等等。此外，如《李白醉酒》、《杨贵妃》（图10-9）等作品，从中可以感受到强烈的色彩运用以及对环境空间表现的严谨特征。而在《屈原九歌图》等作品中，表现特别场面中的众多人物形象，繁而不乱，精神一贯，这是以往的工笔画难以胜任的，表现出画家在构图、色彩表现方面的功力。这无疑是源于敦煌艺术的熏陶。潘絜兹还编著有《山西壁画》、《敦煌画服饰资料》、《阎立本和吴道子》、《工笔重彩人物画法》、《敦煌莫高窟艺术》等书。

董希文（1914—1973），1932年考入杭州浙江大学土木系，次年考入苏州美术专科学校。1944年到敦煌，在敦煌艺术研究所从事壁画临摹工作。1946年曾在兰州举办"董希文敦煌壁画临摹创作展览"，同年到国立北平艺术专科学校任教。后任中央美术学院教授。

董希文是画油画的，但在他的作品中往往体现出东方式的平面感。他钟情于西部少数民族风情，画过很多表现少数民族的作品。如《哈萨克牧羊女》（图10-10），除了构图和人物形态等方面体现出敦煌艺术的特色外，从飘起的头巾，以及衣服的裙摆中，都可感受到敦煌壁画中人物造型的特征。在敦煌工作期间，他还画过不少

图10-9　潘絜兹《杨贵妃》纸本设色　1982年

图10-10　董希文《哈萨克牧羊女》
布面油画　1948年

国画作品。其中如《苗家笙歌》，表现了苗岭山间的苗族人物在吹奏芦笙和跳舞的情景。其色彩浓丽，构图较满，使人能感到如壁画一般的气势。国画《山水》（图10-11）同样也是利用敦煌壁画中的元素来创作的山水画。画面以青绿重彩来表现写实性的山崖，其间又有装饰性的树木与云朵，构成亦真亦幻的景象。其与明清以来的山水画意境完全不同，反映了画家对敦煌艺术的独特领悟。

图 10-11 董希文《山水》 纸本设色 1944 年

图 10-12 董希文《开国大典》 布面油画 1953 年

油画巨制《开国大典》（图10-12）可以说是董希文一生中的重要作品。这幅画虽然是油画，但其中的画面构成，以及人物布局等方面却体现出画家的特点。画面中心是毛泽东在天安门城楼上讲话的情景，在毛泽东的身后还有一批在解放全中国的斗争中功勋卓著的人物；远景则表现天安门广场上成千上万的人，以及旗帜飘飘的景象。这样的场景如果严格按照西方油画的透视法来画就很难把所有的场面都表现出来，因此只能按中国式的绘画思维来进行。敦煌壁画中经变画在表现大场面的空间处理上有着悠久的传统，其既能表现相对真实的空间，又不拘泥于透视法那种科学性的真实，而是超越于透视法之外，表现出一种宏大的场面和气势。这幅作品不论近景中的人物布局，远景中的空间安排，以及色彩明暗的对比等等，从中都可以感受到敦煌艺术给予画家的深厚影响。

此外，曾在敦煌工作过，并在艺术创作中充分发扬敦煌艺术优势，创作出富有影响力作品的艺术家还很多，如常沙娜在人民大会堂、民族文化宫等建筑的装饰设计方面，充分利用敦煌壁画中的元素来进行创作，形成了富有民族精神的工艺装饰。长期在敦煌工作过的雕塑家孙纪元、何鄂等，也在后来的创作中表现出极大的优势。如孙纪元的雕塑《瑞雪》，何鄂的雕塑《黄河母亲》等作品，正是具有深厚传统精神又富有时代感的作品。

以上对部分画家的分析，着重的是其创作与作品同敦煌艺术之间的关系，这样的分析也许多少有些偏颇。因为一个艺术家的创作，尤其是一些富有创造性的作品，是艺术家把所学过的传统艺术以及自己的生活体验融会贯通之后的结果，很难从中找出绝对对应的某种影响因素。但通过这些与敦煌结缘的画家及其作品，我们仍然可以看到敦煌艺术对于当今的艺术创新所具有的重要意义。

随着敦煌的影响在不断扩大，广大的艺术家们到敦煌学习观摩，自然成为认识中国古代艺术的基本途径。但是，继承敦煌艺术遗产，创造时代的艺术，这是一项十分宏伟的事业，绝不是喊几句口号、画几幅作品就可以完成的。应该看到敦煌艺术的无比丰富与广博，不同的艺术家可以从不同的方面汲取对自己有益的东西。而创作也并不是贴标签，绝不是画出一个飞天、一个敦煌图案，或者一个菩萨像，就算是继承了敦煌的东西。艺术创作本来是一项十分复杂的精神创造活动，有的艺术家可能直接运用敦煌艺术的某些元素来进行创作，而有的艺术家可能是从精神的层面上对敦煌艺术有所感悟，从而刺激了创作灵感。不论是直接还是间接地汲取敦煌艺术，都反映了敦煌艺术强大的艺术影响力。从敦

煌艺术中,广大的艺术家们看到了中华民族艺术精神的所在。正如常书鸿所说:

> 我们并不缺乏外来文化的影响,我们缺少的是引证历史的实例,找出文化自发的力量。因为只有历史,才能使我们鉴往知今地明白祖国的过去,明白中华民族的精神之所在。
>
> 敦煌艺术是一部活的艺术史,一座丰富的美术馆,蕴藏着中国艺术全盛时期的无数杰作,也就是目前我们正在探寻着的汉唐精神的具体表现。①

---

① 常书鸿《敦煌艺术与今后中国文化建设》,《常书鸿文集》,兰州:甘肃民族出版社,2004年,第85页。(原载上海《文化先锋》第5卷第24期,1946年7月)

参考文献

一、古籍与古籍整理

《大正新修大藏经》（高楠顺次郎等编），东京：大正一切经刊行会，1924年。

《高僧传》（释慧皎撰，汤用彤校注），北京：中华书局，1992年。

《后汉书》，北京：中华书局，1965年，

《历代名画记》，北京：人民美术出版社，1964年

《洛阳伽蓝记》（范祥雍校注），上海：上海古籍出版社，1958年。

《晋书》，北京：中华书局，1974年。

《旧唐书》，北京：中华书局，1986年

《全唐文》，北京：中华书局，1983年。

《史记》，北京：中华书局，1975年。

《拾遗记》（王嘉著，齐治平校注），北京：中华书局，1981年6月。

《隋书》，北京：中华书局，1973年。

《隋唐嘉话　朝野佥载》，北京：中华书局，2005年。

《唐会要》，北京：中华书局，1990年

《魏书》，北京：中华书局，1974年。

《酉阳杂俎》，北京：中华书局，1986年

《资治通鉴》，北京：中华书局，1976年

《周书》，北京：中华书局，1971年。

二、近人著作（以著者姓氏读音为序）

［英］阿·福歇《佛教艺术的早期阶段》（王平先、魏文杰译），兰州：甘肃人民出版社，2008年。

［巴］A.H.丹尼、V.M.马松主编《中亚文明史》第1卷，北京：中国对外翻译出版公司，2002年。

［美］爱德华·谢弗《唐代的外来文明》（吴玉贵译），西安：陕西师范大学出版社，2005年。

［匈］雅诺什·哈尔马塔主编《中亚文明史》第2卷，北京：中国对外翻译出版公司，2002年。

［俄］B.A.李特文斯基主编《中亚文明史》第3卷，北京：中国对外翻译出版公司，2003年。

［日］八木春生《云冈石窟纹样论》，东京：法藏馆，2000年。

［日］八木春生《中国佛教美术と汉民族化》，东京：法藏馆，2004年。

［法］伯希和《伯希和敦煌石窟笔记》（耿升、唐健宾译），兰州：甘肃人民出版社，1993年。

常书鸿《九十春秋》，杭州：浙江大学出版社，1994年。

常书鸿《常书鸿文集》，兰州：甘肃民族出版社，2004年。

［日］长广敏雄《飞天の艺术》，东京：朝日新闻社，1949年。

陈葆真《图画如历史：传阎立本〈十三帝王图〉研究》，《美术史研究集刊》第16期，台北：台湾大学艺术史研究所，2004年。

陈传席编《六朝画家史料》，北京：文物出版社，1990年。

陈高华编《隋唐画家史料》，北京：文物出版社，1987年。

陈万里《西行日记》，兰州：甘肃人民出版社，2002年。

［日］村田治郎《中国建筑史丛考》，东京：中央公论美术出版社，1988年。

［日］东山健吾《敦煌三大石窟》，东京：讲谈社，1996年。

［日］东京艺术大学《敦煌石窟学术调查（第一次）报告书》，东京：东京艺术大学，1985年。

敦煌文物研究所编《中国石窟·敦煌莫高窟》第1—5卷，北京：文物出版社，1982—1987年。

敦煌文物研究所编《敦煌莫高窟内容总录》，北京：文物出版社，1982年。

敦煌研究院编《敦煌莫高窟供养人题记》，北京：文物出版社，1986年。

敦煌研究院编《敦煌石窟全集》第1—26卷，香港：商务印书馆，1997—2005年。

敦煌研究院编《武威天梯山石窟》，北京：文物出版社，2000年。

敦煌研究院、甘肃省文物局编《甘肃石窟志》，兰州：甘肃教育出版社，2011年。

段文杰《敦煌石窟艺术研究》，兰州：甘肃人民出版社，2007年。

樊锦诗、蔡伟堂、黄文昆《敦煌石窟全集·莫高窟第268—275窟考古报告》，北京：文物出版社，2011年。

甘肃省文物队、甘肃省博物馆、嘉峪关市文物管理所《嘉峪关壁画墓发掘报告》，北京：文物出版社，1985年 。

甘肃省文物考古研究所《河西石窟》，北京：文物出版社，1987年。

甘肃省文物考古研究所《敦煌佛爷庙湾西晋画像砖墓》，北京：文物出版社，1998年。

［日］宫治昭《佛教美术のイコノロジ》，东京：吉川弘文馆，1999年。

[日]宫治昭《涅槃和弥勒的图像学》（李萍、张清涛译），北京：文物出版社，2009年。

广东美术馆《抗战中的文化责任：西北艺术文物考察团六十周年纪念图集·叙述文版》，广州：岭南美术出版社，2005年。

贺世哲《敦煌石窟论稿》，兰州：甘肃民族出版社，2004年。

贺世哲《敦煌图像研究·十六国北朝卷》，兰州：甘肃教育出版社，2006年。

霍旭初《龟兹艺术研究》，乌鲁木齐：新疆人民出版社，1994年。

季羡林主编《敦煌学大辞典》，上海：上海辞书出版社，1998年。

姜伯勤《敦煌艺术宗教与礼乐文明》，北京：中国社会科学出版社，1996年。

姜伯勤《中国祆教艺术史研究》，北京：生活、读书、新知三联书店，2004年。

金维诺《中国古代佛雕——佛造像样式与风格》，北京：文物出版社，2002年。

[日]久野美树《唐代龙门石窟の研究》，东京：中央公论美术出版，2011年。

赖鹏举《敦煌石窟造像思想研究》，北京：文物出版社，2009年。

[日]立田洋司《唐草纹样》，东京：讲谈社，1997年

李霖灿《中国美术史稿》，台北：雄狮图书股份有限公司，1987年。

李裕群《北朝晚期石窟寺研究》，北京：文物出版社，2003年。

林树中《六朝艺术》，南京：南京出版社，2004年。

[日]铃木敬《中国绘画史》，东京：吉川弘文馆，1986年。

吕澎《20世纪中国艺术史》，北京：北京大学出版社，2007年。

马德《敦煌莫高窟史研究》，兰州：甘肃教育出版社，1996年。

马世长《中国佛教石窟考古文集》，台湾：觉风佛教艺术文化基金会，2001年。

［日］栗田功《ガンダーラ美術》第1卷，东京：二玄社，1988年。

彭金章、王建军《莫高窟北区石窟》第1—3卷，北京：文物出版社，2000—2004年。

荣新江《敦煌学十八讲》，北京：北京大学出版社，2001年。

荣新江《辨伪与存真——敦煌学论集》，上海：上海古籍出版社，2010年。

荣新江、张志清主编《从撒马尔干到长安》，北京：北京图书馆出版社，2004。

［日］山本智教《印度美术史大观》，东京：每日新闻社，1990年。

上海博物馆编《千年丹青——细读中日藏唐宋元绘画珍品》，北京：北京大学出版社，2010年。

上海博物馆编《翰墨荟萃——细读美国藏中国五代宋元书画珍品》，北京：北京大学出版社，2012年。

施萍婷《敦煌习学集》，兰州：甘肃民族出版社，2004年。

施萍婷、贺世哲《敦煌石窟艺术·莫高窟第428窟》，南京：江苏美术出版社，1998年。

史苇湘《敦煌历史与莫高窟艺术研究》，兰州：甘肃教育出版社，2002年。

石守谦《风格与世变——中国绘画十论》，北京：北京大学出版社，2008年。

宿白《中国石窟寺研究》，北京：文物出版社，1996年。

［日］松本荣一《敦煌画の研究·図像篇》，东京：东方文化学院东京研究所，1937年。

谭中、耿引曾《印度与中国——两大文明的交往和激荡》，北京：商务印书馆，2006年。

汤用彤《魏晋南北朝佛教史》，北京：中华书局，1983年。

［日］樋口隆康《バーミヤーン 京都大学中央アジア学术调查报

告》第1卷，东京：同朋舍，1984年。

［美］巫鸿《礼仪中的美术——巫鸿中国古代美术史文编》，北京：生活、读书、新知三联书店，2005年。

［美］巫鸿《美术史十议》，北京：生活、读书、新知三联书店，2008年。

王镛《印度美术》，北京：中国人民大学出版社，2004年。

向达《唐代长安与西域文明》，北京：三联书店，1957年。

萧默《敦煌建筑研究》，北京：文物出版社 1989年。

［日］小寺武久《古代インド建筑史纪行》，东京：彰国社，1997年。

阎文儒《中国石窟艺术总论》，天津：天津古籍出版社，1987年。

殷光明《北凉石塔研究》，台湾：觉风佛教艺术文化基金会，2000年。

［英］约翰·马歇尔《塔克西拉》（秦立彦译），昆明：云南人民出版社，2002年。

湛如《净法与佛塔——印度早期佛教史研究》，北京：中华书局，2006年。

赵声良《敦煌壁画风景研究》，北京：中华书局，2005年。

赵声良《敦煌艺术十讲》，上海：上海古籍出版社，2007年。

［日］中村元、久野健监修《佛教美术事典》，东京：东京书籍，2002年。

《西域美术——英国博物馆藏斯坦因收集品》，东京：讲谈社，1982年。

《西域美术——吉美博物馆藏伯希和收集品》第1—2卷，东京：讲谈社，1994—1995年。

［日］塚本善隆《魏书释老志研究》（林保尧译），台湾：觉风佛教

艺术文化基金会，2008年。

［日］佐藤宗太郎《インド石窟寺院》，东京：东京书籍，1985年。

三、论文（以作者姓氏读音为序）

白适铭《盛世文化表象》，《艺术史研究》第9期，广州：中山大学出版社，2007年。

晁华山《克孜尔石窟的洞窟分类与石窟寺院的组成》，《龟兹佛教文化论集》，乌鲁木齐：新疆美术摄影出版社，1993年。

［日］东山健吾：敦煌莫高窟北朝期尊像の图像的考察，《东洋学术研究》第24卷第1号，1985年5月。

［日］东山健吾《敦煌石窟における本生说话图の形式》，《美学美术史论集》第14辑，东京：成城大学大学院文学研究科，2002年。

敦煌文物研究所《敦煌莫高窟北朝壁画的建筑》，《考古》，1976年第2期。

敦煌文物研究所考古组《敦煌晋墓》，《考古》，1974年第3期。

樊锦诗、马世长、关友惠《敦煌莫高窟北朝洞窟的分期》，《中国石窟·敦煌莫高窟》第1卷，北京：文物出版社，1981年。

樊锦诗、关友惠、刘玉权《莫高窟隋代石窟分期》，《中国石窟·敦煌莫高窟》第2卷，北京：文物出版社，1984年。

樊锦诗《我国二十世纪敦煌石窟研究概述》，《二十一世纪敦煌文献研究回顾与展望研讨会论文集》，台中：中华自然文化协会，1999年。

［美］方闻《为什么中国绘画是历史》，《清华大学学报（哲学社会科学版）》2005年第4期。

［美］方闻《敦煌的凹凸画》，《故宫博物院院刊》2007年第3期。

甘肃省文物队、甘肃省博物馆、嘉峪关市文物管理所《嘉峪关壁画墓发掘报告》，北京：文物出版社，1985年。

［日］宫治昭《敦煌美术とガンダーラ·インドの美术》，《东洋学

术研究》第24卷第1号，1985年。

关友惠《敦煌北朝石窟中的南朝艺术之风》，《1987年敦煌石窟研究国际讨论会文集·石窟艺术编》，沈阳：辽宁美术出版社，1990年。

贺世哲《北朝石窟与禅观》，《敦煌研究文集》，兰州：甘肃人民出版社，1983年。

河南省文化文物工作队《洛阳西汉壁画墓发掘报告》，《考古学报》1964年第2期。

[日] 河原由雄《敦煌净土变相の成立と展开》，（东京）《佛教艺术》第68号，1968年。

吉林省文物工作队、集安县文物保管所《集安长川一号壁画墓》，《东北考古与历史》，北京：文物出版社，1982年。

[日] 吉村怜《昙曜五窟论》，（东京）《佛教艺术》第73号，1969年。

[日] 吉村怜《南北朝佛像样式史论》，（东京）《国华》第1066号，1983年。

[日] 吉村怜《龙门样式南朝起源论——町田甲一氏的批判之回答》，（东京）《国华》第1121号，1989年。

[日] 吉村怜《古代佛、菩萨像的衣服及其名称》，《2005年云冈国际学术研讨会论文集·研究卷》，北京：文物出版社，2006年。

贾应逸《吐峪沟第44窟与莫高窟北凉洞窟比较研究》，《1987年敦煌石窟研究国际讨论会文集·石窟考证编》，沈阳：辽宁美术出版社，1990年。

金维诺《敦煌窟龛名数补考》，《敦煌研究》1988年第2期。

李永宁《敦煌莫高窟碑文录及有关问题》（一），《敦煌研究》试刊第1期，1981年。

李文生《中原风格及其西传》，《1987年敦煌石窟研究国际讨论会文集·石窟艺术编》，沈阳：辽宁美术出版社，1990年。

梁思成、林徽因、刘敦桢《云冈石窟中所表现的北魏建筑》，《中国营造学社汇刊》第3卷第3—4期，1933年月12月。

［日］林良一《サーサン朝王冠宝饰の意义と东伝》，（日本）《美术史》第28号，1958年。

马世长《克孜尔中心柱窟研究》，《中国佛教学术论典》第85册，佛光山文教基金会出版，2003年。

［日］秋山光和《唐代の敦煌壁画——フォッグ美术馆所藏の断片を中心に》，（东京）《佛教艺术》第71号，1969年。

［日］秋山光和《敦煌壁画研究的新资料——James Lo摄影图片和福格、艾尔米塔什两美术馆所藏断片的研究》，（东京）《佛教艺术》第100号，1975年。

［日］秋山光和《唐代绘画的编年资料》，《东京大学文学部文化交流研究设施研究纪要》第1号，1975年。

荣新江《隋唐长安的寺观与环境》，《唐研究》第15卷，北京：北京大学出版社，2009年。

山西省考古研究所、太原市文物管理委员会《太原市北齐娄睿墓发掘简报》，《文物》1983年第10期。

陕西省考古研究所、榆林地区文物管理委员会《陕西神木大保当第11号、第23号汉画像石墓发掘简报》，《文物》1997年第9期。

施萍婷《建平公与莫高窟》，《敦煌研究文集》，兰州：甘肃人民出版社，1982年。

史苇湘《敦煌佛教艺术产生的历史依据》，《敦煌研究》试刊第1期，1981年。

史苇湘《丝绸之路上的敦煌与莫高窟》，《敦煌研究文集》，兰州：甘肃人民出版社，1982年。

史苇湘《世族与石窟》，《敦煌研究文集》，兰州：甘肃人民出版社，1982年。

水野清一《敦煌石窟ノード》，（东京）《佛教艺术》第34号，1958年。

宿白《参观莫高窟285窟札记》，《文物参考资料》1956年2期。

宿白《敦煌莫高窟早期洞窟杂考》，《大公报在港复刊三十周年纪念文集》，1978年。

宿白《凉州石窟遗迹和"凉州模式"》，《考古学报》1986年第4期。

宿白《武威天梯山早期石窟参观记》，《燕京学报》新八期，北京：北京大学出版社，2000年。

宿白《莫高窟现存早期洞窟的年代问题》，《中国文化研究所学报》第20卷，香港中文大学，1989年。

宿白《克孜尔部分洞窟阶段划分与年代等等问题的初步探索》，《中国石窟·克孜尔石窟》第1卷，北京：文物出版社，1989年。

孙纪元《敦煌早期彩塑》，《敦煌研究》试刊第1期，1981年。

谭树桐《敦煌飞天艺术初探》，《1983年全国敦煌学术讨论会文集·石窟艺术编》（下），兰州：甘肃人民出版社，1987年。

［日］樋口隆康《敦煌石窟の系谱》，（东京）《佛教艺术》第34号，1958年。

陶正刚《北齐东安王娄睿墓的壁画和雕塑》，《美术研究》1984年第1期。

宁夏回族自治区博物馆、宁夏固原博物馆《宁夏固原北周李贤夫妇墓发掘简报》，《文物》1985年第11期。

万庚育《敦煌早期壁画中的天宫伎乐》，《1987年敦煌石窟研究国际讨论会文集·石窟考古编》，辽宁美术出版社，1990年。

王泷《甘肃早期石窟的两个个问题》，《1983年全国敦煌学术讨论会文集·石窟艺术编》（上），兰州：甘肃人民出版社，1985年。

王洁《敦煌北朝覆斗顶窟初探》，《敦煌研究》2008年3期。

［美］巫鸿《汉代艺术中的"天堂"图像和天堂观念》，《礼仪中的

美术》，北京：三联书店，2005年。

萧默《阙史小议》，《向达先生纪念论文集》，乌鲁木齐：新疆人民出版社，1986年。

小杉一雄《裳悬座考》，（东京）《佛教艺术》第5号，1949年。

谢成水《莫高窟北周第290、296窟中国线法的形成及其意义》，《2000年敦煌学国际学术讨论会文集·石窟艺术卷》，兰州：甘肃民族出版社，2003年。

阎文儒《莫高窟的石窟构造及其塑像》，《文物参考资料》第2卷第4期（敦煌文物展特刊·下），1951年。

阎文儒《莫高窟的创建与藏经洞的开凿及其封闭》，《文物》1980年第6期。

杨泓《试论南北朝前期佛像服饰的主要变化》，《考古》1963年第6期。

殷光明《从北凉石塔看莫高窟早期三窟的建造年代》，《2000年敦煌学国际学术讨论会文集·石窟考古卷》，兰州：甘肃民族出版社，2003年。

殷光明《敦煌西晋墓出土墨书题记画像砖之考察》，（东京）《佛教艺术》第285号，2007年。

赵声良《莫高窟第61窟五台山图研究》，《敦煌研究》1993年4期。

赵声良《中国传统艺术的两大系统》，《新疆艺术》1993年6期。

赵声良《成都南朝浮雕弥勒经变与法华经变考论》，《敦煌研究》2001年第1期。

赵声良《敦煌壁画说法图中的圣树》，《艺术史研究》第4辑，广州：中山大学出版社，2002年。

赵声良《敦煌北朝石窟形制诸问题》，《敦煌研究》2006年5期。

赵声良《敦煌早期佛像样式及源流》，《敦煌学》第27辑，台北：乐学书局，2008年。

[日]曽布川寛《汉代画像石における升仙図の系谱》,(京都)《东方学报》第65册,1993年。

郑岩《河西魏晋壁画墓初论》,《汉唐之间文化艺术的互动与交流》,北京:文物出版社,2001年。

诸葛铠《"忍冬纹"与"生命之树"》,《民族艺术》2007年第2期。

[日]佐藤智水《北朝造像铭考》,《日本中青年学者论中国史·六朝隋唐卷》,上海:上海古籍出版社,1995年。

后 记

  敦煌艺术的研究与探索经历了几代人的艰苦努力,诸如敦煌石窟的基本内容、各时代艺术的基本特点与风格,今天已成为常识。而在当年,敦煌的研究人员则是靠着无数次艰苦的调查记录,反复研究琢磨,一点点地积累并不断地修正对敦煌艺术的认识。20世纪80年代初,笔者刚到敦煌参加工作,常常带着段文杰、史苇湘等先生的论文,在石窟中感受敦煌壁画的艺术精神,在洞窟中流连忘返。初学撰写论文,便得到段文杰先生的悉心指导;跟随史苇湘先生考察洞窟时,又深刻地体悟到前辈学者对敦煌艺术的敏锐观察力与其广博的学识之间的密切关系。今天我能对敦煌艺术有所认识,有所感悟,主要得益于段文杰、史苇湘、李其琼、关友惠、樊锦诗等前辈学者的教导,这也是促使我在敦煌艺术领域努力探索的动力。

  徜徉于敦煌石窟不觉已过了二三十个年头,虽说一直专注于敦煌艺术的学习与研究,但却未曾想过要写一本《敦煌石窟艺术总论》。我总以为要写"总论"之类的书,必是对敦煌艺术的各个方面都有深入的研究,全面把握敦煌艺术之后才能写出的。而自己的研究还远远没有达到这个高度。但数年前,柴剑虹先生和荣新江先生计划主编"敦煌讲座"丛书，二位先生一致要求我写《敦煌艺术总论》一书，我深感任务重大，但想到这一课题的挑战性，可以促使我对敦煌艺术作宏观和深入的思考，就接受了下来。在考虑敦煌艺术的系统时，我觉得敦煌艺术除了石窟方面，还包括藏经洞出土的绢本、纸本绘画作品，还包括印本（版画）作品。而数量巨大的写经，也包含着六朝至宋代的书法艺术等问题。限于自己的水平和精力，我必须放弃部分内容，集中探讨石窟艺术方面的问题。因此，改书名为《敦煌石窟艺术总论》。藏经洞出土的绢本、纸本绘画及书法艺术只能留待将来，或者让更有才能的学者去写。本书在写作思路的修正，全书体例的统筹等方面，得到了柴剑虹先生和荣新江先生的悉心指教，完稿后，两位老师经过审读，又提出了许多中肯的意见。在此谨向柴剑虹先生和荣新江先生表示衷心的感谢！

本书写作期间，我受台南艺术大学的邀请，在台南艺术大学美术史与评论研究所任客座教授，为研究生开设"敦煌艺术研究"课程，本书的很多思路正是在教学中逐步形成和完善的。在台湾期间，台南艺术大学潘亮文教授、林春美教授在我的研究、教学和生活方面给予了多方关怀。在此表示由衷的感谢！

本书完成之时，还要特别感谢敦煌研究院樊锦诗院长长期以来对我研究工作的大力支持。

本书有关敦煌石窟的照片由敦煌研究院数字中心提供，谨向数字中心主任吴健先生、副主任孙志军先生表示感谢！

本书插图部分的线描图为马玉华女士绘制，谨在此致谢！